金融商品取引法制に関する諸問題（上）

金融商品取引法研究会　編

公益社団法人　日本証券経済研究所

は　し　が　き

　平成18年の証券取引法の改正によって誕生した金融商品取引法制（平成19年9月末施行）は，平成20年から平成27年まで毎年改正されて今日に至っている。そして，資本市場における環境は日々変死し，新しい問題や課題が次々と生じている。

　金融商品取引法研究会は，平成23年2月から平成25年7月までに開催した研究会における研究の成果を平成27年2月に『金融商品取引法制の潮流』として刊行したが，その後も，実務上の諸問題を中心として，幅広く研究を継続してきた。本書は，平成26年4月から開催した研究会の前半（平成27年9月まで）における研究の成果を収録したものである。

　本書が日本の資本市場の一層の発展のために学問面から貢献することを願うしだいである。

　なお，金融商品取引法研究会は，研究を継続しており，研究会の後半（平成29年3月まで開催予定）における研究の成果は後日刊行する予定である。

　平成28年11月

金融商品取引法研究会

会長　神田　秀樹

（学習院大学教授）

金融商品取引法研究会メンバー

(平成27年9月9日現在)

会 長	神 田 秀 樹	東京大学大学院法学政治学研究科教授
副会長	前 田 雅 弘	京都大学大学院法学研究科教授
委 員	青 木 浩 子	千葉大学大学院専門法務研究科教授
〃	飯 田 秀 総	神戸大学大学院法学研究科准教授
〃	太 田 　 洋	西村あさひ法律事務所パートナー・弁護士
〃	加 藤 貴 仁	東京大学大学院法学政治学研究科准教授
〃	川 口 恭 弘	同志社大学大学院法学研究科教授
〃	神 作 裕 之	東京大学大学院法学政治学研究科教授
〃	黒 沼 悦 郎	早稲田大学大学院法務研究科教授
〃	後 藤 　 元	東京大学大学院法学政治学研究科准教授
〃	中 東 正 文	名古屋大学大学院法学研究科教授
〃	中 村 　 聡	森・濱田松本法律事務所パートナー・弁護士
〃	藤 田 友 敬	東京大学大学院法学政治学研究科教授
〃	松 尾 健 一	大阪大学大学院法学研究科准教授
〃	松 尾 直 彦	東京大学大学院法学政治学研究科客員教授・弁護士
〃	山 田 剛 志	成城大学大学院法学研究科教授
幹 事	萬 澤 陽 子	専修大学法学部講師・当研究所客員研究員

　なお，オブザーバーとして，本研究会に参加されている方々は，次のとおりである。

齋 藤 　 馨	金融庁総務企画局市場課長
岸 田 吉 史	野村ホールディングスグループ法務部長
荻 野 明 彦	大和証券グループ本社執行役員法務担当

鎌 塚 正 人	SMBC日興証券法務部長
金 井 仁 雄	みずほ証券法務部長
田 島 浩 毅	三菱UFJモルガン・スタンレー証券法務部長
山 内 公 明	日本証券業協会執行役
石 黒 淳 史	日本証券業協会政策本部共同本部長
三 森 肇	日本証券業協会自主規制本部副本部長
高 良 美紀子	東京証券取引所総務部法務グループ課長

（敬称略）

目　　次

金商法における「利用されない制度」と
「利用される制度の制限」……………………………………… 松尾直彦

Ⅰ．問題意識 ……………………………………………………………… 1

　1．平成18年金融商品取引法制整備の3つの基本的視点 ……………… 1

　2．金商法における「利用されない制度」に関する問題意識 ………… 1

　3．コメント ……………………………………………………………… 2

Ⅱ．金商法における「利用されない制度」と
　　「利用される制度の制限」の概要 ………………………………… 3

　1．金商法における利用されない制度（金融商品取引業の開業規制に
　　　係る各種特例制度）………………………………………………… 3

　2．金商法における利用されない制度（特定投資家制度）…………… 3

　3．金商法における利用されない可能性のある制度（投資型
　　　クラウドファンディングに係る制度）…………………………… 6

　4．金商法における利用される制度の制限（プロ向けファンド制度
　　　の規制強化）………………………………………………………… 7

Ⅲ．引受関係の特例制度 ………………………………………………… 9

　1．外国証券業者の有価証券関連業該当行為に係る適用除外の
　　　うちの元引受契約の内容確定協議の特例制度の概要 ………… 9

　2．外国証券業者の引受業務の一部の許可制度の概要 ……………… 10

　3．現状 …………………………………………………………………… 11

Ⅳ．外国証券業者の取引所取引業務の許可制度 …………………… 11

　1．制度の概要 …………………………………………………………… 11

　2．現状 …………………………………………………………………… 13

Ⅴ．適格投資家向け投資運用業の特例制度 ………………………… 13

　1．制度の概要 …………………………………………………………… 13

2．現状 ·· 14

Ⅵ．投資型クラウドファンディングの登録拒否要件の特例 ············ 15
　1．制度の概要 ··· 15
　2．電子募集取扱業務等に係る業務管理体制の整備義務 ················· 15
　3．今後の利用の見通し ·· 17
Ⅶ．プロ向けファンド制度の規制強化（金商法における利用されて
　　いる制度の制限）·· 18
　1．平成27年金商法改正に係る国会質疑 ·· 18
　2．制度導入時の検討の経緯 ·· 19
　3．平成27年金商法改正による規制強化 ·· 23
Ⅷ．おわりに ··· 28

継続開示義務者の範囲
　　－アメリカ法との比較を中心に－ ······························ 飯田秀総
Ⅰ．問題の所在 ··· 30
　1．序説 ·· 30
　2．従来の学説 ··· 31
　3．問題提起 ·· 33
　4．本稿の課題と構成 ·· 37
Ⅱ．法改正の経緯 ·· 38
　1．序説 ·· 38
　2．アメリカ法の改正の経緯 ·· 39
　3．日本法の改正の経緯 ·· 45
　4．小括 ·· 51
Ⅲ．アメリカの学説の概観 ·· 54
　1．類似する会社同士の公平な競技場 ·· 54
　2．強制開示の法と経済学 ·· 58

３．公共性と企業の規模 ………………………………………… 61

Ⅳ．検討 ………………………………………………………………… 61

　　１．ここまでの検討の小括 ………………………………………… 61

　　２．日本法への示唆 ………………………………………………… 63

Ⅴ．むすび ……………………………………………………………… 66

市場に対する詐欺に関する米国判例の動向について … 黒沼悦郎

Ⅰ．はじめに …………………………………………………………… 71

　　１．本稿の目的 ……………………………………………………… 71

　　２．34年法規則10b－5の要件 …………………………………… 71

　　３．Basic 判決（1988年） ………………………………………… 72

Ⅱ．最近の米国判例の動向 …………………………………………… 75

　　１．Halliburton Ⅰ判決（2011年） ……………………………… 75

　　２．Amgen 判決（2013年） ……………………………………… 76

　　３．Halliburton Ⅱ判決 …………………………………………… 78

Ⅲ．検討 ………………………………………………………………… 83

　　１．信頼の推定 ……………………………………………………… 83

　　２．クラス認可段階での価格影響性の反証 …………………… 88

　　３．クラス・アクションへの影響 ……………………………… 92

　　４．日本法への示唆 ………………………………………………… 92

証券訴訟を巡る近時の諸問題
　　～流通市場における提出会社の不実開示責任の過失責任化と
　　「公表日」の意義を中心に～ ……………………………………… 太田　洋

Ⅰ．はじめに …………………………………………………………… 95

Ⅱ．金商法平成26年改正による流通市場における提出会社の
　　不実開示責任の過失責任化と「過失」の意義 ………………… 96

1. 金商法平成26年改正による流通市場における提出会社の
　　　不実開示責任の過失責任化 ………………………………………… 96
　2. 証券訴訟における「過失」の意義 …………………………………… 98
　3. 改正後の金商法21条の２第２項所定の無過失の立証責任が
　　　果たされたといえるのはどのような場合か ……………………… 108
Ⅲ. 金商法21条の２第３項・４項の「公表日」の意義 ……………… 115
　1. 裁判例 …………………………………………………………………… 115
　2. 学説 ……………………………………………………………………… 129
　3. 分析と検討 ……………………………………………………………… 131
Ⅳ. 終わりに …………………………………………………………………… 135

企業向け（ホールセール）取引における金融商品販売責任の特性 ………………………………… 青木浩子

Ⅰ. はじめに …………………………………………………………………… 136
Ⅱ. 主体：「プロ」であることの意味 ……………………………………… 138
　1. 概観とくに法令上の根拠について ………………………………… 139
　2. 「プロ」概念は複雑で，時代変化もある（したがって，説明義務
　　　なしという結論を導くにあたって援用する際には慎重さを要し
　　　よう） ………………………………………………………………… 140
　3. その他の解釈上の問題 ……………………………………………… 144
Ⅲ. 客体について：ホールセール商品とリテール商品との比較 …… 149
　1. リテール商品との類似点 …………………………………………… 149
　2. リテール商品との相違点 …………………………………………… 150
Ⅳ. 説明について …………………………………………………………… 158
　1. 説明義務の対象は何か ……………………………………………… 158
　2. シミュレーションについて ………………………………………… 168
　3. 不可抗力との競合－説明と損害との因果や業者過失は否定されるの
　　　か ……………………………………………………………………… 173
Ⅴ. 終わりに ………………………………………………………………… 176

目　次　　　　　　　　　　　　　　　　　　　υ

インサイダー取引規制と自己株式 ……………………… 前田雅弘

Ⅰ．はじめに ………………………………………………………… 178
Ⅱ．インサイダー取引規制と自己株式取得 …………………………… 179
　　1．インサイダー取引規制が問題となる場面 ……………………… 179
　　2．重要事実としての自己株式取得 ………………………………… 180
　　3．重要事実がある場合の自己株式取得 …………………………… 183
　　4．会社による具体的な買付けについての適用除外 ……………… 191
Ⅲ．インサイダー取引規制と自己株式処分 …………………………… 193
　　1．重要事実としての自己株式処分 ………………………………… 193
　　2．重要事実がある場合の自己株式処分 …………………………… 194

投資者保護基金制度 …………………………………… 神田秀樹

Ⅰ．制度の経過と概要 …………………………………………………… 199
　　1．制度の概要 …………………………………………………………… 199
　　2．基金の会員 …………………………………………………………… 200
　　3．制度の趣旨 …………………………………………………………… 200
　　4．補償の実績と基金の資産規模 …………………………………… 201
Ⅱ．補償の範囲（主体と取引）に関する問題 ……………………… 201
　　1．補償の対象となる顧客 …………………………………………… 201
　　2．補償の対象となる取引 …………………………………………… 202
　　3．最判平成18年7月13日民集60巻6号2336頁〔南証券事件〕………… 202
　　4．補償金額 ……………………………………………………………… 203
　　5．課題 …………………………………………………………………… 204
Ⅲ．基金による補償の手続に関する問題 …………………………… 204
　　1．手続の流れ等 ……………………………………………………… 204
　　2．信託受益権の一括行使 …………………………………………… 205

３．基金の権限 ……………………………………………………………… 205

Ⅳ．証券会社の破綻処理制度一般との関係 …………………………………… 206

　　１．実体ルール …………………………………………………………………… 206

　　２．その他 ………………………………………………………………………… 207

証券会社の破綻と投資者保護基金
～金融商品取引法と預金保険法の交錯 …………………………………… 山田剛志

Ⅰ．はじめに ……………………………………………………………………………… 210

Ⅱ．証券会社破綻時における投資者保護基金の業務 ………………………… 210

　　１．一般顧客に対する支払い（金商法79条の56第１項） ……………………… 212

　　２．返還資金融資（金商法79条の59第１項） ………………………………………… 215

　　３．一般顧客の債権の実現を保全するための裁判上・裁判外の行為
　　　　（金商法79条の60） …………………………………………………………………… 216

　　４．顧客資産等迅速な返還に資するための業務（金商法79条の61） …… 216

　　５．金融機関等の更生手続きの特例等に関する法律に従った
　　　　顧客表などの提出 ……………………………………………………………………… 217

　　６．破産法等に基づき選任される管財人等の業務 ………………………………… 217

　　７．預金保険法126条の４第３項および126条第１項に関する
　　　　特別監視代行者，機構代理の業務 …………………………………………………… 217

Ⅲ．証券会社の破綻処理と預金保険法 ……………………………………………… 218

　　１．平成25年金商法改正と預金保険法 …………………………………………………… 218

　　２．預金保険法126条の２以下に規定する「秩序ある処理の枠組み」
　　　　……………………………………………………………………………………………… 219

Ⅳ．まとめにかえて　～金融機関の破綻処理を巡る法体系 ………… 229

金商法における「利用されない制度」と
「利用される制度の制限」

松　尾　直　彦

Ⅰ．問題意識

1．平成18年金融商品取引法制整備の3つの基本的視点

　平成18年金融商品取引法制の整備（平成18年法律第65号及び第66号。以下「平成18年金商法制整備」という。）の趣旨・目的については，「利用者（投資者）」，「市場」及び「国際化」の3つの基本的視点がある[1]。

　金融商品取引法（以下「金商法」又は「法」という。）の目的は投資者保護及び資本市場の健全性の確保であると考えられる[2]ところ，「利用者」の視点からは「利用者保護ルールの徹底」と「利用者利便の向上」，「市場」の視点からは「市場の公正性・透明性」の確保と「市場の活力・競争力」への寄与，「国際化」の視点からは主要先進国・地域の制度の参照と「市場間競争」の考慮が志向されており，「最適バランス」の確保が意図されている[3]。

2．金商法における「利用されない制度」に関する問題意識[4]

　「金商法には，プロ向けファンドの届出制度（平成18年改正）のように，

1）三井秀範＝池田唯一監修・松尾直彦編著『一問一答　金融商品取引法〔改訂版〕』（商事法務，2008）4頁。

2）松尾直彦『金融商品取引法〔第4版〕』（商事法務，2016）4頁。

3）松尾直彦＝松本圭介編著『実務論点　金融商品取引法』（金融財政事情研究会，2008）2頁・3頁。

よく利用されている制度がみられる一方，せっかく制度整備がされたにもかかわらず，あまり利用されないものも多い。たとえば，取引所の遠隔地会員のための取引所取引業務の許可制度（平成15年改正），プロ投資家制度（平成18年改正），プロ向け市場制度（平成21年改正）やプロ向け投資運用業制度（平成23年改正）などである。

　筆者が担当したプロ投資家（特定投資家）制度については，個人に関する重い要件や特定投資家・一般投資家の移行に関する煩雑な手続などの問題があるとの反省もある。しかしながら，国会等におけるプロ投資家制度への厳しい指摘を勘案すると，緩やかな内容にすることは簡単ではない。日本の経済社会においては，投資者のリスクテイク促進よりも投資者保護が重視されることから，投資者保護を緩やかにする制度を構築する際には，その利用要件が厳格化される傾向にあり，結局，利用されない結果になってしまうということであろう。」

3．コメント

　金商法は，金融商品取引が行われる資本市場における基本法として位置づけられるものであり，市場関係法規の一翼を占める経済法規である[5]。金商法の目的である投資者保護における投資者は，一般的な投資者を想定するものであるが，金商法は市場法として投資者への詐欺的行為の防止を主眼とするものではないことに留意する必要がある[6]。

4）以下の記述は，松尾直彦「金融商品取引法施行五周年を迎えるにあたって」銀行法務21 No.748（2012年9月号）7頁（「金商法の制度構築の問題」）の引用である。

5）松尾・前掲（注2）4頁。

6）これに対し，黒沼悦郎「日本私法学会シンポジウム資料　金融商品取引法制の課題　Ⅳ　投資者保護のための法執行」商事法務1907号43頁以下（2010）は，「金商法を投資詐欺事件の防止と被害者救済に役立てるために，法の適用範囲について，解釈論上工夫できる点はないか。」（同44頁）などの課題を検討している。

Ⅱ．金商法における「利用されない制度」と
「利用される制度の制限」の概要

1．金商法における利用されない制度（金融商品取引業の開業規制に係る各種特例制度）

　金商法における利用されない制度として，まず，金融商品取引業の開業規制に係る以下の特例制度がある[7]。

- ・外国証券業者の有価証券関連業該当行為にかかる適用除外（金商法58条の2ただし書）のうちの元引受契約の内容確定協議の特例（金融商品取引法施行令（以下「令」という。）17条の3第3号）[昭和46年外証法][8]
- ・外国証券業者の引受業務の一部の許可制（法59条1項）[昭和46年外証法][9]
- ・外国証券業者の取引所取引業務の許可制（法60条1項）[平成15年証取法改正][10]
- ・適格投資家向け投資運用業（法29条の5）[平成23年金商法改正][11]

2．金商法における利用されない制度（特定投資家制度）

　特定投資家制度は，「特定投資家と一般投資家の区分により，適切な利用

7）これらの制度の概要に関する本稿の説明は，松尾・前掲（注2）に基づく。

8）渡辺豊樹ほか『改正証券取引法の解説』（商事法務研究会，1971）142頁。なお，外証法とは「外国証券業者に関する法律」（平成18年法律第66号により廃止）を指す。

9）渡辺ほか・前掲（注8）159頁～162頁。なお，証取法とは，平成18年法律第65号により「金融商品取引法」に題名変更される前の「証券取引法」を指す。

10）金融審議会第一部会報告「証券市場の改革促進」（平成14年12月16日）13頁及び同部会「取引所のあり方に関するワーキング・グループ」報告書。

11）金融庁「金融資本市場及び金融産業の活性化等のためのアクションプラン～新成長戦略の実現に向けて」（平成22年12月24日）10頁では，「国民が資産を安心して有効に活用できる環境整備」との柱の下で，「プロ等に限定した投資運用業の規制緩和」として位置づけられている。

者保護とリスク・キャピタルの供給の円滑化を両立させる必要があること」などの趣旨[12]により，平成18年証取法改正により導入されたものである。しかし，日本の実情に合わないことや制度の複雑性などから，その利用は低調である[13]。

　その後，「我が国においても，プロ投資家を対象とした自由度の高い取引の場を設けることにより，我が国金融・資本市場の活性化，国際競争力の強化を図っていくことが喫緊の課題となっている。…情報収集能力・分析能力が十分に備わっているプロの投資家については，自己責任を基本とすることが可能であり，一般投資家とプロの投資家を区別した上で，プロに限定した自由度の高い効率的な取引の場を早急に整備すべきである。」との「プロに限定した取引の活発化」[14]の観点から，平成20年金商法改正により，「プロ向け市場」制度創設に伴う特定投資家私募制度及び特定投資家向け有価証券制度が導入された。そして，「『売出し』概念の見直し及びこれに伴う規制の柔構造化」[15]の一環として，平成21年金商法改正により，特定投資家私売出し制度が導入された。

　一方，その後の改正では，以下のとおり，特定投資家制度の厳格化が行われている。

　　① 特定投資家と一般投資家の移行手続の見直し［平成21年金商法改正］[16]

---

12) 金融審議会金融分科会第一部会報告「投資サービス法（仮称）に向けて」（平成17年12月22日）17頁・18頁。

13) 青木浩子委員を報告者とする「特定投資家・一般投資家について」に関する証券取引法研究会の会合において永井智亮オブザーバーは，「一般投資家に対する対応を一律に行うことのほうが実務的に処理しやすい，間違いが生じにくいというのが，実務からの意見です。」と説明している（証券取引法研究会研究記録第19号23頁（2007））。

14) 金融審議会金融分科会第一部会報告「我が国金融・資本市場の競争力の強化に向けて」（平成19年12月18日）6頁・7頁。

15) 金融審議会金融分科会第一部会報告「信頼と活力のある市場の構築に向けて」（平成20年12月17日）14頁及び金融審議会金融分科会第一部会ディスクロージャー・ワーキング・グループ報告「開示諸制度の見直しについて」（平成20年12月17日）。

16) 金融審議会金融分科会第一部会報告・前掲（注15）14頁。

・特定投資家から一般投資家への移行については，移行の効果の無期限化（従前は1年間）かつ随時特定投資家への復帰申出の可能化。

・一般投資家から特定投資家への移行については，期限日前であっても随時一般投資家への復帰申出の可能化。

② 地方公共団体の分類変更（「一般投資家へ移行可能な特定投資家」から「特定投資家へ移行可能な一般投資家」へ）［定義府令改正（平成23年4月1日施行）][17]

③ AIJ投資顧問事件（平成24年2月発覚）を踏まえて，厚生年金基金については，当分の間，原則として特定投資家への移行の申出をできない旨の改正［平成25年金商法等改正法附則3条の2］

「プロ向け市場」についても，以下の経緯のとおり，低調である。ただし，平成27年5月20日に，東京都発行のユーロ・ドル債が「TOKYO PRO-BOND Market」に上場した（初の外貨建て債券の上場）。

・「プロ向け市場」である「TOKYO PRO Market」（株式市場）の開設者として平成21年6月にTOKYO AIM取引所の設立（株主構成は株式会社東京証券取引所グループ（以下「東証グループ」という。）（51%）とロンドン証券取引所（49%））

・「TOKYO PRO-BOND Market」（債券市場）の開設（平成23年5月）[18]

・平成24年3月に東証グループによるTOKYO AIM取引所の完全子会社化

・平成24年7月に株式会社東京証券取引所によるTOKYO AIM取引所の吸収合併

---

17) 金融庁「金融・資本市場に係る制度整備について」（平成22年1月21日）14頁。なお，定義府令とは「金融商品取引法第二条に規定する定義に関する内閣府令」を指す。

18) 金融庁・前掲（注11）4頁。

3. 金商法における利用されない可能性のある制度（投資型クラウドファンディングに係る制度）

平成26年金商法改正により，投資型クラウドファンディングに係る制度整備が行われ，「第一種少額電子募集取扱業務」及び「第二種少額電子募集取扱業務」の開業規制（登録拒否要件）に係る特例制度が導入されている（法29条の4の2，法29条の4の3）。

当該制度導入の主旨は，「新規・成長企業に対するリスクマネー供給促進策（事業化段階等におけるリスクマネーの供給促進策）」であるが，以下のとおりバランスの確保が志向されている[19]。制度の詳細設計（政令・内閣府令[20]や自主規制機関の自主規制規則[21]の各整備（いずれも平成27年5月29日施行））により利用要件が厳格なものとされ，「第一種少額電子募集取扱業務」又は「第二種少額電子募集取扱業務」のみを行う「第一種少額電子募集取扱業者」及び「第二種少額電子募集取扱業者」（法29条の4の2第9項・10項，法29条の4の3第3項・4項）のみならず，「電子募集取扱業務」（法29条の2第1項6号）を行っている既存の金融商品取引業者についても厳格な行為規制が適用されている（法35条の3，金融商品取引等に関する内閣府令（以下「金商業等府令」という。）70条の2第2項・3項）。

・「リスクマネーが円滑に供給されるためには，その前提として，投資者の金融資本市場に対する信頼感が確保されている必要がある。このため，リスクマネーの供給促進策の検討に当たっては，規制緩和の観点のみな

---

19) 金融審議会「新規・成長企業へのリスクマネーの供給のあり方等に関するワーキング・グループ報告」（平成25年12月25日）2頁・3頁。

20) 金融庁「平成26年金融商品取引法等改正（1年以内施行）等に係る政令・内閣府令等に対するパブリックコメントの結果等について」（平成27年5月12日）。

21) 日本証券業協会は，「金融商品取引業の拡大等に伴う自主規制規則の一部改正等について」（平成27年5月19日）の一環として，「株式投資型クラウドファンディング業務に関する規則」を制定している。また，第二種金融商品取引業協会は，同月27日に「電子申込型電子募集取扱業務等に関する規則」及び「『電子申込型電子募集取扱業務等に関する規則』に関する細則」を制定している。

らず，投資者保護の観点にも十分配慮しつつ，検討を進めていくことが重要である。」

・「投資型クラウドファンディングに係る制度整備に当たっては，リスクマネーの供給促進という観点から，できるだけ仲介者にとって参入が容易であり，かつ，発行者にとって負担が少ない制度設計とすることが重要と考えられる。一方で，投資型クラウドファンディングが詐欺的な行為に悪用され，ひいては投資型クラウドファンディング全体に対する信頼感が失墜することのないよう，海外当局による規制の動向も踏まえつつ，投資者保護のための必要な措置を講じることも重要な課題である。」

「第一種少額電子募集取扱業務」及び「第二種少額電子募集取扱業務」に係る制度は，このような厳格な利用要件では，規制緩和の趣旨に反して，結局は利用されない可能性のある制度になっているように思われる。

4．金商法における利用される制度の制限（プロ向けファンド制度の規制強化）

いわゆる「プロ向けファンド」制度である特例業務届出制度は，「特定投資家（プロ）向け又は投資家数が一定程度以下のファンドの自己募集」については，より簡素な規制とするなど，健全な活動を行っているファンドをつうじた金融イノベーションを阻害しないよう，十分な配慮が必要である。」及び「自己募集と同様，私募不動産ファンドなど，プロ向けファンドの実態を踏まえつつ，プロ向け又は投資家数が一定程度以下のファンドについては，資産運用についてもより簡素な規制とするなど，十分な配慮が必要である。」[22]との観点から，平成18年証取法改正により導入された。

プロ向けファンド制度は十分利用されている制度であるが，一般投資家（アマ）への詐欺的な投資勧誘が行われ，投資者被害が増加している実情[23]をふまえ，以下のとおり規制監督が強化されてきている。

22）金融審議会金融分科会第一部会報告・前掲（注12）10頁・11頁。

- 証券取引等監視委員会「ファンド販売業者に対する検査結果について」及び「事業型ファンドにおける分別管理に係る販売規制について」（平成22年10月19日）
- 事業型ファンド販売に係る契約締結前交付書面の記載事項の拡充（金商業等府令改正（平成23年4月1日施行））
- 金融庁・証券取引等監視委員会「適格機関投資家等特例業者に対する対応を強化！【違法なファンド業者にご注意ください！】」（平成24年2月15日）
- 届出記載事項に適格機関投資家の名称等を追加（金商業等府令改正及び「金融商品取引業者等向けの総合的な監督指針」改正（平成24年4月1日施行））
- 消費者委員会「詐欺的投資勧誘に関する消費者問題についての建議」及び「詐欺的投資勧誘に関する消費者問題についての調査報告」（平成24年8月6日）
- 平成25年度消費者基本計画改定（平成25年6月28日閣議決定）
- 独立行政法人国民生活センター「投資経験に乏しい者に『プロ向けファンド』を販売する業者にご注意！─高齢者を中心にトラブルが増加，劇場型勧誘も見られる─」（平成25年12月19日）
- 日本弁護士連合会「適格機関投資家等特例業務」（金融商品取引法第63条）に関する意見書」（平成26年2月20日）
- 証券取引等監視委員会「適格機関投資家等特例業務に関する特例についての建議」（平成26年4月18日）
- 消費者委員会「適格機関投資家等特例業務についての提言」（平成26年4月22日）

---

23) 平成26年12月末現在におけるプロ向けファンド届出者数は3,058であり，うち問題リスト掲載業者数が596（全体の19.5%）である（平成27年3月金融庁資料）。問題リスト掲載業者とは，金融庁HPで「問題があると認められた届出業者リスト」に掲載されている届出者であり，警告書発出，報告命令に応じない，連絡がとれない及び届出書提出義務違反（平成24年4月に提出が義務づけられたファンドの名称や適格機関投資家の名称等を記載した届出書の不提出）である。

・金融庁「適格機関投資家等特例業務の見直しに係る政令・内閣府令案等の公表について」（平成26年5月14日）

・金融審議会への諮問（平成26年9月26日）

・金融審議会投資運用等に関するワーキング・グループ報告「投資家の保護及び成長資金の円滑な供給を確保するためのプロ向けファンドをめぐる制度のあり方」（平成27年1月28日）

・金融商品取引法の一部を改正する法律案の国会提出（平成27年3月24日），成立（同年5月27日），公布（同年5月30日。平成28年法律第32号）及び施行（平成28年3月1日）

・金融庁「平成27年金融商品取引法改正等に係る政令・内閣府令案等の公表について」（平成27年11月20日）

・金融庁「平成27年金融商品取引法改正等に係る政令・内閣府令案等に対するパブリックコメントの結果等について」（平成28年2月3日）

Ⅲ．引受関係の特例制度

1．外国証券業者の有価証券関連業該当行為に係る適用除外のうちの元引受契約の内容確定協議の特例制度の概要

外国証券業者は，国内にある者を相手方として有価証券関連業に該当する行為（法28条8項各号）を行うことを原則として禁止されている（法58条の2本文）。

当該禁止は，昭和46年制定の旧外証法から引き継がれたものである。外国証券業者は，日本国内において行うことはもとより，日本国外から直接行う場合であっても，当該行為を禁止される。当該行為を業として行うかどうかを問わない。日本国内における反復継続の意思が明らかでない単発的な行為であっても，行為主体が業者であるので，これをいわば業とみなして規制することが日本国内の投資者保護上必要であることによる。

ただし，外国証券業者は，有価証券関連業を行う者を相手方とする場合およびその他政令で定める場合は，当該行為を行うことができる（同条ただし書）。政令において，外国証券業者が，その行う有価証券の引受けの業務のうち，「元引受契約」の内容を確定するための協議のみを当該有価証券の発行者・所有者（金融商品取引業者等を除く）と国内において行う場合が定められている（令17条の３第３号）。

当該特例により，外国証券業者は，いわゆる引受幹事となって国内において元引受契約の内容を確定するための協議を行うことができる。有価証券の元引受業務は，①元引受契約の内容を確定するための協議，②元引受契約の締結，及び③当該元引受契約の実施行為の３段階の行為に区分できる。当該特例は，国内における上記①の行為のみを許容するものであり，当該外国証券業者は，国内における上記②の元引受契約の締結は認められていない。また，当該有価証券の売出し・特定投資家向け売付け勧誘等又は当該有価証券の募集・私募・売出し・特定投資家向け売付け勧誘等の取扱いが国内において行われる場合は除かれている。したがって，当該特例は，引き受けられた有価証券が国内において販売される場合には認められず，国外で販売される場合にのみ認められる。

２．外国証券業者の引受業務の一部の許可制度の概要

外国証券業者は，金融商品取引業の登録を受けることなく，金融庁長官の許可を受けて，その行う有価証券の引受けの業務のうち，「元引受契約」（有価証券の募集・売出しに際して締結するものに限定（法21条４項））の内容を確定するための協議を当該有価証券の発行者・所有者と行わず，かつ，当該有価証券の売出し・特定投資家向け売付け勧誘等又は当該有価証券の募集・私募・売出し・特定投資家向け売付け勧誘等の取扱いを国内において行うことのない場合における当該元引受契約への参加（「引受業務」）を国内において行うことができる（法59条１項，令17条の４）。

当該許可は，原則として個々の行為ごとに必要とされる。許可対象となる

元引受契約への参加とは，元引受契約の締結を意味する。許可を受けた外国証券業者は，引受幹事とならず，かつ，その引き受けた有価証券について国内で一切販売を行わなければ，国内において元引受契約を締結できる。すなわち，当該外国証券業者は，国外で販売するという条件のもとに国内で元引受契約が締結される場合に，普通のアンダーライターとして引受シンジケート団（引受シ団）に参加できる。

3. 現状

外国証券業者の引受業務の一部の許可制度は，昭和46年外証法制定当時には，日本の資本市場の発展を図る観点から，外国証券会社の支店設置にかかる免許制と比べて簡易な制度として創設されたものであるが，現在では，もはや実質的な意義に乏しい制度といわざるを得ない。平成18年金商法制整備において当該許可制度が維持されたのは，証券業について登録制に移行した平成10年金融システム改革法においても当該許可制度が維持されたことから，金融商品取引業について原則として登録制に一元化した平成18年金商法制整備においても同様の取扱いとされたにとどまる。

現在の実務では，当該許可制度は利用されておらず，国内証券会社がその「海外関連会社」による引受けを「斡旋」し（日本証券業協会「有価証券の引受け等に関する規則」37条参照），海外関連会社は国内において元引受契約の内容確定協議も元引受契約の締結も行わない取扱いとされている。

Ⅳ. 外国証券業者の取引所取引業務の許可制度

1. 制度の概要

外国証券業者は，金融商品取引業の登録を受けることなく，金融庁長官の許可を受けて，金融商品取引所における有価証券の売買及び市場デリバティブ取引（「取引所取引」）を業として行うこと（「取引所取引業務」）を行うこ

とができる（法60条1項）。

　取引所取引業務の許可制度は，金融商品取引所におけるいわゆるリモート・メンバーシップ（遠隔地会員等）を可能とするものである。当該制度は，①外国証券業者の日本の取引所市場への直接参加を通じて日本の取引所市場の流動性を高める観点，及び②日本の取引所と海外取引所とのクロス・メンバーシップ（取引所間で相互に相手国・地域の証券会社に会員等の資格を認めて海外の証券業者を取引所に参加させること）といった取引所間の連携を可能とし，日本の取引所の国際競争力の向上を図る観点から，平成15年証取法改正により創設されたものである。

　外国証券業者が居住者である投資者の取引の媒介・取次ぎ・代理を行うことは認められていない。一方，外国証券業者が国外において非居住者による日本の取引所における取引の委託の媒介・取次ぎ・代理を行うことは，基本的に金商法の規制の適用対象外である。

　取引所取引業務の許可要件の特徴として，①許可申請者の本店及び「取引所取引店」（取引所取引業務を行う営業所・事務所（法60条の2第1項3号））の所在するいずれかの外国金融商品取引規制当局の調査協力にかかる相互保証（法189条2項1号）の存在，並びに②許可申請者の取引所取引店が加入している「外国金融商品取引市場開設者」（法60条の2第1項6号）と当該許可申請者が取引参加者となる金融商品取引所との間で情報提供取決めの締結などの措置が講じられていることが定められている（法60条の3第1項2号・3号）。

　東京証券取引所（東証）は，平成21年2月から，取引所取引業務の許可を受けた外国証券業者（「取引所取引許可業者」（法60条の4第1項））に取引資格を与える「リモート取引参加者制度」を導入している（東証・取引参加者規程6条2項参照）。そして，平成21年7月に金融庁監督局証券課「金融商品取引業者等向けの総合的な監督指針」が改正されて，Ⅹ（監督上の評価項目と諸手続（外国証券業者））にⅩ-2（業務の適切性（取引所取引許可業者））及びⅩ-3（諸手続（取引所取引許可業者））が追加されている。

金商法における「利用されない制度」と「利用される制度の制限」　　*13*

上記②の措置として，当該金融商品取引所が外国金融商品取引規制当局から当該外国の法令に基づき所要の措置（ノーアクションレター，ライセンスなど）を取得する必要があることがある。東証は，平成22年11月（arrowheadシステム）及び平成24年8月（ToSTNeTシステム）に香港証券先物委員会（SFC）から自動取引サービスの提供に係る認可を取得している。また，大阪取引所は，平成23年6月に米国商品先物取引委員会（CFTC）からダイレクト・アクセスに係るノーアクションレターを取得し，平成24年12月にデリバティブ売買システム（J-GATE）を対象として自動取引サービスの提供に係る認可を取得している[24]。

2．現状

平成27年5月1日付で香港の業者が初の許可を得て取引所取引許可業者となっている。

V．適格投資家向け投資運用業の特例制度

1．制度の概要

平成23年金商法改正により，投資運用業の立上げを促進するための規制緩和として，「適格投資家向け投資運用業」について，投資運用業の登録拒否要件を緩和する特例が創設されている（法29条の5）。一般の投資運用業の登録を受けた金融商品取引業者は，当該特例を利用できない。

適格投資家向け投資運用業とは，全運用財産の投資者が「適格投資家」のみであり，かつ，全運用財産総額が200億円以下のものである（同条1項2号，令15条の10の5）。適格投資家の範囲は，特定投資家に加えて，金融資産3億円以上かつ取引経験1年以上の個人や金融商品取引業者の役員などが含ま

24）日本取引所グループHP「海外当局からの許認可　リモート取引参加者制度」参照。

14　　　金商法における「利用されない制度」と「利用される制度の制限」

れており，平成28年３月に対象が拡大されている（法29条の５第３項，令15条の10の７，金商業等府令16条の５の２，16条の６）。

適格投資家向け投資運用業については，第１に，取締役会設置会社要件（法29条の４第１項５号イ）を求められず，監査役設置会社で足りる（法29条の５第１項）。

第２に，適格投資家向け投資運用業につき登録を受けた金融商品取引業者が投資一任契約に基づき投資信託・外国投資信託受益証券などの一定の第一項有価証券にかかる運用権限の全部委託を受けた場合には，その者が適格投資家を相手方として行う私募の取扱いを行う業務について，第一種金融商品取引業ではなく，第二種金融商品取引業とみなされている（同条２項，令15条の10の６）。

第３に，適格投資家向け投資運用業にかかる最低資本金及び純財産額は，（通常の5000万円ではなく）1000万円とされている（法29条の４第１項４号イ・５号ロ，令15条の７第１項７号，15条の９第１項）。

２．現状

当該特例は，日本関係者がシンガポールなどにおいて投資運用業に相当する業務を立ち上げる動きがみられることなどにかんがみ，日本市場の国際競争力の向上を図る観点から創設されたものと思われる[25]。ただし，当該特例の利用促進を図るためには，監督・監視行政の明確性や予測可能性への不安にも留意される必要があろう。

当該特例の利用例は平成28年２月29日時点で５社ある[26]。

25）金融庁・前掲（注11）10頁では，「現行の投資運用業にかかる規制は厳格な登録要件を課しているため，運用業者の海外流出につながっているとの指摘がある。このような指摘にも鑑み，投資運用業に係る規制緩和を行い，国民の様々な資産運用ニーズに応える投資運用ファンドの立ち上げを促進し，運用業者の海外流出に歯止めをかける。」と記載されている。

26）金融庁HPにおける「金融商品取引業者一覧」参照。「投資運用業」の欄に「適格投資家向け」と記載されている。

Ⅵ. 投資型クラウドファンディングの登録拒否要件の特例

1. 制度の概要

　平成26年金商法改正により，インターネットを通じて小口の資金調達を行う「投資型クラウドファンディング」を促進する観点から，「電子募集取扱業務」に係る登録拒否要件の特例が新設されている。発行価額総額１億円未満かつ１人あたり投資額50万円以下に限定されている（法29条の４の２第10項，29条の４の３第４項，令15条の10の３，金商業等府令16条の３）。

　具体的には，非上場の株券・新株予約権証券の募集・私募の取扱い又は当該業務に関して顧客から金銭の預託を受けることが「第一種少額電子募集取扱業務」とされ，第一種金融商品取引業に係る登録拒否要件のうち，兼業要件（法29条の４第１項５号ハ）及び自己資本規制比率要件（同項６号イ）が適用されず（法29条の４の２第１項・２項・10項，令15条の10の２第１項），最低資本金要件・純財産要件が緩和されている（令15条の７第１項６号，15条の９第１項）。第一種少額電子募集取扱業務のみを行う金融商品取引業者が「第一種少額電子募集取扱業者」である（法29条の４の２第９項）。

　また，開示免除有価証券（法３条３号）又は非上場ファンド持分の募集・私募の取扱いが「第二種少額電子募集取扱業務」とされ（法29条の４の３第１項・４項，令15条の10の２第２項），最低資本金要件が緩和されている（令15条の７第１項８号）。第二種少額電子募集取扱業務のみを行う金融商品取引業者が「第二種少額電子募集取扱業者」である（法29条の４の３第２項）。

2. 電子募集取扱業務等に係る業務管理体制の整備義務

　平成26年金商法改正により，金融商品取引業者等は，その行う金融商品取引業又は登録金融機関業務を適確に遂行するための業務管理体制の整備義務を課されている（法35条の３）。その詳細な要件は，金商業等府令70条の２

に定められている。

電子募集取扱業務を行う者又はインターネットを通じた法定の方法（閲覧ファイル閲覧または電子メール送信等の方法）により開示免除有価証券若しくは非上場有価証券の自己募集・私募業務を行う金融商品取引業者等については，一定の措置をとることが義務づけられている（金商業等府令70条の2第2項1号〜8号）。下記③〜⑦については，電子申込型電子募集取扱業務等に限定されている。

① 金融商品取引業等に係る電子情報処理組織の管理を十分に行うための措置（同項1号）。

② 標識表示事項（法36条の2第1項）の電子公表措置（同項2号）

③ 発行者の財務状況・事業計画内容・資金使途その他「電子申込型電子募集取扱業務等」の対象とすることの適否の判断に資する事項の適切な審査（「目標募集額」が発行者の事業計画に照らして適当なものであることを確認することを含む。）を行うための措置（同項3号）

④ 電子申込型電子募集取扱業務等における顧客の応募額が「申込期間」内に目標募集額に到達しなかった場合及び目標募集額を超過した場合の当該応募額の取扱方法を定め，当該取扱方法に関して顧客に誤解を生じさせないための措置（同項4号）

⑤ 電子申込型電子募集取扱業務等における顧客の応募額が申込期間内に目標募集額に到達した場合に限り有価証券が発行される場合には，当該目標募集額に到達するまでの間，発行者が当該応募額の払込みを受けることがないことを確保するための措置（同項5号）

⑥ 電子申込型電子募集取扱業務等における顧客が有価証券の取得申込みから8日（初日算入）を経過するまでの間，当該顧客が申込み撤回又は契約解除を行うことができることを確認するための措置（同項6号）

⑦ 発行者が電子申込型電子募集取扱業務等にかかる顧客の応募代金の払込みを受けた後に，当該発行者が顧客に対して事業状況について定期的に適切な情報を提供することを確保するための措置（同項7号）

⑧　第二種少額電子募集取扱業務において取り扱う募集・私募にかかる有価証券の発行価額総額が1億円未満かつ1人当たり払込額50万円以下の要件を満たさなくなることを防止するための必要かつ適切な措置（これらを適切に算定するための措置を含む。）（同項8号）

上記の諸要件のうち③〜⑧の各要件については，金融庁監督局証券課「金融商品取引業者等向けの総合的な監督指針」Ⅳ-3-4-3-1及びⅤ-2-4-3-1に留意点が定められている。

また，第二種金融商品取引業協会は，投資型クラウドファンディング制度の導入に伴い，平成27年5月に，新たに「電子申込型電子募集取扱業務等に関する規則」を定めている。当該規則は，協会の正会員および電子募集会員が行う「電子申込型電子募集取扱業務等」（金商業等府令70条の2第3項）に適用される。

3．今後の利用の見通し

平成26年金商法改正による投資型クウンドファンディング制度の導入は，投資型クウンドファンディングを促進するための規制緩和の趣旨であったはずである。ところが，府令や金融庁の意向を踏まえたと思われる自主規制規則レベルでは，あたかも制度利用をしないことを促進するかのように厳格な規制が課されている。

このため，第一種少額電子募集取扱業務は実際にはまず利用されないだろうと見込まれる。せめて第二種少額電子募集取扱業務が少しでも利用されることが望まれる。

Ⅶ. プロ向けファンド制度の規制強化（金商法における利用されている制度の制限）

1．平成27年金商法改正に係る国会質疑

平成27年金商法改正法案について，衆議院財務金融委員会において以下の質疑が行われている。

［鈴木（克）委員（民）］

「プロ向けファンドが，制度上，一般投資家からもお金を集め，それを運用することができるのに，登録制ではなく届出制とされ，行為規制も他の金融商品取引業者に比べて相当簡素なものとされたのはこの金融審議会の報告というのがもとであったというふうに理解をしておるわけですが，そういう理解でいいかどうか，これが一つ。

それから，専ら特定投資家のみを対象とするファンドが，なぜ立法段階で適格機関投資家と，少数とはいえ特段制限のない一般投資家と決定をされたのか，その当時の経緯を，温故知新ではありませんけれども，少し金融庁から確認しておきたいと思います。

［池田政府参考人］

「御指摘のとおり，その金融審議会報告の議論を踏まえて金融商品取引法の制定が行われたわけでございますが，その制定に当たりましては，一般投資家を対象とする集団投資スキームの販売，勧誘または投資運用を行う業者については登録を義務づける，一方で，プロ投資家を対象とする集団投資スキームの取扱業者については，金融イノベーションを阻害するような規制とならないよう配意するという基本的な考え方に立って法律の制定を行ったところであります。

そして，その後の制定作業を進める際に，基本的に，プロの投資家である適格機関投資家が出資者となるファンドでありましても，当該ファンドと関

係の深い一般投資家，例えばファンド運営会社の役員などの方も出資している場合が多いという実態があることを踏まえまして，そうした適格機関投資家以外の者が少人数にとどまる場合には，プロ向けファンドとして，プロ投資家のみを対象とするファンドと同等に扱って，簡素な規制とするということとされたものであります。」

２．制度導入時の検討の経緯

（１） 問題意識

筆者は平成18年金商法制整備の際の金融庁の担当室長（平成17年８月〜平成19年７月）であり，以下では，プロ向けファンド規制の導入の経緯について振り返ってみる。

当該経緯から，プロ向けファンドの運営業者について届出制がとられた上で，プロ向けファンドの適格投資者の範囲が「１名以上の適格機関投資家＋49名以下の一般投資家」とされたのは，様々な意見がある中で，特に経済産業省との協議等の過程を経た結果であるといえる。

（２） 金融審議会第一部会「中間整理」（平成17年７月）

金融審議会金融分科会第一部会「中間整理」（平成17年７月７日）では，「集団投資スキーム（ファンド）」について，以下のとおり，ファンドの仕組み規制やファンド自体の届出・登録に着目されている。

・「有価証券等に投資を行うファンドなどについて，昨年の証券取引法改正において販売規制を適用することとしたが，その後も各種ファンドが増加していることを踏まえれば，ファンド全般について販売規制の対象として，販売にあたって必要と考えられる情報開示などを義務づけるとともに，資産管理，運用者の受託者責任，運用報告などについて，最低限の仕組み規制を適用することが必要である。市場の透明性・公正性を確保する観点から，ファンドについては幅広く届出・登録を義務付けるべきであるが，ファンドの目的・投資者層・規模はさまざまであると考

えられることから，規制の内容については，横断性に配意しながら，ファンドの内容に応じて柔軟性を持たせるべきである。」

・「仕組み規制のないファンドについて，届出又は登録を義務づけ，以下のような監督を行うことが適当である。」

（3） 平成17年11月上旬における部内検討

金融庁部内では，平成17年11月上旬に，以下の方向で検討されている。ファンドの仕組み規制ではなく，ファンドの運営業者に係る規制に着目されている。

・プロ向けファンドの販売勧誘及び資産運用・助言業は届出制とする。

・プロの範囲としては，行為規制におけるプロの範囲と同一とする。

・改正信託業法では，グループ内信託について，グループ内における自治の尊重を理由として，届出制を採用していることを参照。

（4） 金融審議会第一部会における検討（平成17年11月）

金融審議会金融分科会第一部会の第38回会合（平成17年11月24日）では，「集団投資スキーム（ファンド）について」(事務局提出資料１)において,「中間整理」を踏まえて，ファンドの仕組み規制について検討されるとともに，「業規制について」(事務局提出資料２)において，ファンドに係る業規制について，以下の記載がなされている。

・「最近の問題事案を考慮すると，例えば，集団投資スキーム（ファンド）の持分等の自己募集を規制対象とすることが考えられるが，どうか。この場合，健全な活動を行っているファンドを通じた金融イノベーションを阻害しないよう，例えば，プロ向け又は投資家数が一定程度以下のファンドの自己募集については，より簡易な規制とすることも考えられるが，どうか。また，その場合における行為規制の適用のあり方について，どのように考えるか。

・「プロ向けファンドの運用まで資産運用業として業登録を求めることは

過剰規制であるとの意見を勘案すると，ファンドの自己募集と同様，例えば，プロ向け又は投資家数が一定程度以下のファンドの資産運用については，より簡易な規制を設けることが考えられるが，どうか。」

（5） 平成17年12月上旬における現状認識

金融庁部内では，平成17年12月上旬に，ファンド規制のあり方について，以下の現状認識を有していた。

・経済産業省及び業界（ベンチャー・ファンド関係者）等から，プロ向けファンドに対して過剰な規制が課されることを懸念し，プロ向けファンドについては規制の適用除外（少なくとも大幅な緩和）を行うべきとの意見が主張されているところ[27]。

・他方，中立委員や消費者問題関係者を中心に，平成電電事件等の問題事例を念頭に，ファンドに対して包括的・横断的で実効性のある規制の導入を求める意見。

・このような議論を踏まえ，一般投資家に幅広く販売されるファンドについては，実効性ある規制枠組みを導入するとともに，プロ向けファンドについてはより簡素な規制とするとの基本的な方向性については一致。ただし，具体的な規制内容等について，意見が一致していない状況。

（6） 金融審議会第一部会報告（平成17年12月）

金融審議会金融分科会第一部会報告「投資サービス法（仮称）に向けて」（平成17年12月22日）では，プロ向けファンド規制のあり方について，以下の記載がなされている[28]。

・「例えば，特定投資家（プロ）向け又は投資家数が一定程度以下のファ

---

27) 例えば，金融審議会金融分科会第一部会の第38回会合（平成17年11月24日）には，経済産業省「〔経済産業省『経済成長に向けたファンドの役割と発展に関する研究会』第4回資料〕経済成長に向けたファンドの役割と発展について－第4回　検討課題－」及び日本ベンチャーキャピタル協会「集団投資スキーム及び業規制についての意見」が提出され，同第41回会合（平成17年12月14日）には，経済産業省「報告案に対する異見」が提出されている。

ンドの自己募集については，より簡素な規制とするなど，健全な活動を行っているファンドをつうじた金融イノベーションを阻害しないよう，十分な配慮が必要である。」

・「自己募集と同様，私募不動産ファンドなど，プロ向けファンドの実態も踏まえつつ，プロ向け又は投資家数が一定程度以下のファンドについては，資産運用についてもより簡素な規制とするなど，十分な配慮が必要である。」

（7） 経済産業省研究会報告書（平成17年12月）

経済産業省「経済成長に向けたファンドの役割と発展に資する研究会」報告書（平成17年12月27日）では，以下の記載がなされている。

・「プロ向けファンドについては，GP に対し，運用業者としての資格制限を設けたり，監督を行ったりする必要性はない。」

・「発行者自身による販売・勧誘行為について，特にプロの投資家を対象に勧誘するに際して新たに販売・勧誘に係る規制をかける必要性はないのではないかとの指摘が多い。」

（8） 経済産業省との調整状況

内閣提出法案の国会提出に当たっては閣議決定が行われることから，法案内容について関係各省庁が反対しない旨の了解をとるための事前調整が必要となる。プロ向けファンド規制については，国土交通省も関心を有していた[29]が，特に経済産業省との調整を進める必要があった[30]。

28）ファンド規制について，仕組み規制ではなく業規制等によることとされた理由については，松尾直彦「金融商品取引法制の制定過程における主要論点と今後の課題〔Ⅱ〕」商事法務1824号26頁（2008）参照。

29）金融審議会金融分科会第一部会の第41回会合（平成17年12月14日）における国土交通省提出資料「社会資本整備審議会産業分科会不動産部会中間整理（案）『投資家が安心して参加できる不動産市場の在り方』の概要」参照。

30）松尾直彦「金融商品取引法制の制定過程における主要論点と今後の課題〔Ⅰ〕」商事法務1823号6頁（2008）参照。

金融庁部内では，平成18年1月中旬に，調整事項について，「経済産業省に対しては，プロ向け又は少人数向けファンドの販売・勧誘業（自己募集を含む）及び運用業については，簡易な登録制又は届出制の必要性を指摘する。」旨の方向で検討されていた。

そして，金融庁平成18年2月上旬におけるプロ向けファンドの範囲に関する調整事項については，以下の方向で検討されていた。

・プロ向けファンドの販売・勧誘及び運用は届出制とする。

・金融庁の考え方：プロ向けファンドとして例外扱いするのは真に投資家保護の必要のないファンドに限定すべき（プロ投資家のみ）

・経済産業省の考え方：現在のファンド実務を尊重し，「プロ向けファンド」の範囲は十分に広いものとすべき（適格機関投資家＋49人（現行開示規制の「私募」なみ））

さらに，法案の閣議決定（平成18年3月10日）に間に合うギリギリのタイミングである平成18年2月下旬において，経済産業省との間で以下の内容で合意した。

・プロ向けファンドの範囲については，「適格機関投資家＋49人以下」。

・商品ファンド販売業，商品先物取引の販売・勧誘規制及びデリバティブ取引の定義における商品先物取引の取扱いとセット。

3．平成27年金商法改正による規制強化

（1） 改正の概要

一般投資家（アマ）への詐欺的な投資勧誘が行われ，投資者被害が増加している実情を踏まえ，平成27年金商法改正法により規制が強化されている。届出制は維持されているが，登録業者（金融商品取引業者）と同等の開業規制，行為規制及び監督措置が設けられ，実質的には登録業者並みに規制・監督されることになる。

（2） 特例業務投資家の限定に係る改正

当初は一般投資家49名以下との人数要件にとどまっていたが，平成27年金商法改正に合わせて，49名以下の出資者が投資判断能力を有する一定の投資家及び特例業者と密接に関連する者に限定される。

具体的には，第1に，取得勧誘・譲渡の時点において，以下の者に限定される（令17条の12第1項各号，金商業等府令233条の2）。

① 国・日本銀行・地方公共団体・特殊法人・独立行政法人（令17条の12第1項1号〜3号・10号）

② 金融商品取引業者等，上場会社，資本金5千万円以上の法人，純資産5千万円以上の法人（令17条の12第1項4号・7号〜9号）

③ ②の法人の子会社等・関連会社等（府令233条の2第4項5号）

④ ファンド資産運用等業者（特例業務届出者・特例業務を行うが「金融商品取引業」から除外されるため届出不要の者）（令17条の12第1項5号）

⑤ ④の密接関係者（府令233条の2第1項）
・当該ファンド資産運用等業者の役員・使用人
・当該ファンド資産運用等業者の親会社等・子会社等・兄弟会社等とその役員・使用人
・当該ファンド資産運用等業者が行うファンド資産の運用委託先とその役員・使用人
・当該ファンド資産運用等業者への投資助言者とその役員・使用人
・当該ファンド資産運用等業者（個人），その役員・使用人，運用委託先とその役員・使用人，投資助言者とその役員・使用人の親族（配偶者及び三親等内の血族・姻族）

⑥ 特定目的会社（令17条の12第1項11号）]

⑦ 投資性金融資産100億円以上の企業年金基金・存続厚生年金基金・外国年金基金（令17条の12第1項12号，府令233条の2第2項，4項2号・3号）

⑧　外国法人（令17条の12第１項13号）

⑨　資産１億円以上保有かつ証券口座開設後１年経過の個人及び組合等保有資産１億円以上の業務執行組合員等である個人（令17条の12第１項12号，府令233条の２第３項）

⑩　⑨の個人の資産管理会社（府令233条の２第４項６号・５項・６項）

⑪　地域・産業振興を公益目的事業とする国・地方公共団体が４分の１以上保有の公益社団法人・公益財団法人（府令233条の２第４項１号）

⑫　資産１億円以上の法人及び組合等保有資産１億円以上である業務執行組合員等である法人（府令233条の２第４項４号）

⑬　外国出資対象事業持分の発行者（外国ファンド）（府令233条の２第４項７号）

⑭　③⑦⑩〜⑬の資産保有型会社・資産運用型会社（府令233条の２第４項８号）

第２に，ベンチャー・ファンド（運用財産の80％超を未公開株券等に投資運用）については，以下の者に特例的に拡大され（令17条の12第２項，金商業等府令233条の３，233条の４），これらの者に対する保護措置が定められる（法63条９項・10項，令17条の13の２，金商業等府令239条の２）。

①　上場会社の役員

②　資本金額又は純資産額５千万円以上の有価証券報告書提出法人の役員

③　組合等保有資産１億円以上の業務執行組合員等である法人の役員

④　過去５年以内に①〜③の者（元役員）

⑤　過去５年以内に当該出資対象事業持分と同一発行者の発行者する出資対象事業持分の取得者

⑥　過去５年以内に組合等保有資産１億円以上の業務執行組合員等であった法人

⑦　通算１年以上かつ過去５年以内に会社の役員・専門従業者・助言者として，会社の設立・増資・新事業活動の実施に関する業務，M&A業務，上場業務，又は経営戦略・企業財務・株主総会運営・取締役会運営に関

する業務に従事した者

⑧　過去５年以内の上場会社の有価証券届出書における上位50名の株主

⑨　過去５年以内の有価証券届出書（⑧を除く）・有価証券報告書における上位10名の株主

⑩　認定経営革新等支援機関（公認会計士・弁護士・司法書士・行政書士・税理士等）

⑪　①～⑤又は⑦～⑩（個人）が議決権50％超を保有する会社等（その子会社等・関連会社等を含む）又は議決権20％～50％以上を保有する会社等

⑫　①～⑩の会社等の子会社等・関連会社等

（3）　特例業務の利用排除

平成27年金商法改正にあわせて，投資者保護のために特例業務の利用排除が新設される（法63条１項イ・ロ，金商業等府令234条の２）。

第１に，出資者として実態を伴わない投資事業有限責任組合（LPS）を排除するため，適格機関投資家がすべてLPSである場合が排除される（同条１項１号・２項１号）。ただし，運用財産総額（借入金控除）５億円以上のLPSは利用可能である。

第２に，ファンド資産運用等業者が支配する者及び投資知識・経験を有する一定の者の出資額が総出資額の２分の１以上の場合が排除される（同条１項２号・２項２号）。

（4）　特例業務の開業規制に係る改正

金融商品取引業者等を除き，金融商品取引業に係る一定の登録拒否要件に該当する者は，特例業務を行うことを禁止される（法63条７項）。

特例業務に係る無届出及び虚偽の届出等に対する罰則が，１年以下の懲役・300万円以下の罰金から，５年以下の懲役・500万円以下の罰金に引き上げられる（法197条の２第10号の８）とともに，業務廃止命令違反にも同水

準の罰則が適用される（同条10号の9）。

（5）　特例業務届出者の行為規制に係る改正

　特例業務届出者については，当初は，取引の公正性などを確保するための限定的な行為規制（虚偽告知の禁止（法38条1号）及び損失補てん等の禁止（法39条））のみが適用されていたが，平成27年金商法改正により，特例業務を行う場合には金融商品取引業者とみなされて，大幅に行為規制が強化される（法63条11項）とともに，届出事項に係る情報開示義務が導入される（同条6項）。

　金融商品取引業者等が特例業務を行う場合も情報開示義務を課され（法63条の3第2項），特例業務の適切でない運営を禁止される（法40条2号，金商業等府令123条1項30号）。

（6）　特例業務届出者の監督措置に係る改正

　特例業務届出者に対する行政当局の監督措置は，当初，報告・資料提出命令及び検査（自己投資運用業務のみが対象）に限定されていたが，平成27年金商法改正により，報告・資料提出命令及び立入検査（法63条の6）並びに業務改善命令・業務停止命令・業務廃止命令（法63条の5第1項〜同条3項）が導入される。

（7）　コメント

　プロ向けファンドの運営業者に係る届出制度は，平成18年金商法制整備によりフォンド運営業者の規制監督制度が導入された際に，規制の「柔構造化」を図る観点から[31]，一種の激変緩和措置として導入された制度である。

　確かにプロ向けファンドに係る投資者被害が増加したことは残念なことである。筆者は，平成26年秋に金融庁関係者からプロ向けファンドに係る規制

31）三井＝池田・松尾・前掲（注1）50頁。

のあり方についてヒアリングを受けた際に，制度導入時の経緯について説明するとともに，対応策としてエンフォースメント措置の強化の必要性を指摘した。このような観点から，平成27金商法改正により当該強化が実現したことは歓迎される。

　しかしながら，プロ向けファンドの適格投資者の範囲が限定され，運営業者について実質的には登録業者並みに規制・監督されることは，実務で頻繁に利用されていたプロ向けファンドの利用度を低下させ，金融イノベーションを阻害するおそれがある[32]。平成27年金商法改正による規制強化は，規制のバランスが投資者保護に傾きすぎ，「最適バランス」が確保されていないと言わざるを得ない。

VIII．おわりに

　金商法において利用されていない制度がある理由は種々である。具体的には，①制度が時代に合わなくなったこと（外国証券業者の引受業務の一部の許可制度），②日本の金融商品取引所が外国の規制に服する必要があること（外国証券業者の取引所取引業務の許可制度），③制度が日本の実情に合わず複雑であること（特定投資家制度），④開業規制の緩和が中途半端であること（適格投資家向け投資運用業の特例制度）や⑤規制緩和の趣旨の下で規制が厳格化されていること（投資型クラウドファンディング制度）などである。

　こうした金商法において利用されていない制度について，できるだけ利用されるようにするため，定期的に検証を行って，必要に応じて制度の見直し

---

32) 中村聡委員は，金融商品取引法研究会の会合（平成27年7月8日）において，「プロ向けファンドが悪者視されるようになった1つの背景としては，プロ向けファンドという特例ができましたということで，それがシグナリング効果になって，悪い人たちがファンドを使い始めた。別に松尾さんの肩を持つわけではありませんが，金商法が届出制をとったから悪いという話ではなくて，『ファンドなんであるんだ』ということで悪い業者が使い始めたことが主たる原因ではないかと思います。その意味で，規制を強化すれば本当に悪い業者がなくなるのかという点は，検証が必要だと思っています。」と発言している（金融商品取引法研究会研究記録第52号（2015）28頁）。

をすることが望まれる。

これに対し，頻繁に利用されていた制度であるプロ向けファンド制度は，規制監督強化のため利用度が低下する可能性がある。規制監督強化が過剰になっていないかについて定期的に検証を行って，必要に応じて制度を機動的に見直しをすることが望まれる。

継続開示義務者の範囲
―アメリカ法との比較を中心に―

飯 田 秀 総

I. 問題の所在

1. 序説

(1) 考察の対象

　本稿は，継続開示規制の適用を受ける者の範囲はいかにあるべきか，という問題につき，アメリカ法の状況について比較法的な検討を行い，分析の視点を従来の流通性から外部性へと変えるべきでないかと問題提起することを目的とする[1]。

　継続開示には，様々なものが含まれるが，本稿では有価証券報告書によってなされる開示をいうことにし[2]，対象となる有価証券としては株券を想定することとする。したがって，ここでいう継続開示規制の適用範囲とは，金融商品取引法（以下「金商法」という。）24条1項1号～4号により，有価証券報告書の提出義務を負う者（以下「提出義務者」という。）の範囲を意

---

1) 本稿の問題意識は，久保田＝中東（2012）6頁に負うところが大きい。なお，湯原（2016）342頁も「情報開示を強制するのは，正の外部性を生じさせるなど，情報開示制度により社会厚生を増加させるため」として，本稿と同様に，外部性の観点から情報開示規制を位置づけるべきであるという立場をとっているが，継続開示義務者の範囲についての検討はなされていない。

2) 有価証券報告書の他に継続開示に分類されるものとして，四半期報告書，半期報告書，臨時報告書，委任状勧誘の参考書類，適時開示制度，会社法上の制度等による開示がある。江頭（2011）333頁参照。

味する。

（2） 提出義務者の４類型

金商法24条１項の規定では，提出義務者には４つの類型がある。すなわち，①上場有価証券の発行者（以下「上場会社」という。）（金商法24条１項１号），②店頭売買有価証券の発行者（以下「店頭登録会社」という。）（金商法24条１項２号，金融商品取引法施行令（以下「施行令」という。）３条），③募集・売出しについて有価証券届出書・発行登録追補書類を提出した有価証券の発行者（以下「公募証券発行会社」という。）（金商法24条１項３号），④過去５事業年度のいずれかの年度の末日に，株券の所有者数が1,000名以上，かつ，資本金額が５億円以上という外形基準を満たす発行者（以下「外形基準該当会社」という。）（金商法24条１項４号・施行令３条の６第４項）である[3]。

（3） 問題

それでは，なぜ，このように４つの類型に分かれているのか。また，それぞれの類型は，なぜ，継続開示規制の適用を受けなければならないのか。

２．従来の学説

（1） 継続開示規制の趣旨

継続開示の目的の一般論としては，次のように説かれている。すなわち，「有価証券の流通市場において証券取引をなす投資家に対して，その売買する証券の価値を自分で判断するための基礎的情報を提供することにある。また，…合理的価格が形成されることは，証券市場を通じた資金の効率的配分を実現することにつながり，経済全体の活性化をももたらす」（江頭（2011）335頁）とされている。この一般論の正しさは，たとえば，厳格な証券規制

3）なお，公募証券発行会社で上場会社に該当しない会社と，外形基準該当会社で上場会社に該当しない会社が存在することにつき，公益社団法人日本証券経済研究所金融商品取引法研究会（2015）43頁〔大谷潤発言〕参照。

を導入したポーランドと，そうではなかったチェコ共和国とを比較すると，前者の資本市場が急速に発展し，後者はそうではないという実例（Glaeser, Johnson, and Shleifer（2001））と整合的であることからも，裏付けることができる。

しかし，この一般論では，誰に継続開示義務を課すべきかという問題についての手がかりを得ることができない。

（2） 流通性に着目した説明

日本の学説では，提出義務者の４類型のいずれも，有価証券の流通性（流動性）[4]に着目したものであると理解されている（久保田（2012）763－768頁参照）。つまり，有価証券に流通性がある場合には，継続開示義務を課すべきであり，提出義務者の４類型はいずれもそのような流通性があることを示すというわけである。

（3） 公募証券発行会社も流通性の観点から位置づけられるか？

もっとも，公募証券発行会社とそれ以外の３類型はやや異質である。公募証券発行会社以外の３類型については，現在，流通性があるから，継続開示を必要とする投資家が存在するという観点から位置づけられている[5]。公募証券発行会社についても，昭和46年改正の際に流通性の観点から位置づけるという議論が行われ（下記Ⅱ３（２）参照），現在においても，「募集・売出しをすると通常，証券保有者が多数に上り，証券保有者が発行者に関する情報の開示を必要としているからである。」（近藤＝吉原＝黒沼（2013）259頁）と説明されている。

4）平成18年改正以降は，流通性と流動性を区別して，流通性は権利内容からみた譲渡性の程度，流動性は市場の有無からみた事実上の流通性の程度を示すという用語法が普及しているが（黒沼（2007）623頁注⑴参照），同改正以前の議論ではもっぱら「流通性」と呼ばれていたこととの連続性の観点から，本稿では「流通性」を用い，平成18年改正後の流動性の意味も含めて用いることとする。

5）近藤＝吉原＝黒沼（2013）259頁，神崎＝志谷＝川口（2012）362頁参照。

しかし，平成4年改正で外形基準が導入された（下記Ⅱ**3（3）**参照）のだから，証券保有者の数を直接的に問う基準とすれば足りるのではないか，という疑問が残る。また，公募証券発行会社と外形基準該当会社とで，提出義務の消滅基準に関するルールに差があるところ[6]，流通性が高くない場合に継続開示規制が不要なのであれば，公募証券発行会社と外形基準該当会社の間にその消滅基準の要件の差があることに根拠がないのではないかという批判もされている[7]。この批判は，流通性の観点から継続開示規制の適用範囲が決まるのだとしたら，現行法のルールには説明が付かないところがあることを指摘するものであり，公募証券発行会社について流通性の観点から位置付けることに対して疑問視するものといえる。この疑問はもっともなものであり，公募証券発行会社については，流通性の視点から理解するのではなく，公募証券の継続開示は最低5年間は行われる（黒沼（2007）614頁参照）という意味で，「発行開示のアフター・ケア」（神崎＝志谷＝川口（2012）365頁）という観点から位置づける方が説得的であるように思われる。

昭和46年改正以来，流通性の観点から提出義務者の範囲を考えることが基本となってきたが，この観点には限界があることが先行研究によって明らかになっている。

3．問題提起

本稿も，流通性の観点から考えることには疑問があるという問題意識を有している。

6）外形基準該当会社の有価証券報告書提出義務の消滅基準は，当該事業年度の末日における株主数が300名未満（金商法24条1項ただし書，施行令3条の6）である。これに対し，公募証券発行会社の提出義務の消滅基準は，過去5事業年度の全ての末日における株主数が300名未満である（金商法24条1項ただし書，施行令3条の5第2項）。後者が過去5事業年度の全てを基準とする点に前者との違いがある。

7）久保田（2012）768-769頁。さらに，公募証券発行会社の類型については廃止し，外形基準該当会社の類型に統一するべきではないか，という立法論の問題提起もされている（久保田（2012）783頁）。

（1） 外形基準と流通性

　流通性の観点から考えるとした場合，継続開示を必要とする投資家が存在するかどうかを判定する基準として，外形基準は適切なのかという疑問がある。なぜなら，外形基準は過剰規制であると同時に過小規制である可能性があるからである。

　すなわち，第1に，現在の日本では，活発に取引が行われる流通市場としては，東京証券取引所が圧倒的な中心地であり，非上場の流通市場の存在感は極めて小さいと思われる。株主がいくら沢山いても，組織化・制度化されたシステムがなければ，流通市場で活発に取引されるとはいえない。そうだとすると，継続開示を必要とする投資家が存在するのは，上場会社や店頭登録会社の場合に限られるのではないか，つまり，外形基準を設けているのは過剰規制なのではないか，という疑問がある[8]。

　第2に，継続開示を必要とする投資者が存在するかという観点からみた場合，たとえば株主数が100名程度の会社であっても，組織化・制度化されたシステムがあって，取引が活発に行われる環境があるならば，継続開示の需要は存在するともいえる。また，東証マザーズやJASDAQの上場基準における株数の基準は，200人とされている（東京証券取引所・有価証券上場規程212条1号，216条の3第1号）。これと比較すると，外形基準の従来の500人（下記Ⅱ3（3）ア参照）や，現在の1,000人（下記Ⅱ3（4）イ参照）という基準はかなり高い水準に設定されているともいえる。そのため，流通性の観点からみると，外形基準は過小規制ではないのかという疑問も生じてくる。

　このように，流通性という概念によって外形基準を正当化する説明にも疑問の余地がある。

8）たとえばEU透明性指令（2004/109/EC）4条では，継続開示規制は，規制市場でその有価証券が取引されることが認められる発行者を対象にしている。しかし，外形基準に相当するルールは存在しない。

（２）　流通性以外の観点

　流通性以外の観点から，継続開示を強制する根拠として先行研究で指摘されているのは，公の利益と，費用対効果の観点である。

ア　公の利益

　たとえば，昭和46年改正で外形基準の導入が見送られたときに，流通性を強調するのではなく，会社の規模・株主数が一定以上になれば，一定の開示を要求するだけの公の利益が発生しているという視点を強調すべきだったのではないかという問題提起をする見解もあった（河本＝神崎（1971）82-83頁〔河本発言，神崎発言〕）。

　たしかに，開示すべき内容には，「公の利益」という観点からも説明することができるものが含まれているかもしれない。たとえば，現行法では，役員報酬について１億円以上の者はその報酬についての開示が求められている[9]。これは，単純に投資者の投資判断に有益であるというだけにとどまるのではなく，過剰な役員報酬を受け取るという利益相反問題を抑止するというコーポレート・ガバナンスの重要な機能も果たすし，ひいては，大企業の役員の報酬を社会に対してオープンにするという意味で企業の透明性を高めるという機能をも果たしているといえる。

　しかし，流通性よりも曖昧な「公の利益」という概念から提出義務者の範囲を規定していくというアプローチを採用することは困難である。むしろ，「公の利益」は，開示義務が課されることの副次的な機能として実現される概念と考えるべきだろう。

イ　「誰の」費用対効果を考えるか

　開示規制を考える際には，費用対効果の観点も考慮する必要性がある。

　たとえば，株主が多数いる会社において，もしも継続開示義務が課されていない場合であっても，株主や，株式の取得を検討している投資者はその会社の経営状態についての情報を知りたいと思うだろう。各株主・投資者は，

9）企業内容等開示府令第３号様式・記載上の注意（37），第２号様式・記載上の注意57 a(d)。

会社の経営陣に対して，必要な情報を問い合わせることが予想される。会社の経営陣がこの問い合わせに応じるとしても，同じような問い合わせが多数の者からなされることになる。そして，各株主・各投資者がイニシアティブをとって問い合わせるというコストと，会社がイニシアティブをとって株主・投資者に開示するというコストを比較した場合，前者の方が大きいのであれば，継続開示義務を会社に課して会社のイニシアティブで開示させた方が効率的ということができる[10]。会社に開示義務を課すことによって，株主・投資者による情報収集等のコストの重複を省けるというわけである（久保田（2012）764頁，湯原（2016）224-225頁参照）。

　また，外形基準の資本金額5億円という基準（金商法24条1項ただし書）については，企業の開示負担に配慮したものと解されている（近藤＝吉原＝黒沼（2013）260頁）。たしかに，会社にとって開示負担が重すぎれば，当該会社に投資する者にも不利益になるともいえる[11]。そして，小規模の会社と大規模の会社とでは，継続開示義務が課されることによる追加的な便益に差があり，小規模の会社の得られる便益が小さいのだとすれば，費用対効果の観点からすれば，小規模の会社に継続開示義務を課さないという判断を正当化することは可能である[12]。

　しかし，これらの議論は，会社及びその会社の株主の費用・効果を考慮に入れるものではあるが，その他第三者の費用・効果は考慮に入れないという

---

10) 公益社団法人日本証券経済研究所金融商品取引法研究会（2015）26頁〔藤田友敬発言〕参照。

11) たとえば，平成26年改正によって，新規上場企業の負担軽減の目的で，上場後3年間は内部統制報告書にかかる内部統制監査の免除を認めつつ，資本金100億円以上または負債総額1,000億円以上は免除の対象外とすることが認められた（金商法193条の2第2項4号，財務計算に関する書類その他の情報の適正性を確保するための体制に関する内閣府令10条の2）のも，同じような発想に基づくものといえる。この改正について詳しくは，大谷ほか（2014）67-69頁参照。

12) たとえば，小規模会社の資本コストが10％，大規模会社の資本コストが9％で（大規模会社は事業の多角化等によってリスクが相対的に低いから資本コストも相対的に低いという仮定である。），継続開示義務が課されることによって規模の大小を問わずに資本コストが1％減少する，つまり小規模会社の資本コストが9％，大規模会社の資本コストが8％になるとすれば，会社のキャッシュフローが一定だとしてDCF法で企業価値を計算すればわかるとおり，大規模会社の方が資本コストの低下による企業価値の増加の額が大きい。See Schwartz (2013) at 368.

ことになる。開示規制は，当該会社への投資をする投資者を保護するのみならず，効率的な価格形成による資本の効率的な配分，国民経済の発展といった形で，正の外部経済性を有することを考えれば[13]，会社・株主以外の第三者の費用・効果を考えなくて良いのか，という疑問がある。

　あるいは，小規模会社に継続開示義務を課すことによる正の外部性はとても小さい（Schwartz（2013）at 366参照）から，小規模会社に継続開示義務を課すことの費用対効果の計算において，外部性を考慮するかどうかは結論を変えないという仮定を置いているのかもしれない。しかし，このように言い切ることができるのかには疑問がある。

　また，会社の負担への配慮をするとしても，資本金額5億円という基準が，現在において有効なものとなっているのか，という疑問もある。なぜなら，最近，マザーズやJASDAQに新規上場した企業をみる限りでは，資本金5億円未満のものが多数存在するからである。理論的に見ても，開示にかかるコストの負担を考えるにあたって，会社法上の大会社の概念（会社法2条6号）を参照する積極的な理由はないように思われる。

4．本稿の課題と構成

（1）　課題とアプローチ方法

　本稿は，以上に述べた問題意識に基づき，継続開示規制の適用範囲はいかにあるべきかという課題を検討するために，アメリカ法について比較法的に検討することを目的とする。なぜなら，アメリカ法が日本法の母法であるというだけでなく，現在のアメリカ法も継続開示規制の適用範囲について日本と同様の類型を規定しており，アメリカ法の考え方は日本法の規定の構造と

13）松村（1998）383頁参照。湯原（2016）237頁は，開示によって生じる外部利益として，「①開示内容，書式および質の標準化という外部利益および株主以外の潜在的な発行者への情報開示という外部利益，②株主以外の潜在的な投資家への情報開示という外部利益，③投資家以外の者への情報開示という外部利益，ならびに④事業上の競争者への情報開示という外部利益」を例示している。

適合的だからである。

（2）　検討の順序

　以下では，まず，アメリカにおける継続開示規制の適用範囲に関する法改正の経緯をたどり，日本法と対比する（Ⅱ）。次に，継続開示規制の適用範囲に関するアメリカの学説を概観する（Ⅲ）。そして，以上の分析から得られる示唆を検討する（Ⅳ）。最後に，以上の検討をまとめて，むすびとする（Ⅴ）。

Ⅱ．法改正の経緯

1．序説

（1）　類型の共通点

　日本法とアメリカ法とでは，継続開示義務者として，上場会社（1934年証券取引所法12条(b)項），公募証券発行会社（1934年証券取引所法15条(d)項），外形基準（1934年証券取引所法12条(g)項）という類型を規定している点で共通点がある。

（2）　導入の経緯は異なる

　しかし，現在のルールが形成されるに至る経緯は日米で異なる。

　アメリカでは，1934年証券取引所法の制定の際に，継続開示義務を負う類型として上場会社のみを定め，1936年改正で公募証券発行会社が追加され，1964年改正で外形基準が追加された。

　アメリカ法を継受する立法を行った日本では，順序が異なり，最初は24条では公募証券発行会社の類型のみを定め（ただし上場会社の類型は，上場有価証券報告書という118条のルールがあった），昭和46年（1971年）改正で24条に上場会社が追加され，平成4年（1992年）改正で外形基準が追加された。

以下では，それぞれの経緯を概観する。

2. アメリカ法の改正の経緯[14]

（1） 1934年証券取引所法の制定

ア　上場会社に対する継続開示義務規制の導入

1934年証券取引所法で継続開示規制が導入された。そして，継続開示の義務を負う者の範囲は，国法証券取引所に上場する者のみ（12条(a)項，13条(a)項）とされた。

1934年法の制定の目的は，国法証券取引所の透明性を改善にすることにあり，当時，ニューヨーク証券取引所が流通市場の圧倒的な中心だったから（Seligman（1982）at 73），上場証券に注目した立法が行われたことに驚きはない[15]。

イ　ニューヨーク証券取引所における継続開示の実務の先行

また，1933年には，ニューヨーク証券取引所に上場する1157社の全てが年次財務報告を投資家に対して提供しており[16]，上場会社が継続開示を行うという実務が先行していた。そのため，1934年法の立法による現実的な変化は，ニューヨーク証券取引所以外の国法証券取引所に上場する会社のうち，継続開示を行っていなかった会社が開示を強制されるようになったことである。

ウ　公募証券発行会社を対象とする案は見送り

なお，当初の検討段階では，公募について登録して発行開示規制の適用を受ける発行者にも，継続開示義務を課すことも検討されたが[17]，1934年法の立法のための政治的な妥協（Seligman（1982）at 99）によって，この点は立法されなかった（Guttentag（2013）at 164）。

---

14) 以下の記述は，Guttentag（2013）および久保田（2012）に負うところが大きい。

15) Guttentag (2013) at 163 ; Gubler (2014) at 420.

16) Seligman (1982) at 48（なお，四半期報告を提出していたのは60％以上）．

17) Seligman (1982) at 83 ; Guttentag (2013) at 164.

（2） 1936年改正

ア　公募証券発行会社を対象に追加

　1936年改正で，1934年法15条(d)項が追加され，公募を行って1933年法による発行開示を行った者も，継続開示の義務を負うこととなった。ただし，継続開示義務の発生基準として，当該公募を行った証券および同じ種類の証券の総額が（公募価格ベースで）200万ドル以上であることという要件が課されていた。また，継続開示義務の消滅基準は，当該証券の総額が（公募価格ベースで）100万ドル未満となったときとされた。

イ　発行開示規制の完成論とその疑問

　この改正は，1933年証券法で始まった規制を完成させるものとしてみられることが多い。ただし，学説の中には，1933年法は，発行市場におけるいわゆる販売圧力が生じることに対する規制としてスタートしたのに対して，1934年法は流通市場を対象としており，流通市場ではそのような販売圧力は生じないから，このような説明を疑問視する見解もある（Gubler（2014）at 420-21，457）。

ウ　証券取引所・OTC市場間の公平な競技場を作る努力

　むしろ，当時の立法資料によれば，この改正は，証券取引所間の競争，及び，証券取引所とOTC市場間の競争の「公平な競技場を作る努力」[18] であるとされている。つまり，発行開示規制の補完という位置付けがなされていたわけではない。

（3） 1964年改正

ア　外形基準の導入

　1964年改正で，1934年法に12条(g)項が追加され，外形基準が導入された。すなわち，同項による継続開示義務の発生基準は，登録株主が500人以上かつ会社の総資産が100万ドル以上であることである。また，継続開示義務の

---

18) S. Rep. No. 74-1739, at 3 (1936).

消滅基準は，登録株主が300人未満になったこととされた。

イ　公募証券発行会社の継続開示義務の消滅基準に外形基準の導入

この改正では，同時に，15条(d)項の公募証券発行会社の継続開示義務の基準にも変更が行われた。すなわち，発生基準にあった，証券の総額が200万ドル以上という基準は削除された。また，消滅基準は，従来の証券の総額が100万ドル未満という基準が削除され，かわりに，登録株主が300人未満になったこととされた。つまり，消滅基準が外形基準の場合とそろえられた。

ウ　投資者保護とOTC市場の発展という現実

さて，この外形基準が導入されるに至った理由は，投資者保護のためには情報開示が必要だということが基本にある（Gubler（2014）at 426）。

その背景として，次のような事情がある。すなわち，OTC市場が発展し，1961年には，OTCで取引されるエクイティ証券の金額は全体の61％を占めていたにもかかわらず，継続開示規制の対象外となっていた。そこで，これを規制の対象とし，証券取引所の市場で取引されるものと同様の規制を行うことにあった（Guttentag（2013）at 168）。

エ　株主数基準は取引活動の活発さ・「公」の代理変数

そして，この改正の基礎となったSECの特別調査報告書では，理論的には公衆の投資家（public investor）の関心がある証券の全てを規制の対象とすることが望ましいが，最低でも年に1回の報告書が登録される以上は，規制の実現可能性という観点から，また，国家的な公益が守られるのと比較して発行者につり合わない負担を掛けないようにするという観点から，対象となる会社の数は限定すべきであるとされた（SEC（1963）at 17）。

同報告書では，「公（public）」という概念に該当するかどうかを規制の対象とする基準としようとし，理論的には市場活動（market activity）に関する基準が魅力的だが，有意義かつ実務的に運用可能な直接的な基準はなく，株主数の基準はそのおおまかで間接的な指標にはなるとした（SEC（1963）at 35）。

同報告書において実施されたアンケート調査の結果によれば，株主数と取

引数には強い相関関係があり，300人以上の株主がいる株式については取引活動が活発であり，かつ，300人以上の株主がいる会社は公開の会社とみなすことができるとしていた。また，総資産と株主数との間に明確な関係はなく，外形基準の基準として総資産を用いる必要はないし，不適切ですらあるとしていた（SEC（1963）at 17-35）。

この調査報告書の提言が，最終的な立法で全て実現したわけではないが，株主数に着目することの意義が，取引活動の活発さ，ひいては，「公」を示す代理変数であり，かつ，規制が現実的に運用可能になるように規制の対象となる会社の数を絞ることにあると理論的に整理されていたことは，日本の議論と異なっていて，興味深い。なぜなら，OTCで活発に取引されているという事実を前提に，株主数で規制の範囲に絞りをかけるものだからである。抽象的に株主が多ければ流通性があるという議論はされていない。

なお，1960年代後半以降，ブローカー・ディーラーのストリートネームで株式の保有者を登録するという，バックオフィスがパンクしてしまったから生まれた合理的な実務が一般化し，登録株主数と実質保有者数が乖離していくという現象が起きていった。しかし，1964年改正は，この実務慣行が定着する前に行われた（Langevoort and Thompson（2013）at 349）。したがって，1964年改正当時の状況においては，登録株主数基準が採用されたことに特に問題はなかった。

（4） 1999年のNASD規則改正

ア　OTCブリティンボードの発展

その後の注目すべき動きとして，OTCブリティンボードがある。これは1990年に，ペニーストック改革法（Penny Stock Reform Act of 1990）を受けて設立されたものであり，OTCの透明性を高めるために，取引情報，気配の提示をするシステムである。1998年には，登録銘柄数が6,000以上，1日平均売買金額は2億ドル以上，推定時価総額500億ドルと，かなり大きな規模だった（Bushee and Leuz（2005）at 238）。

イ　OTCブリティンボードの会社に開示義務または退出の選択を強制

　1999年，OTCブリティンボードにおいて取引されていた証券の発行会社の全ては，NASD（National Association of Securities Dealers）の規則改正により，継続開示規制に服するか，または，OTCブリティンボードから退出するかの選択に迫られた。ここでは株主数や会社の規模に関係がなかったので，この改正は外形基準ではなく上場会社を基準とするルールに近いと言える。

　そして，この改正の結果，当時3,600社が継続開示規制に服さずに取引されていたが，その4分の3以上の会社がOTCブリティンボードからの退出を選択した。

　この改正の背景としては，OTC市場での証券詐欺が発生していたことや，OTCブリティンボードで取引されている証券について，NASDAQ上場の証券と同様のディスクロージャーが行われるという間違った印象を投資家が持っていることについて，NASDが懸念を持っていたという事情があった[19]。

（5）　2012年改正

ア　外形基準の緩和

　2012年のJOBS法（Jumpstart Our Business Startups Act）による改正で，1934年証券取引所法12条(g)項の外形基準による継続開示義務の発生基準が緩和された。

　第1に，従業員が，報酬プランとして，証券法の免除の要件を満たす形で株式を受け取る場合，当該従業員の数は，発生基準の株主数にはカウントしないこととされた（1934年法12条(g)項(5)号）。

　第2に，発生基準の株主数が500人から2,000人に変更された（ただし，認定投資家［accredited investors］[20]でない株主が499人以下である場合に限る）

---

19) Bushee and Leuz (2005) at 239 ; Guttentag (2013) at 169.

（1934年法12条(g)項(1)号 (A)）。

第3に，クラウドファンディングに応じて株主になった投資者は，発生基準の株主数から除外される（1934年法12条(g)項(6)号）。

第4に，発行者が銀行の場合，発生基準の株主数の基準が特別扱いされ，上記第2の認定投資家でない株主が499人以下である場合に限るという条件が適用されない。また，継続開示義務の消滅基準は，300人ではなく，1,200人とされた（1934年法12条(g)項(1)号 (B)）。

第5に，発生基準の総資産の要件が，1,000万ドル以上とされた（1934年法12条(g)項(1)号）。ただし，この総資産の基準は，SEC規則で何度も改正されてきており，1996年のSEC規則12g-1の改正で1,000万ドル基準は既に導入されていた。

イ　500人基準から2,000人基準へ

この改正の中で特に重要なのが，500人基準が2,000人基準に変更された点である[21]。

500人基準が2,000人基準になると，従来であれば上場した会社が，上場せずに済ませることが可能になる。なぜなら，Facebookなどの著名企業が上場した理由の一つには，外形基準の500人要件を上回りそうになったことがあったからである[22]。

そして，アメリカの資本市場の現在の状況においては，上場もせず，公募

20）自然人であれば，100万ドル以上の資産をもっているか，年収20万ドル以上の者。法人であれば，総資産500万ドル以上が基本的な要件である。

21）Testimony of Professor John C. Coates IV, John F. Cogan, Jr. Professor of Law and Economics, Harvard Law School, Before the Subcommittee on Securities, Insurance, and Investment of the Committee on Banking, Housing, and Urban Affairs United States Senate on Examining Investor Risks in Capital Raising, December 14, 2011, at 17, *available at* http://www.banking.senate.gov/public/index.cfm?FuseAction＝Files.View&FileStore_id＝1d24b42e-3ef8-4653-bfe8-9c476740fafa&ei＝9yq5VPmIA5D38QWw74GQCA&usg＝AFQjCNF9YugBRg0MpFT1SWPHLfR48Sumyw&sig2＝5vUqwrpD4NgwPDjc29rssg&bvm＝bv.83829542,d.dGc.

22）Guttentag (2013) at 171 n. 108 ; Rodrigues (2015) at 1536-1538. ただし，Rodrigues (2015) at 1547は，外形基準に該当しそうだからIPOを行った可能性がある会社は全体の2％程度に過ぎないことを指摘している。

もせず，また，外形基準も満たさずに，必要な資金を調達することは可能な状況にある。たとえば，SecondMarket や SharesPost といった，非上場会社のエクイティ証券を取引する市場が発展しており，株主はその株式の流通性の利益を享受することができる（Pollman（2012））。また，資金調達の需要については，発行開示規制の適用される公募を行わなくとも，SEC 規則144A による適用除外などを使って，何10億ドルもの資金調達を行うことが可能である[23]。従来の法改正の流れからすると，継続開示が行われていない流通市場が発展してくると，これを規制の対象とするというものだったのに，2012年改正は全く逆方向の改正となった。

この改正が行われるに至った立法資料はほとんどないようである（Guttentag（2013）at 174）。学説では，ロビー活動の影響が大きく，SharesPost の CEO が500人基準の緩和を提唱する証言を議会でしていたこと（そうすれば，SharesPost での取引が増える），IT 系のベンチャー企業では従業員にエクイティ報酬を出すことが多く，この点についての外形基準の緩和の要請があったこと，銀行業界は長年にわたって外形基準の緩和に向けて働き掛けていたことなどが指摘されている[24]。

3．日本法の改正の経緯

（1）　昭和23年証券取引法

ア　24条では公募証券発行会社のみが対象

日本では，昭和23年の証券取引法24条には公募証券発行会社の類型のみが規定された。有価証券報告書の位置づけは，「有価証券届出書を補完して絶えず有価証券の現状を明らかにする目的を持つもの」（山下（1948）41頁）というもので，発行開示のアフターケアという点にあった。

---

23) Guttentag, at 171-174 ; Langevoort and Thompson (2013) at 348-51.
24) Guttentag (2013) at 174-177. また，Rodrigues (2015) at 1541は，銀行業界のロビー活動の理由として，コミュニティ銀行の重要性と，銀行法による厳格な規制が既に存在することがあげられていたことを指摘する。

イ　流通性の観点はなかったこと

ここには，流通性の観点から適用範囲を決するという視点はなかった。有価証券報告書提出義務をひとたび負った発行者は，解散するまでこの義務を負担し，たとえ資本減少等で発行済の有価証券数が減少し，あるいは有価証券の一部の者への集中により有価証券保有者が減少した場合にもこの義務を免れることができなかった。逆に，公募証券発行会社の類型に該当しなければ，どれほど多くの株主がいても，また，頻繁に取引されていたとしても提出義務はなかった（河本＝神崎（1971）73-74頁〔神崎発言〕）。

ウ　118条の上場有価証券報告書

もっとも，以上の評価は公募証券発行会社の類型についてのみ妥当するものである。上場会社の類型について，全く規定がなかったわけではなく，当時の証券取引法118条において，上場会社には，上場有価証券報告書を証券取引所に提出する義務が課されていた。条文の文言上は，開示すべき事項は，24条と118条は同じだったし，公衆縦覧に供される点でも共通だった。

しかし，118条には，24条と重要な違いがあり，訂正命令の対象となっていなかった。そのため，118条の上場有価証券報告書は，正確性の確保の観点で劣っていた（河本＝神崎（1971）74頁〔神崎発言〕）とか，十分機能していないと評価されていた（奥村（1971）53頁）。

このような違いがあり，その実効性に問題があったとしても，条文上，上場会社には継続開示義務が課されていたことに変わりはない。

（2）　昭和46年改正

ア　24条に上場会社・店頭登録会社を追加

次に，昭和46年改正で，24条に上場会社・店頭登録会社の類型が追加され，118条は削除された。この改正により，上場会社・店頭登録会社の類型でありながら有価証券報告書を提出していなかった85社が，新たに有価証券報告

25）証券取引審議会（1970），河本＝神崎（1971）17頁〔神崎発言〕。

書を提出しなければならなくなった[25]。

　イ　昭和46年改正の背景

　昭和46年改正の一般的な背景には，「昭和40年の山陽特殊製鋼の粉飾決算と，その後の大蔵省による有価証券届出書・有価証券報告書の審査の強化」（河本＝神崎（1971）17頁〔神崎発言〕），流通市場の規模（上場会社数，上場株式数，売買高，株主数）の拡大，株式の時価発行等の普及といった事情があった[26]。

　ウ　外形基準導入の見送り

　なお，昭和46年改正の際に，すでにアメリカには外形基準が導入されていたこともあり，日本でもこれを資本金1億円以上かつ株主数300人以上（外国法人については，本邦在住の株主数が200人以上）という基準で導入すること，および，公募証券発行会社を提出義務者の基準とすることを廃止することが検討されていたようである（朝日新聞1970年10月7日夕刊1面，2面）。

　しかし，最終的にはこれは実現しなかった。実現しなかった理由としては，外形基準設定の困難[27]，証取法監査が断絶する（外形基準の要件を充たした年に監査され，充たさない年には監査されないという意味で断絶する），発行後のアフターケアーは必要である，という点にあった（河本＝神崎（1971）75頁，78－79頁〔河本発言〕）。

　もっとも，外形基準導入の見送りに関しては，立法論としての批判もあった（たとえば，ロス＝矢澤（1974）59頁）。

　また，公募も上場もしていない会社の有価証券は，店頭取引を事実上，できるだけ抑止しようという考え方も存在していた[28]。そのため，外形基準がもしも存在すればこれに該当するような会社の有価証券が流通することは，

26）河本＝神崎（1971）19－20頁〔神崎発言，河本発言〕，渡辺（1971）6頁，証券取引審議会（1970）19頁。
27）「外形基準では流通性のない有価証券も含まれることになるという難点がある。」（証券取引審議会（1970）20頁）とされていた。
28）河本＝神崎（1971）80頁〔河本発言〕，証券取引審議会（1970）20頁参照。

事実上（自主規制によって），抑止されていたともいえる。

　エ　流通性に重点を置いた議論

　さて，理論的に重要なことに，昭和46年改正では，「開示制度適用の基準として証券の流通性ということに重点をおいて議論」（河本＝神崎（1971）82頁〔河本発言〕）されたという点がある。

　上場有価証券に流通性がある（奥村（1971）42頁）ことには異論はないだろうが，それのみならず，「有価証券届出書の提出会社の発行する有価証券は当然に流通性を有するものである」（河本＝神崎（1971）82頁〔河本発言〕）と整理された。これは，抽象的にそのように考えられたのみならず，実際に，有価証券届出書の提出会社の発行する有価証券には事実として流通性を有する例が多いということが，証券取引審議会（1970）20頁で指摘されており，流通性を示す基準として公募証券発行会社という類型が効果的であったことは現実に即した判断だったようである。

　また，公募証券発行会社の継続開示義務の消滅基準として，24条1項但し書きが導入され，有価証券の所有者数が著しく少数（25名基準で運用）となった会社は提出義務が免除（この基準を満たさなくなると提出義務が復活することを強調すれば，免除ではなく中断[29]）されることとなった[30]。立法担当官も，「株主の数が少数になると必然的にその流通性がなくなると認められるからである」（奥村（1971）45頁）としており，この提出義務の免除の基準は流通性の観点から理解されていた。

　なお，この提出義務の免除の際の添付資料として株主名簿の写しが要求されていた（有価証券の募集又は売出しの届出等に関する省令14条1項2号）から，株主名簿上の株主の数を基準とすることが当然の前提となっていたものと思われる。

　以上のように，昭和46年改正によって流通性の観点から継続開示義務の範

29）奥村（1971）46頁。

30）昭和46年5月14日政令第150号による改正後の証券取引法施行令4条2項。清算中の会社，および，相当期間営業を休止している会社も同様に有価証券報告書の提出義務が免除される。

囲を考えるという思考が確立されたといえる。当時の立法担当官も「有価証券報告書の目的は流通性のある有価証券の発行会社の内容を開示することにある」（渡辺（1971）43頁）としていた。

（3） 平成4年改正

ア　外形基準の導入

平成4年改正で金商法24条1項4号に外形基準が導入され，株券の所有者数が500名以上で資本金額5億円以上の会社は，有価証券報告書の提出義務を負うこととなった。判断の基準となる期間は，過去5年間に所有者数が500人以上となった事業年度があったか否かである。

イ　改正の根拠

その導入の根拠は，流通性の観点に根ざしている。すなわち，株券の所有者数に注目しているのは，多数の投資者に所有され，市場が形成されることとなるような証券についてディスクロージャー制度による投資者保護を図るためである。なお，資本金額5億円未満を外形基準による義務の対象外とするのは，開示に伴う負担を考慮してのこととされている（ディスクロージャー小委員会（1991）38頁）。

ウ　理念先行型の改正

この改正は，昭和46年改正で実現できなかったものを実現したという性格の改正であって，投資家保護の観点からの弊害が具体的に生じていたから行われた改正だとは思われない。なぜならば，証券業協会の規則により，平成4年改正前の証券取引法のもとでは有価証券報告書提出義務を負わない会社の株式について，協会員間で流通を目的とする店頭売買を行うことが禁止されており，その流通性は極めて低いとされていたからである（神崎（1991）401頁）。この点で，アメリカ法の1964年改正が，OTC市場の発展という現実的な課題に直面して行われたことと大きな違いがある。

エ　消滅基準について

外形基準が発生基準となる場合の特有の有価証券報告書の提出義務の消滅

（中断）基準は，株券の所有者数が300人未満になった場合とされた（証券取引法施行令3条の6第1項）。義務の発生基準（500人）と消滅基準（300人）に差があるのは，開示制度の安定的な運用を可能ならしるためと解される（神崎（1991）401頁参照）。なお，株券の所有者数のカウント方法は，実質株主基準ではなく，株主名簿基準である（開示省令16条の3）。これは，発行体の負担を考慮したためであり，たとえば持株会が株主名簿上1人とされていれば，外形基準の関係では（たとえ実質株主が何人いても）1人となる，と説明されていた（清水（1993）21頁）。

また，外形基準・発行開示規制の公募による場合の両者に共通する消滅（中断）基準として，24条1項但し書で，有価証券の所有者数が著しく少数（25名）となった場合，清算中の会社の場合，事業休止中の会社の場合も規定された。

（4）　その後の改正

その後もいくつか重要な改正があるが，流通性の視点から提出義務を考えるという基本には変更はない。

ア　平成18年改正：公募証券発行会社に300人基準の消滅基準導入

まず，金商法制定の平成18年改正の際に，公募証券発行会社の類型についての提出義務の消滅基準が拡大され，当該事業年度を含む前5事業年度の全ての末日における有価証券の所有者数が300名未満である場合が追加された[31]。

アメリカでは，外形基準が導入された1964年改正によってすでに同様の免除要件が規定されていたが，日本では，外形基準の導入後10年以上経ってからこの改正が行われたということになる。

イ　平成20年改正：500人基準から1,000人基準への緩和

次に，平成20年改正の際に，外形基準による提出義務の発生基準における

31）谷口＝野村（2006）44頁，谷口＝峯岸（2007）31－33頁。

株券の所有者数の基準が，従来の500人から1,000人に引き上げられた。外形基準がこのように緩和された根拠は，「制度導入後十数年が経過し，有価証券報告書提出会社の実態等をふまえた見直しを行う必要があった」（谷口＝齊藤＝宮下＝八木（2009）68頁）からとされている。

この改正はアメリカの改正に先駆けての規制緩和であり，外形基準の緩和に関しては日本法が先行した。

ウ　平成20年改正：プロ向け市場制度の創設

また，同じく平成20年改正の際に，プロ向け市場制度の創設に伴い，特定投資家向け有価証券については，外形基準における株券の所有者数のカウント方法につき，特定投資家の人数を控除することが認められた（谷口＝齊藤＝宮下＝八木（2009）68頁）。

これも，投資家の特定の属性の者を，外形基準の株券の所有者数にカウントしないという点で，アメリカの2012年改正と共通であり，かつ，日本法が先行した。

4．小括

（1）　改正の契機の違いと共通点

日米の経緯を比較すると，法改正の契機に違いがあり，アメリカの改正には実践的な意図・機能があるのに対し，日本の改正は理念が先行するという特徴がある。

すなわち，アメリカの場合，実際に流通市場が存在するのに，継続開示が行われていない場合に，これを規制の対象とするという形で法改正が行われてきた。1934年証券取引所法の制定の際には証券取引所という巨大な流通市場が存在していたし，1936年改正・1964年改正では，OTC市場が流通市場として発展していたのに，継続開示規制の対象外となっていたので，これを規制の対象に含めるという実践的な意図・機能があった。

これに対して，日本法は，アメリカ法を継受してきたということもあり，実際の必要性という側面よりも，理念的な必要性に基づく改正が行われてき

た。昭和46年改正も平成４年改正も，いずれも流通性の高い証券を継続開示規制の対象とするべきだという理念に支えられている。もちろん，昭和46年改正の際には，上場会社の粉飾決算への対応という実践的な意図・機能もあったわけであるが，平成４年改正はむしろ理念的な側面がより鮮明に打ち出されていた。

　もっとも，日米で共通する傾向もある。それは，外形基準の緩和が，新規企業の成長促進（および雇用創出）といった流れの中で改正されたという点である。新興企業が成長するにあたり，外形基準を満たして継続開示義務が発生してしまうと，そのコストが負担となって，新興企業の成長を妨げてしまうおそれがあるから，外形基準を緩和するという理屈は，日米で共通している。

（２）　立法経緯の比較と日本法の特徴

　以上の経緯から，①発行開示規制との連続性，②流通性を示す指標としての株主数，③市場先行の規制緩和か規制緩和先行による市場創出か，という３点について次のような日本法の特徴を指摘できる。

　すなわち，第１に，昭和23年改正では，有価証券報告書は有価証券届出書の補完として位置づけられていたが，アメリカ法の継受としては必ずしも正確ではなかった。なぜなら，アメリカではOTC市場に対する規制をする足がかりとして，公募証券発行会社が対象にされたという側面があるからである。

　むしろ，昭和46年改正の際に，公募証券発行会社についても流通性があるという整理がされたが，こちらの方が，アメリカ法の経緯に整合的である。ただし，その消滅基準として300人基準が導入されたのは平成４年改正だから，昭和46年改正においても，継続開示規制を発行開示規制の補完とする理解が前提とされていたと思われる。

　アメリカ法を継受したという視点を強調するとすれば，発行開示義務と継続開示義務の連続性は，あくまで結果的にそのような機能を果たしているに

とどまる。継続開示義務の範囲はいかにあるべきかという視点からみた場合には，その連続性について理論的な根拠があるわけではない。公募証券発行会社に（最低5年間）継続開示をさせるべきかどうかは，むしろ発行開示規制の観点から論ずるべきものである。

　第2に，外形基準については，アメリカの1964年改正の際に，株主数と取引頻度に相関関係があるという調査が行われており，株主数は，流通性を示す指標として機能することがわかった。ただし，この調査はOTCで取引されている銘柄であるという前提がつく。

　しかし，日本ではその前提がないので，外形基準が流通性の指標として適切なのか，疑問がある。しかも，日本には，OTCで取引される銘柄は，金商法24条1項2号の店頭登録会社として上場会社と同様に扱うと昭和46年改正で整理したので，平成4年改正で外形基準を導入する必然性はなかったともいえる[32]。

　また，現在において，日米でその外形基準の意味するところはかなり異なる。すなわち，アメリカでは，上場会社の登録株主数は，実質株主数と比較してかなり小さくなるから，外形基準の消滅基準を満たすことはかなり容易なようである[33]。アメリカでは，流通性のある株式に継続開示をさせるという命題は，もはや成り立っていないとすらいえる。日本でなお，流通性にこだわる説明をする必要があるのか，疑問である。

　第3に，外形基準の発生基準の緩和の実際的な影響も日米で大きく異なる。すなわち，アメリカの場合は，開示義務が発生しないように設計された流通市場（たとえば，SecondMarketやSharesPost）があり，規制を緩和するという順序になっている。これに対して，日本では，まずは規制を緩和して，それからプロ向け市場等が創設されるのを期待するという順序になっている。

---

32) 公益社団法人日本証券経済研究所金融商品取引法研究会（2015）44頁〔神田秀樹発言〕参照。
33) SECは規則12g5-1で，登録株主基準を変更したことがない（なお，他の規則（Rule 12g3-2(a)，12h-6）では，実質株主数を基準として採用している）。

Ⅲ. アメリカの学説の概観

1. 類似する会社同士の公平な競技場

　アメリカの法改正の経緯は，すでに継続開示を行っている会社に類似する会社に対して，継続開示規制の対象を拡張するというものだった。それによって，流通市場の競争の公平な競技場を作り出すということが，一貫した法改正の流れだった（ただし，2012年改正は除く）。

（1）　類似企業の指標としての株主数基準の問題点

　Guttentag（2013）は，このような法改正の流れの問題点として次の2つを指摘する。すなわち，第1に，外形基準の登録株主数の要件は，今日では，実質所有者の数の指標としては，容易に操作可能なものになってしまっている。第2に，外形基準によって会社の表面上の類似する特徴をとらえられるとしても，開示を強制することについての費用対効果も類似する保障はない。このように述べて，これを解決する方策として，提出義務を負う者・負わない者の他に，譲渡制限・代替的な開示をすることを条件として義務の免除を受けられる者の3段階にわける立法を提案している（Guttentag（2013）at 195-211）。

　また，情報開示の外部性の観点からみて，株主数に注目することの意義を説明する見解もある。すなわち，情報開示はライバル企業，サプライヤー，消費者といった第三者に利益をもたらすことになり，発行者はそのコストに見合わないから，開示義務がなければ，開示をするインセンティブは（社会的にみて）過小となる。ところが，株主が少ない会社においては，株主に対してのみ開示を行い，ライバル等に情報が漏れないようにすることが可能であるから，会社は株主に対してのみ開示を行うインセンティブを持ちやすい（Guttentag（2013）at 207-08）。

しかし，株主数が多い場合であっても，合理的な株主であれば，株主に対してのみ開示され，ライバル企業等に知られると不利益になる情報を，ライバル企業等に漏らすインセンティブは持たないはずであるとして，説得力に欠けるという批判もある（Gubler（2014）at 438-39）。

（2） 類似企業に規制を拡張していくことの正当化としての逆淘汰問題の解消

ア　Gubler（2014）の主張

Gubler（2014）は，公平な競技場の創出が規制の範囲を正当化する根拠となるためには，1934年法制定の最初の出発点が正しかったといえなければならないと指摘する。そして，逆淘汰（adverse selection）問題の解消として強制開示制度をみるなら立法を正当化する根拠となり得るとする（Gubler（2014）at 427）。

ここでいう逆淘汰問題の解消とは次のようなロジックである。すなわち，会社には質に違いがある。ここでは単純に，良質企業と悪質企業の2種類があるとしよう。情報の非対称性があるために，投資者からは，会社が良質か悪質かを区別することができない。そうすると，投資者は会社を平均的な質の企業としてみなすから，本当は良質企業であっても，資本コストが割高になってしまう。つまり，情報の非対称性がある状況は良質企業にとって不利である。そして，Gubler（2014）は，全ての上場企業に対して同じルールで継続開示を強制することで，情報の非対称性が解決され，逆淘汰問題を解消することができ，投資者に良質・悪質の質の違いが判断できるにようなる，と論じる（Gubler（2014）at 427-28）。

イ　疑問

たしかに，虚偽の開示等を行うと罰則がかかるルールにすれば，虚偽の開示を行うことは抑制されるので，開示される情報が真実である確率は高まり，真実を伝えるという直接的な方法によって情報の非対称性が解決される可能性はある。けれども，一定の類型の者（たとえば外形基準を満たす発行者）

に開示義務を課すことは，情報の非対称性の解消という観点からは説明できないように思われる。情報開示の内容が真実であることを投資者に伝えたい者のみが，開示規制に服すればよいはずだからである。外形基準を満たすといった一定の類型に属する発行者に対して，一律の義務を課してしまうと，継続開示で投資者に伝達される内容の信憑性がかえって低まるおそれがある。なぜなら，何千社もが規制の対象となると，規制当局の対応力にも限界があるので，不実開示が発見される確率も低まり，投資者は開示内容を額面どおりに受け取ることができず，結局，情報の非対称性は解決されないおそれがあるからである。

　また，継続開示をシグナリングとすることで，逆淘汰の問題を解消するというストーリーも考えられるが，以下で検討するように，これも成り立たないと思われる。

　Gubler（2014）の議論を，継続開示をシグナリングとするストーリーとして理解すると次のようになる。まず，ニューヨーク証券取引所に上場する会社が行っていた継続開示では，企業の質を投資者に伝達するシグナルとして機能していなかったということが前提となっているはずである。さもなければ，ニューヨーク証券取引所において継続開示を行っているということが，当該企業が良質企業であるシグナルになるはずだからである。また，継続開示規制による開示がシグナルとして機能するということも前提とされている。さもなければ，継続開示規制の導入が逆淘汰問題の解決策にはならないからである。

　継続開示がシグナリングとして機能するには，①シグナリングにはコストがかかる，②企業のタイプによってシグナルのコストが違う（良質企業にはコストが低く，悪質企業にはコストが高い）ということが必要である。そうすれば，良質企業のみがシグナリングを行い，悪質企業はシグナリングを行わないことになるので，シグナリングを行っているかどうかという間接的な方法で企業の質を投資者が知ることが出来るということになる[34]。

　継続開示を行うにはコストがかかるので①の条件は満たすだろう。もっと

も，強制開示ルールがない状況においては，そのコストがさほど大きくなく，悪質企業でも，たとえば粉飾決算を行って自己を良質企業と見せる内容の継続開示を行うことが可能であり，②の条件を満たさない。そうだとすると，1934年法制定以前では逆淘汰問題が生じていた（全てのプレーヤーが開示を行うプーリング均衡になっていた），というのがGubler（2014）の議論をシグナリングモデルとして理解する場合の前提となるだろう。

これに対して，1934年法制定後は，継続開示規制に違反した場合にはSECによる制裁，刑事罰，損害賠償という責任が発生することとなり，継続開示を遵守するコストが大きくなった（①の条件）。そして，良質企業であれば継続開示規制を行うコストは相対的に低いから，②の条件も満たす。すなわち，悪質企業は継続開示規制に違反することが多いために，継続開示を行うコストが高いが，良質企業は継続開示規制に違反することが少ないために，継続開示を行うコストが低い。だから，継続開示規制がシグナリングとして機能するということが考えられる（Paredes（2003）at 470-471）。

したがって，この逆淘汰のストーリーでは，すでに継続開示が自発的に行われていたニューヨーク証券取引所上場企業においては，継続開示がシグナリングとして機能するようになった可能性はある。けれども，自発的な開示を行ってはいなかった，ニューヨーク証券取引所以外の証券取引所上場企業に対しても継続開示を強制することは，逆淘汰問題とは関係がない。つまり，規制の範囲を拡張していくという法改正の経緯を公平な競技場の創出という観点で正当化できるかという問題設定においては，逆淘汰問題の解消という説明は成り立たないように思われる[35]。

---

34) 逆淘汰とシグナリングについては，神取（2014）418-446頁参照。

35) なお，逆淘汰とシグナリングの観点から継続開示をみることには，次の２つの興味深い示唆がある。第１に，継続開示を行うか否かは，発行者の選択に委ねられていなければ，シグナリングにならない。そのため，外形基準のように，発行者の意思によらずに継続開示義務が発生するならば，これはシグナリングとして機能しない。なお，資金調達のためにIPOを行うしかないという状況にあったからIPOを行って上場したという会社も，継続開示というシグナリングを意図的に選択して行っているわけではないから，上場会社基準・公募証券発行者基準によって継続開示義務を発生させるルールも，継続開示がシグナリングとして機能しない可能性がある

2．強制開示の法と経済学

（1）　自発的な開示

アメリカの学説においては，強制開示の法と経済学の議論以降は，開示規制は，投資者のことだけを考えて設計されるべきではなく，投資者以外の第三者に与える外部性の観点から強制開示を考えるべきだという理解が広まっている（Gubler（2014）at 429-33）。

周知の通り[36]，強制開示の不要論者は，次のように主張していた。すなわち，発行者は，全ての重要な情報を開示するインセンティブをもっている。なぜなら，さもなければ，投資者が最悪の状況を想定して，その証券の価値を割り引いてしまうからである[37]。つまり，良質企業は自発的に情報を開示するインセンティブを持っており，情報を開示しない企業は悪質企業であることがわかるから，結局，全ての企業の情報（その企業が良質か悪質か）を投資者が知ることができるというわけである[38]。

もっとも，Beyer et al.（2010）は，自発的に経営者が情報開示を行うには，次の6つの条件が必要だとする。①開示に費用がかからないこと，②会社に私的な情報があることを，投資者が知っていること，③会社の情報開示を全ての投資者が同じように解釈すること，そして，会社は投資者がどのようにその開示を理解するのかを知っていること，④経営者は会社の株価を最大化したがっていること，⑤会社は私的情報を投資者に対して信頼できるように

（Paredes（2003）at 471 n. 254）。第2に，たとえば違反に対するエンフォースメントを制限しすぎるなどして，継続開示にかかるコストを低くしすぎてしまうと，悪質企業も継続開示を行うようになり，継続開示はシグナリングとして機能しなくなる（Paredes（2003）at 472）。

36）強制開示制度の不要論と必要論の対立について，江頭（2011）338-51頁，黒沼（2004）16-19頁参照。

37）Easterbrook and Fischel (1984), at 683. 強制開示の不要論の要約として，Goshen and Parchomovsky (2006) at 755参照。

38）Grossman（1981）の商品売買契約についてのモデルである。これを会社法・資本市場法のディスクロージャーの文脈で整理したものとして，たとえば松村（1998）371-372頁，湯原（2016）258-263頁参照。

開示することが出来ること，⑥会社は事前に特定の開示方針を確約すること
が出来ないこと，である[39]。この6つの条件を満たさなければ，会社は自発
的に開示するわけではない。そして，この6つの条件が，現実において常に
満たされるわけではない。したがって，会社が自発的に開示するという議論
は，現実には妥当していない可能性があることが指摘されている。

　ただし，自発的な開示が必ずしも行われないからといって，開示の強制が
直ちに正当化されるわけでもないことも指摘されている。開示を強制させる
ことで効用が上昇する利害関係者もいるが，他方で，効用が低下する利害関
係者もいる。そのため，強制開示が望ましいかどうかは，様々な利害関係者
に与える影響をどのように評価するのかによって変わってくる。現在までの
ところ，開示規制に関する費用対効果分析では，確実なことは言えないか
ら[40]，結論は出ないということになる（Beyer et al（2010）at 315）。

───────────────

39) Beyer et al (2010) at 300-304.
40) Langevoort and Thompston (2013) at 366-71. この分野に関して，いくつか有益な実証研究は
ある。古いものでは，開示規制が投資家の利益になったとはいえないとするものとして，Stigler
(1964)，Benston（1973）があり，他方で，新規発行した企業のリスクが低下したことを指摘す
るものとして Jarrell（1981）（ただし，リスクの高い企業の負担する規制のコストが高い結果に
過ぎない可能性も指摘する），Simon（1989）（ただし，規制のコストが高くなったせいで，規制
のない OTC 市場等にリスクの高い企業が流れた可能性も指摘する）がある。
　最近のものでは，たとえば，Leuz et al（2008）は，自発的にピンクシートに移行した（Going
dark）会社が，その旨を公表等した日をイベントとするイベントスタディを行い，そのような会
社にはマイナスの異常リターンが発生しており，投資者は継続開示がなくなることをマイナスに
評価するという仮説と整合的であることを報告している。ただし，マイナスのリターンが発生す
る理由は，他の理由，たとえば，SOX 法の適用を避けたいと思う経営者は私的利益を優先して
いるという理由や，継続開示の適用を受けなくなるということは，その会社の将来の成長性の見
通しが暗いというシグナルであるという理由によっても説明可能であり，継続開示が有益である
という証拠とまでは言えない。
　また，Bushee and Leuz（2005）は，NASD 規則が改正された1999年（上記Ⅱ2（4）参照）
の前後で，①従来から継続開示をしていた会社，②改正によって継続開示を開始した会社（つま
り，外形基準を満たしていなくても継続開示をすることにした会社），③継続開示を行わずに
OTCBB から退出することを選択した会社の3つのカテゴリーの会社について実証研究を行って
いる。これによれば，②の類型の会社は，異常リターンがマイナスで，便益よりコストが大きい
ことを示唆している。他方で，①の類型は NASD 規則の改正の対象者ではないから直接的な影
響を受けないにもかかわらず，①の類型のリターンが上昇しており，継続開示規制の正の外部性
の存在を示唆している。なお，この研究を参照しながら，時価総額を基準とすることを提案する
見解（Guttentag（2013）at 202）もある。その理由は，Bushee and Leuz（2008）によれば，継

（2） 外部性

これに対して，強制開示の必要論者は，次のように主張している。すなわち，情報は公共財[41]であり，外部性があり（Fox（1999）at 1393-95），発行者は，発行者のライバル会社，発行者の債権者・従業員・サプライヤー・消費者，発行者に投資をするかどうか考えている者など，開示情報から便益を受ける者の全てから対価・報酬等を受けるわけではないから，情報開示は社会的に最適な量と比べて過小になるから，開示が強制されるというわけである[42]。

（3） 検討

以上の強制開示をめぐる議論は，オール・オア・ナッシングの傾向が強く，継続開示規制の範囲についての実際の条文との関連を議論することは少なかった。

外部性を強調する強制開示の必要論者の議論では，閉鎖会社も含む全ての会社について，情報開示を強制した方がよいということにもなりかねない[43]。

これに対しては，規制にかけることのできるリソースは有限であるから，外部性に関しての市場の失敗が特に重大な類型に限定することには合理性もあるという指摘もある（Gubler（2014）at 434）。そうだとすると，提出義務者の範囲は，外部性の大きさの観点から決めていくべきだということとな

続開示を選択した会社の時価総額の平均が3450万ドルだったのに対して，継続開示をせずに退出を選択した会社の時価総額の平均が140万ドルと大きな差があり，継続開示か退出かの選択は，会社の時価総額と相関関係がある。他方で，総資産額は，継続開示か退出かの選択と相関関係がないからである。

41）情報が公共財であることと，開示義務の関係について詳しくは湯原（2016）219-227頁参照。

42）強制開示の必要論の記述は，Goshen and Parchomovsky（2006）at 756による。

43）Goshen and Parchomovsky（2006）at 757．なお，本文の問題に対して，Goshen and Parchomovsky（2006）at 757-766は，市場の流動性，効率的な価格形成，経営陣のモニタリング，証券アナリストのコスト削減，情報トレーダーの情報分析の規模・範囲の経済など，上場株式市場を念頭において，その特徴を指摘するが，非上場会社で外形基準を満たす場合になぜ開示が強制されるのか，正面から論じていない。

る[44]。抽象的ではあるが，考え方としてはこの議論の方向性に賛成したい（詳しくは下記Ⅳ参照）。

3．公共性と企業の規模

Langevoort and Thompson（2013）は，開示規制は大企業に課するべきだとする。大企業は政府のように公的な存在であり，透明性，説明責任，外部の声に対する開放性が求められてしかるべきであり，継続開示義務はこれに役立つとする（Langevoort and Thompson（2013）at 376-78）。

これに対しては，株主数は企業の社会的な影響力と無関係であるという批判がある。すなわち，多数の株主がいるとしても，会社の売り上げが小さかったり，環境に与える影響が小さかったり，政治的なロビー活動に従事していなかったりすることもある。逆に，少数の株主しかいなくても，社会的な影響力が大きい企業もある。すなわち，継続開示を行っていないアメリカの会社には，収益が20億ドル以上の会社が224社あるし，政治的なロビー活動に強い影響を持っている会社もある（Gubler（2014）at 437）。

この議論は，会社の公共性の観点から継続開示義務を設計していくことの困難性を示しているだろう。

Ⅳ．検討

1．ここまでの検討の小括

上記ⅡおよびⅢの検討によれば，提出義務者の範囲を制度の趣旨に関する理論的な見地から演繹的に決定づけることがいかに困難であるかが明らかになった。

44）Gubler（2014）は，理論的に提出義務者の範囲を決定することはあきらめ，議会ではなくSECが，当該会社の外部性を考えて継続義務を課すかどうかを決めていく方向での制度を提案している。

アメリカでの継続開示義務者の範囲は，既に活発に取引されている株式の発行会社に義務を課すという経緯で決定されてきた。各改正が行われた時点では，その改正で用いられた義務者を画定する基準は，流通市場で活発に取引されている会社をカバーするのにふさわしかった。しかし，なぜ，これらの会社に義務を課すのかについて，理論的に一貫した説明はなされていなかった。

類似する企業に規制を課すという視点は，理論的な根拠とはならないし，また，情報の非対称性の観点からの説明にも疑問があることは上述のとおりである。

法と経済学の観点からは，情報開示には正の外部性があり，発行会社はその外部性を内部化することができないので，会社の自発的な開示に委ねていると，情報開示は過小になるから説明することはできる。この説明のロジック自体は説得力があり，この観点から議論すべきである。なぜならば，法と経済学による分析の有用性を認める立場を筆者が前提としているだけでなく[45]，費用対効果の視点は，継続開示義務者の範囲の基準を設定する金商法の中に現れており（上記Ｉ３（２）イおよび注11参照），流通性などといった中間概念を使わずに，端的に効率性・社会的厚生の観点から議論することで統一的な議論ができるからである。

しかし，この観点から得られる，継続開示義務者の範囲をいかに決定すべきかの指針は，規制から得られるベネフィットとコストを差引きしたものを最大化するようにするべきであるという抽象的なものであり，継続開示義務者の類型についてこの観点から説明がつかないものが含まれているのではないかという問題提起にとどまらざるを得ない。つまり，提出義務者の範囲の設定に関する指針としては，開示のもたらす外部性の影響の程度から考えていくことが妥当であるが，外部性としてどこまでを考慮するのかは無限定で

---

45) 効率性の観点から開示規制に関する分析を行う最近の研究として，たとえば田中（2014），湯原（2016）参照。

あり，継続開示義務者の範囲の画定を具体例に落とし込むことは難しい面があるのは否定できない。

公共性の議論は，コスト・ベネフィットを考慮した社会的厚生の最大化を意味しているのであれば，法と経済学の観点からの議論と同じである。また，それ以外の意味なのだとすると，何をもって「公共性」のある会社と定義するかによってその範囲はどのようにも決めることができる，ブラックボックスのような概念となってしまい，トートロジカルな議論となるおそれがある。日本法における「公の利益」の議論と同様，公共性という視点は副次的な結果として実現するものとして位置づけるべきである（上記Ｉ３（２）ア参照）。

２．日本法への示唆

立法の経緯の対比から明らかになったように，アメリカでは流通性の観点から規制すべしといった理念が先行して規制されたわけではなかった。アメリカ法を継受した日本法では，その流通性を軸に議論されてきたが，法継受の系譜からすると疑問があるものだった

従来の日本法における議論のように「流通性」という概念を１つの判断基準とするならば，その妥当性は，外部性の影響の程度を考える指標として有益かどうかという観点から論ずるべきである。流通性という概念だけを取り出してしまうと，継続開示義務を負う会社の類型間を比較すると流通性の観点からの不整合が浮き上がってくるので，金商法24条１項の内部での論理一貫性に欠けるという議論につながりやすい。とくに，公募証券発行会社や，外形基準該当会社の株式にも当然に流通性があるという議論には，疑問がある。しかし，問題の本質は，金商法24条１項の類型が流通性の高いものとして論理一貫しているかにあるのではなく，当該類型の会社が開示を行わない場合の負の外部性が大きい（開示をすれば正の外部性が大きい）といえるかどうか，という視点から議論がなされるべきである。

そして，流通性という概念は，外部性と論理的に無関係であるから，流通

性という概念を中心に継続開示義務者の範囲を決定していくことはすべきできない。同じように，投資者の数と外部性とは論理的には無関係であるから，投資者の数だけで継続開示義務者の範囲を決定することも困難である[46]。もっとも，投資者の数が多い会社と，投資者の数が少ない会社を比べた場合，前者による継続開示のもたらす社会的厚生への影響は大きくなる傾向はあるといえる可能性はある。したがって，外形基準のように投資者の数だけで範囲を確定することは理論的な根拠はないが，1つの指標にはなる余地があると考えるべきだろう[47]。

　それでは，以上の議論を，現行法の理解にどのように結びつけることができるだろうか[48]。

　上場会社・店頭公開会社については，市場の価格形成機能の発揮には大きな正の外部性があり，その機能の発揮のためには情報開示が必須であり，効率的な価格形成がなされることによって社会的厚生を向上させることができるといえるから[49]，これらの会社に継続開示義務を課すことは正当化できるだろう。この類型は，他の類型と比べて，開示による正の外部性は大きいと考えられる。

　公募証券発行会社については，沿革的には流通性の代理変数として利用されたが，現在ではその妥当性は疑わしく，むしろこれは発行開示のアフター・ケアとして継続開示義務が課されると位置づけるべきである。そのた

---

46) 公益社団法人日本証券経済研究所金融商品取引法研究会（2015）26-27頁〔藤田友敬発言〕参照。

47) 指標として考えられるものは，他にも，たとえば，市場（証券取引所に限らず，相対取引で行われるような取引をも含む意味での市場）での取引高を基準とすることも考えられるが（See Langevoort and Thompson（2013）at 341），証券取引所以外で行われる取引を把握するのは実際には困難であり，非現実的である。その他の指標としては，たとえば，売上高，純利益，マーケットシェア，従業員数なども考えられるが，これらのデータを適切に標準化して把握することが容易に実現できるのかという問題点もある。See Dombalagian（2015）at 693-694.

48) 本稿のⅢで検討した基礎理論と，実際の継続開示義務者の範囲の設定の問題との間に断絶があるという指摘につき，公益社団法人日本証券経済研究所金融商品取引法研究会（2015）25-27頁〔藤田友敬発言〕参照。

49) 公益社団法人日本証券経済研究所金融商品取引法研究会（2015）27-28頁〔黒沼悦郎発言〕参照。流通市場での取引と社会的厚生の関係についての分析として，湯原（2016）187-199頁参照。

め，流通市場における継続開示義務の外部性の観点と結びつけて考える必要もない。

外形基準該当会社については，上場会社と比べて正の外部性が相対的に小さいと考えられる。外部性の観点からは，株主の数を基準にすることに理論的な根拠は特にない。しかも，株主の数のカウント方法が株主名簿上の株主数であって，実質株主数でないことは，外部性の観点からは説明が全くつかない。たとえば，従業員持株会名義で登録されていれば，実質株主が1,000人いても，外形基準との関係では株主は1人とカウントされる[50]。株主名簿上の株主数を基準としたのでは，外部性の観点からは過小規制になる可能性を秘めている。とはいっても，実質株主数をカウントするということは現実的に困難であるから，実質株主数を基準にすることも難しい。つまり，株主数を基準とすることには，指標として大きな限界がそもそもあるといえる。

また，以上の検討とやや次元の異なる視点から，次のような整理も考えられるかもしれない。すなわち，上場するかどうかや公募を行うかどうかは各会社の任意で決定できるから，継続開示義務を負担することに同意しているともいえる。これに対して，外形基準該当会社については，状況が異なる。株式を発行する際に，外形基準に該当するだけの株主数にならないように発行したとしても，たとえば，1人の株主がその株式を2人に譲渡したり，相続が発生して複数人が相続人となったりすれば，株主数は増加する。つまり，株主数をコントロールすることは，譲渡制限をつけるなどすれば不可能ではないが，普通株式については困難である。そのため，株主数を増やそうと思って増やしたわけではない会社についても継続開示義務を課すことになるのが外形基準である。この点に，外形基準該当会社の類型の異質性が現れている[51]。

このことを，外部性の観点から考えると，会社の自由な意思で開示義務を

---

50) 公益社団法人日本証券経済研究所金融商品取引法研究会（2015）32–33頁〔太田洋発言〕参照。
51) 公益社団法人日本証券経済研究所金融商品取引法研究会（2015）28–29頁〔神田秀樹発言〕参照。

負うかどうかを選択できるということは一貫しないルールであるようにもみえる[52]。なぜなら，客観的な基準によって外部性の大小を判断し，継続開示義務を課すべき会社かどうかが決まるべきだからである。もっとも，上場会社の開示は類型的に外部性が大きく，開示義務を課すと客観的に決まっており，上場しながら会社の任意の選択で開示義務を負わなくて済ませることができるわけではないから，上場するかどうかが会社の自由な意思による選択にかかっているとしても，特に矛盾するわけではない。また，考え方としては，客観的な基準で義務を課すべき会社の範囲を決めるとともに，自発的にそのような義務を負いたいと考える会社の選択も認めるとしてもよい。

V. むすび

　本稿では，アメリカ法を中心に，継続開示義務者の範囲について検討を行った。その結果として，流通性の観点はアメリカにおける背景・経緯に根ざしたものであり，そのような背景・経緯を共有していない日本法においては，流通性の観点から金商法24条1項各号の類型が適切かという問題の立て方をするのではなく，開示のもつ外部性の影響の観点から考えていくことが重要であることを明らかにした。

　法改正の経緯から見ると，アメリカでは，流通市場が既に存在するところに開示規制を及ぼしていくという展開だったことは，理論的には，まさにこの外部性が大きいところに規制を拡張したという評価もできる。日本法は，基本的にはアメリカ法を継受するという考え方で規制範囲が拡張されてきているが，金商法24条1項の類型化および各類型の基準が，上記の視点からみて適切か，今後も不断の検証がなされるべきである。

　なお，本稿では取り扱わなかった課題がいくつかある。

　第1に，継続開示の情報の内容に応じて，開示義務者の範囲は変わってく

---

52) 公益社団法人日本証券経済研究所金融商品取引法研究会（2015）30頁〔藤田友敬発言〕参照。

るのかどうかという問題がある[53]。外部性の観点から決定していくということを突き詰めれば，全ての会社に開示義務を課した上で，社会的厚生が上昇する限りで開示すべき義務を重くすればよいという考え方があり得る。この視点は，日本の会社法440条が全ての株式会社に計算書類の公告義務を課していることと整合的であるともいえる。本稿が検討した金商法における有価証券報告書の提出義務者の範囲の問題は，開示すべき内容がより詳細だったり，違反した場合のサンクションがより厳格だったりする性質の情報開示をどの範囲の者に課すべきなのかという問題だということになる。追加的な開示コストをかけてでも，それを上回る追加的な社会的便益が得られる限りは，会社法の開示規制よりも重い規制を一定の類型の会社に課すべきだということになる[54]。そして，この発想からは，会社法の開示規制と金商法の開示規制は連続性を有していることとなる[55]。

第2に，有価証券報告書の提出義務を負う発行者であることが，別の規制で基準として利用されていることがある。たとえば，公開買付規制（金商法27条の2第1項）や，社外取締役を置いていない場合の理由の開示（会社法327条の2）である。第1の点とも関係するが，有価証券報告書の提出義務者の範囲が，なぜ別の目的を持つ規制でも前提とされるのかという問題がある。

第3に，発行開示規制の補完（アフター・ケア）として最低5年間の継続開示が必要かどうかという問題を，発行開示規制の観点から検討することである[56]。

いずれについても，今後の課題としたい。

---

53) 現に，内部統制報告書や四半期報告書の提出義務は，上場会社にのみ課される。金商法24条の4の4，24条の4の7。
54) 追加的なコスト・ベネフィットの視点から資本市場法の分析をすることについては，Schwartz (2013) 参照。
55) 公益社団法人日本証券経済研究所金融商品取引法研究会（2015）38頁〔神作裕之発言〕参照。
56) たとえば，湯原（2016）157頁は，行動経済学の観点から，投資家の判断を補う側面があるという分析をしている。

参考文献

江頭憲治郎「企業内容の継続開示」『商取引法の基本問題』（有斐閣，2011）〔初出は1986〕

大谷潤＝笠原基和＝西澤恵理＝佐藤光伸＝谷口達哉「新規上場企業の負担軽減および上場企業の資金調達の円滑化に向けた施策」商事法務2040号67頁（2014）

奥村光夫「企業内容開示制度の改正」商事法務研究会『改正証券取引法の解説』（商事法務研究会，1971）

河本一郎＝神崎克郎『問答式　改正証券取引法の解説』（中央経済社，1971）

神崎克郎「開示制度の問題点とその見直し」財団法人資本市場研究会編『証券取引審議会報告―証券取引に係る基本的制度の在り方について―』（資本市場研究会，1991）

神崎克郎＝志谷匡史＝川口恭弘『金融商品取引法』（青林書院，2012）

神取道宏『ミクロ経済学の力』（日本評論社，2014）

久保田安彦「発行開示と継続開示の接続とその合理性――金融商品取引法二四条一項三号に関する一考察――」阪大法学62巻3・4号751頁（2012）

久保田安彦＝中東正文「少数株主の締出しと金融商品取引法上の継続開示義務の帰趨」金融・商事判例1397号2頁（2012）

黒沼悦郎『アメリカ證券取引法〔第2版〕』（弘文堂，2004）

黒沼悦郎「ディスクロージャーに関する一省察」黒沼悦郎＝藤田友敬編『江頭憲治郎先生還暦記念　企業方の理論（下巻）』（商事法務，2007）

公益社団法人日本証券経済研究所金融商品取引法研究会「継続開示義務者の範囲―アメリカ法を中心に―」金融商品取引法研究会研究記録第49号（2015）

近藤光男＝吉原和志＝黒沼悦郎『金融商品取引法入門〔第3版〕』（商事法務，2013）

清水一夫「ディスクロージャー制度の改正に関する解説〔4〕」商事法務1328号21頁（1993）

証券取引審議会「企業内容開示制度等の整備改善について（昭和45年12月14日）」商事法務545号18頁（1970）

田中亘「流通市場における不実開示による発行会社の責任―インセンティブの観点から」飯田秀総ほか編『商事法の新しい礎石　落合誠一先生古稀記念』（有斐閣，2014）

継続開示義務者の範囲—アメリカ法との比較を中心に— *69*

谷口義幸＝齊藤将彦＝宮下央＝八木俊則「プロ向け市場に関する政府令の概要」
　　商事法務1856号68頁（2009）

谷口義幸＝野村昭文「企業内容等開示制度の整備」商事法務1773号44頁（2006）

谷口義幸＝峯岸健太郎「開示制度に係る制令・内閣府令等の概要〔下〕——有価証
　　券の性質に着目した開示制度，組織再編成に係る開示制度等——」商事法務
　　1811号31頁（2007）

ディスクロージャー小委員会「ディスクロージャー制度の見直しについて」財団
　　法人資本市場研究会編『証券取引審議会報告—証券取引に係る基本的制度の
　　在り方について—』（資本市場研究会，1991）

松村敏弘「ディスクロージャー問題」三輪芳朗＝神田秀樹＝柳川範之編『会社法
　　の経済学』（東京大学出版会，1998）

山下本利『改正證券取引法解説』（税務経理協会出版部，1948）

湯原心一『証券市場における情報開示の理論』（弘文堂，2016）

ルイ・ロス＝矢澤惇監修・財団法人日本証券経済研究所證券取引法研究会『アメ
　　リカと日本の證券取引法＜上巻＞』（商事法務，1974）

渡辺豊樹「証券取引法の改正と外国証券業者法の概要」商事法務研究会『改正証
　　券取引法の解説』（商事法務研究会，1971）

Benston, George J. (1973), *Required Disclosure and the Stock Market : An
　　Evaluation of the Securities Exchange Act of 1934*, 63 AMERICAN ECONOMIC
　　REVIEW 132.

Bushee, Brian J., and Christian Leuz (2005), *Economic Consequences of Sec
　　Disclosure Regulation : Evidence from the Otc Bulletin Board*, 39 JOURNAL OF
　　ACCOUNTING & ECONOMICS 233.

Dombalagian, Onnig H. (2015), Principles for Publicness, 67 Fla. L. Rev. 649.

Easterbrook, Frank H., and Daniel R. Fischel (1984), *Mandatory Disclosure and the
　　Protection of Investors*, 70 VIRGINIA LAW REVIEW 669.

Fox, Merritt B. (1999), *Retaining Mandatory Securities Disclosure : Why Issuer
　　Choice Is Not Investor Empowerment*, 85 VIRGINIA LAW REVIEW 1335.

Glaeser, Edward, Simon Johnson, and Andrei Shleifer (2001), *Coase Versus the
　　Coasians*, 116 QUARTERLY JOURNAL OF ECONOMICS 853.

Goshen, Zohar, and Gideon Parchomovsky (2006), *The Essential Role of Securities*

Regulation, 55 DUKE LAW JOURNAL 711.

Gubler, Zachary J. (2014), *Reconsidering the Institutional Design of Federal Securities Regulation*, 56 WILLIAM & MARY LAW REVIEW 409.

Guttentag, Michael D. (2013), *Patching a Hole in the Jobs Act : How and Why to Rewrite the Rules That Require Firms to Make Periodic Disclosures*, 88 INDIANA LAW JOURNAL 151.

Jarrell, Gregg A. (1981), *The Economic Effects of Federal Regulation of the Market for New Security Issues*, 24 JOURNAL OF LAW AND ECONOMICS 613.

Langevoort, Donald C., and Robert B. Thompson (2013), *"Publicness" in Contemporary Securities Regulation after the Jobs Act*, 101 GEORGETOWN LAW JOURNAL 337.

Paredes, Troy A. (2003), *Blinded by the Light : Information Overload and Its Consequences for Securities Regulation*, 81 WASHINGTON UNIVERSITY LAW QUARTERLY 417.

Pollman, Elizabeth (2012), *Information Issues on Wall Street 2.0*, 161 UNIVERSITY OF PENNSYLVANIA LAW REVIEW 179.

Rodrigues, Usha R. (2015), *The Once and Future Irrelevancy of Section 12(g)* , 2015 UNIVERSITY OF ILLINOIS LAW REVIEW 1529.

Schwartz, Jeff (2013), *The Law and Economics of Scaled Equity Market Regulation*, 39 JOURNAL OF CORPORATION LAW 347.

SEC (1963), REPORT OF THE SPECIAL STUDY OF SECURITIES MARKETS OF THE SECURITIES AND EXCHANGE COMMISSION, H.R. Doc. 95, Pt. 3

Seligman, Joel (1982), THE TRANSFORMATION OF WALL STREET : A HISTORY OF THE SECURITIES AND EXCHANGE COMMISSION AND MODERN CORPORATE FINANCE. Houghton Mifflin.

Simon, Carol J. (1989), *The Effect of the 1933 Securities Act on Investor Information and the Performance of New Issues*, 79 AMERICAN ECONOMIC REVIEW 295.

Stigler, George J. (1964), *Public Regulation of the Securities Markets*, 19 BUSINESS LAWYER 721.

市場に対する詐欺に関する米国判例の動向について

黒　沼　悦　郎

Ⅰ．はじめに

1．本稿の目的

　最近，米国において，証券民事訴訟に関する重要な最高裁判決，とくに市場に対する詐欺理論に関する判決が出されている。そこで，本稿は，それらの米国判例の動向を紹介し，検討を加えるとともに，日本法への示唆を得ることを目的とする。

　Ⅰでは，準備作業として，連邦証券民事訴訟の訴訟原因である規則10b-5の要件を概説し，市場に対する詐欺理論を採用した1988年の Basic 判決を紹介する。Ⅱでは，Basic 判決の見直しの契機となった，2011年の Halliburton Ⅰ判決，2013年の Amgen 判決，2014年の Halliburton Ⅱ判決を紹介し，Ⅲにおいて，解説と検討を加える。

2．34年法規則10b-5の要件

　34年法規則10b-5は，1934年証券取引所法（Securities Exchange Act of 1934）10条(b)項に基づいて1942年に SEC が制定した詐欺防止条項（anti-fraud provision）であり，判例は，10条(b)項および34年法規則10b-5（以下，総称して規則10b-5という）が，私人が損害賠償を請求する根拠となること，すなわち私的訴訟原因（private cause of action）が含意されている（implied）

と認めてきた。

　もっとも，規則10b-5の文言からはその要件は読み取れないので，判例は，コモン・ロー上の詐欺（deceit）の要件を借りて，私的訴訟原因の要件を判断してきた。判例によれば，私人が規則10b-5に基づいて損害賠償を得るには，①被告による重要な不実表示または省略（materiality），②欺罔の意図（scienter），③不実表示または省略と証券の売買との関連性（in connection with），④不実表示または省略への信頼（reliance），⑤経済的損失（economic loss），⑥損害因果関係（loss causation）を証明しなければならない。

　これらの要件のうち，重要性，信頼，損害因果関係，および経済的損失の要件は，不実表示と損害賠償責任を結ぶ重要な要件であり，原告が，訴訟のどの段階でどの要件をどの程度証明しなければならないかが，裁判で争われてきた。最初に最高裁が取り上げたのは，信頼の要件である。信頼とは，特定の原告が投資判断を行うにあたり，不実表示を重要な要素と考えたことを意味し，省略（不開示）の場合は，開示されなかった事実を知らされていたら原告が異なった行動をするような影響を受けたであろうことを意味する。信頼の要件は不実表示と原告の行為を結ぶ因果関係なので，取引と損失を結ぶ損害因果関係に対して，取引因果関係（transaction causation）とも呼ばれる。

3．Basic 判決（1988年）[1]

（1）　事実

　Basic 事件では，Basic 社が合併の交渉中であるという事実を隠し，合併交渉をしていないとの声明を発表したことに対し，Basic 社株を売却した株主が会社および取締役の責任を追及するクラス・アクションを提起した。

　連邦民事訴訟規則23条(b)項(3)号によると，個々の原告に関する個別の問題

---

1) Basic Inc., v. Levinson, 485 U. S. 224 (1988). 解説として，拙稿「会社情報の開示と民事責任—Basic 判決を中心として—」名古屋大学法政論集133号（1990）1頁。

よりも，クラスに共通の法律問題または事実問題が支配的で（predominate）なければ，クラスの認可（certification）は認められないところ，連邦地方裁判所は，信頼の推定を認めクラスを認可した。第7巡回区控訴裁判所はクラスの認可を維持したので，最高裁は，合併交渉に適用される重要性の基準（がいかにあるべきか）とともに，クラスの認可の際に，裁判所が，表示に対する直接的な信頼をクラス・メンバーに要求せず，信頼の推定を及ぼしたことが適切かどうかについて裁量上訴を認めた。

（2）　判旨

法廷意見は，大要，次のように述べる。

市場に対する詐欺理論（fraud on the market theory）とは，公開市場において会社の株価は，会社およびその事業に関する情報に基づいて決定されているとの前提に立ち，原告が不実表示に直接依拠しなかった場合でも，被告の不実表示と原告の証券購入との間の因果関係を認める理論である。我々の仕事は，市場に対する詐欺理論の有効性を一般的に評価することではなく，裁判所が，部分的に市場に対する詐欺理論に依拠して，信頼の反証可能な推定を認めたことが適当かどうかを考察することにある。

原告に，開示されなかった事実が開示されたとしたら，あるいは，不実表示がなかったとしたら，どのように行動していたかを立証させることは，公開市場で取引をした原告に，不必要かつ非現実的な立証責任を課すことになる。信頼の推定は，公正，公序，蓋然性，および訴訟経済の観点から見ても，当事者間で立証責任を分配する有用な方法である。本件で採用された信頼の推定は，規則10b-5訴訟を促進することになるが，それは，証券市場の誠実性（integrity）に対する投資者の信頼を促進するという1934年法の立法政策とも整合的である。

推定は，コモンセンスおよび蓋然性からも支えられている。最近の実証研究は，高度に発達した市場で取引される株式の市場価格が，すべての公開情報を反映しており，したがって，重要な不実表示をも反映していることを示

している。…市場で形成された価格で株式を売買する投資者は，当該価格の誠実性を信頼して売買を行っている。多くの（most）公開情報は市場価格に反映されているから，公開された重要な不実表示に対する投資者の信頼は，規則10b-5訴訟の関係において，推定されうるのである。

White判事，O'Connor判事の反対意見の要旨は次の通りである。

経済理論を法原則に取り入れるとしても，それは，裁判所よりも専門家の助けを得ることのできる議会が，法律改正によって行うべきである。

投資者が「株価をその株式の価値を反映するものとして信頼していること」は疑問である。多くの投資者は，株価が会社の価値を反映していないと信じるからこそ株式の売買を行うのではないか。

市場に対する詐欺理論は，34年法18条(a)項が要求する厳格な信頼の要件を骨抜きにする点，および情報を見ない投資者を保護する点で，34年法の立法目的に反している。

（3） 解説

Basic判決は，当該事件の控訴裁判所が採用した「推定」を適切であるとしたが，控訴審では，推定が認められるためには，原告は，①被告の不実表示が公表されていること，②不実表示が重要であること，③株式が効率的な市場で取引されていること，④不実表示が，投資家に株式の価値を誤って評価させるものであること，および⑤原告が，不実表示がなされてから真実が発覚するまでの間に株式の取引を行ったことを主張し，立証しなければならないとしていた。ただし，④は後の裁判例では要件から除外されている。

これを前提に判決は，不実表示と原告の受け取った（または支払った）価格との間の繋がり，または不実表示と市場価格で取引を行うという原告の決定との間の繋がりを断ち切るいかなる証明も，信頼の推定を覆すとし，反証の例として，(a)マーケット・メーカーが真実を知っており，市場価格が不実表示の影響を受けなかった場合，(b)真実の情報が市場に到達しており，不実表示の影響を打ち消していた場合，および(c)原告は，市場の誠実性を信じた

のではなく，他の理由で取引を行った場合を挙げていた。

Ⅱ．最近の米国判例の動向

1．Halliburton Ⅰ判決（2011年）[2]

（1）　事実

EPJ Fund が，Halliburton 社が，①アスベスト訴訟の潜在的な責任の範囲，②ある建設契約から生じる予想収益，および③他の会社との合併の便益について，故意に，さまざまな虚偽の開示を行ったと主張して，1999年6月3日から2001年12月7日までに Halliburton 社の株式を購入した者を代表してクラス・アクションを提起した。

却下の申立て（motion to dismiss）を退けたのち，地方裁判所は，EPJ Fund は，請求に係る損害因果関係を証明しておらず，連邦民事訴訟規則23条(b)項(3)号の要件を充たさないとして，クラスの認可を拒絶した。第5巡回区の先例は，クラス認可を得るために原告に損害因果関係の立証を求めていた。

クラス認可のために損害因果関係の立証が必要かどうか，巡回区の不一致を解消するために，最高裁は裁量上訴を認めた。

（2）　判旨

破棄差戻し。判決は，大要，次のように述べる。

本件下級審は，クラス認可における共通性の要件を充たすために，信頼の立証が必要であり，信頼の証明のためには損害因果関係の証明が必要と考えた。

2）Erica P. John Fund, Inc. v. Halliburton Co., 131 S. Ct. 2179 (2011). 解説として，藤林大地「市場における詐欺理論の適用と損害因果関係の立証の要否」商事1979号（2012）53頁。

しかし，控訴裁判所の要件は，Basic 判決の論理からは正当化されない。損害因果関係は，投資家が不実表示を信頼したか否かとは関係のない事柄に関するものである。後の損失が不実表示の発覚以外の要因によって生じたという事実は，投資家が最初の段階で不実表示を信頼したかどうか（それが直接であれ，推定される場合であれ）とは関係がない。

Halliburton は，本件下級審が損害因果関係の名の下で実際に問うたのは，主張された不実表示が最初の段階で市場価格に影響を与えたか，すなわち価格影響性（price impact）の有無であったと主張する。しかし，控訴裁判所が言おうとしたことを Halliburton がどう考えるにせよ，実際に言ったのは損害因果関係である。

2．Amgen 判決（2013年）[3]

（1）　事実

コネチカット退職年金ファンドが，バイオテック会社 Amgen とその役員（併せて Amgen という）に対し，証券クラス・アクションを提起し，信頼の要件については「市場に対する詐欺」推定を援用し，クラス・アクションの認可を求めた。地裁はクラスを認可し，第9巡回区控訴裁判所は，退職ファンドはクラス認可の前に虚偽記載または省略の重要性を証明する必要があるとの Amgen の主張を退け，クラスの認可を維持した。同裁判所は，また，クラス認可の段階で Amgen が提出した，重要性の反証となる証拠を考慮することを地裁が拒絶した点に誤りはなかったと判示した。最高裁は，クラス認可のために重要性を立証する必要があるかどうかについて，巡回区の不一致を解消するために，裁量上訴を認めた。

3）Amgen Inc. v. Connecticut Retirement Plans and Trust Funds, 133 S. Ct. 1184 (2013). 解説として，藤林大地「証券集団訴訟の認可と不実表示の重要性の立証の要否」商事2015号（2013）38頁。

（2） 判旨

法廷意見は，大要，次のように述べる。

重要な問題は，クラスに共通する法または事実の問題が，個々のメンバーのみに影響する問題に対して支配的であるといえるためには，重要性の証明が必要かどうかである。その答えは２つの理由により「否」である。

第１に，重要性は客観的な基準に従って判断できるので，クラスに共通の証拠によって証明され得るからである。したがって，重要性は，23条(b)項(3)号にいう「共通の問題」（common question）である。

第２に，原告が略式判決の申立てや本案において，重要性の十分な証拠を提出できなかったときは，個々人の信頼の問題がクラスに共通の問題に優越するという事態を招くことはない。重要性の要件の証明に失敗したときには，すべての者にとって訴訟は終了し，個々人の信頼という争点が支配的になるような請求が残ることはない。

Amgen は，市場に対する詐欺理論の前提条件はクラス認可の前に充たされなければならないから，前提条件の一つである重要性もクラス認可の前に証明されなければならないという。しかし，重要性と異なり，市場の効率性および不実表示が公表されたことは，規則10b-5の欠くことのできない要素ではない。後２者が証明されなくても，信頼の個別的立証が許されるが，重要性が証明されなければクラスの請求全部が棄却される。市場の効率性や公表の争点と異なり，重要性の争点が証明できなければ，個別問題が共通問題に優越することはないので，重要性は連邦民事訴訟規則23条(b)項(3)号のクラス認可の前に証明される必要はない。

Amgen は，クラス認可は和解への大きな圧力となるから，認可前に重要性を争えないと，重要性を争う場面がなくなると主張する。しかし，その点は，不実表示や損害因果関係の要件についても同じである。議会は和解の圧力に対して，クラス認可段階で重要性の証明を求めること以外の手段によって対処したのであり，これに加えて裁判所が連邦民事訴訟規則23条(b)項(3)号の再解釈により調整を行う必要はない。

Amgen は，原告の申立てに対して，重要性の反証を提出できないとした点に地裁判決の誤りがあると主張する。しかし，主張された不実表示が最終的に重要でないとされる可能性があることは，共通問題が支配的であることを妨げるものではない。本件の地方裁判所が，Amgen の反証の考慮を略式判決または事実審（トライアル）にとっておいたのは正しい。

本判決では，Thomas 判事が反対意見を記載し，Kennedy 判事がこれに同調，Scalia 判事もその一部に同調している。

（3）　解説

不実表示の重要性は，市場に対する詐欺理論による信頼の推定を認める要件の一つなのに，クラス認可の段階で証明を要しないのはなぜか。判決はこの問題に対して，重要性が客観的証拠によって証明できるという点で「共通の問題」であること，仮に本案において重要性が証明されなかった場合には，訴訟は終了するので，改めてクラスの認可を判断する必要がないことを以って答えている。

クラス認可の段階で重要性の証明が不要だとすると，被告は重要性を反証する証拠を提出できないという不利益を受けるが，裁判所はそれもやむを得ないと考えた。この点は，Halliburton II 判決で，一部変更されたとみることもできる（後述）。

3．Halliburton II 判決[4]

（1）　事実

Halliburton I の差戻審において，被告は，損害因果関係の反証として提出していた証拠は，不実表示が価格に影響を与えていなかったことの証拠でもあると主張した。地裁は Halliburton の主張を取り上げることを拒否し，

4）Halliburton Co. v. Erica P. John Fund, Inc., 563 U. S. 804 (2014). 解説として，池谷誠「Halliburton 事件最高裁判決の検討」商事2042号（2014）41頁，藤林大地「市場に対する詐欺理論の法的有効性および価格影響性の意義」商事2063号（2015）84頁。

第5巡回区控訴裁判所も，価格影響性（price impact）の主張は事実審での
み認められるとした。最高裁は，①Basic 判決の信頼の推定を覆したり，修
正したりすべきかどうか，②もし修正しない場合，被告は，クラス認可の段
階で，価格影響性の欠如を証明することにより，推定を反証する機会を与え
られるべきかどうかの2点について，裁量上訴を認めた。

（2）　法廷意見—信頼の推定理論の維持について（要旨）

Roberts 判事ほか6名による法廷意見は，大要，次のように述べる。なお，
市場に対する詐欺に関連しない部分は省略する。

Halliburton は，Basic 判決の2つの前提が今日では成り立たないので，判
例が変更されるべきだと主張する。

第1に，今日では，効率的資本市場仮説（efficient capital market hypoth-
esis）が成り立たない証拠がいくらでもあるという。たしかに，ある証券に
ついての市場は他の証券についての市場よりもより効率的であり，ある一つ
の市場も，種類の異なる情報に対しては，より効率的であったり，効率的で
なかったりする。

Halliburton は，市場の株価が会社の公開情報を反映する程度に関する経
済学者の議論に焦点を当てるが，Basic 判決の裁判所はそのことを認めてお
り，信頼の推定を認めることは，公開情報がどれだけ早く正確に市場価格に
反映するかについての特定の理論を採用することを意味するものではないと
述べている。裁判所は，一般的にいって，市場のプロが，会社に関する公表
された重要な情報，従って市場価格に影響を与えるような情報の多くを
（most）を考慮しているという穏健な前提を置いているだけである。
Halliburton が引用する学説は，このような穏健な前提を否定するものでは
ない。

第2に，Halliburton は，投資者が市場価格の誠実性（integrity）を信頼
して投資を行うという，Basic 判決が仮定に置いている命題を攻撃する。
Halliburton は多くの例を引用するが，そのうち重要なのは，株式が過小評

価または過大評価されていると信じているバリュー投資家（value investor）であろう。しかし，Basic 判決はバリュー投資家の存在を否定するものではない。そのような投資家は，株価が最終的には重要な情報を反映すると暗黙のうちに信頼しているのである（そのような市場修正がないとしたら，どうやってバリュー投資家は利益を得るのか？）。たしかに，バリュー投資家は取引の時には価格を信頼していない。しかし，信頼の推定を受けるためには，合理的な期間内に市場が情報を反映すると信じていれば足りる。

　Halliburton およびその賛同者は，Basic 判決は，証券クラス・アクションを促進することにより，深刻で害のある結果を引き起こしてきたと主張する。しかし，そのような心配は議会によって対応されるべきものであり，すでに1995年の私的証券訴訟改革法（Private Securities Litigation Reform Act of 1995）によって対処されてきた。

（3）　法廷意見―クラス認可段階における反証（要旨）

　Halliburton は，Basic 判決を変更する２つの提案をしている。
　第１は，信頼の推定を発動させるために，原告は，不実表示の価格影響性を証明しなければならないというものである。たしかに，Basic 判決が採用した信頼推定の４つの要件（公表，重要性，市場の効率性，取引の時期）のうち，前３者は価格影響性に向けられたものである。しかし，Basic 判決の信頼推定の要件は２つの構成要素からなる。第１に，不実表示が公表されており，重要であり，かつ，一般的に効率的な市場で取引をしたことを原告が証明した場合には，彼は不実表示が価格に影響を与えたとの推定を受けることができる。第２に，原告が，関連する期間に市場価格で株式を購入したことを証明した場合には，彼は不実表示を信頼して株式を取得したとの推定を受けることができる。原告が価格影響性を直接に証明しなければならないという Halliburton の提案は，第１の構成要素を原告から奪うことになる。市場の効率性はあるかないかの命題ではないから，一般的に効率的な市場において，重要な不実表示が株価に影響を与えないこともあり得る。だからこそ，

Basic 判決は，特定の不実表示が価格に影響を与えなかったという反論の機会を被告に与えている。我々は，Basic 判決を半分廃棄することになる原告の主張を認めることはできない。

第2に，Halliburton は，クラス認可段階で，不実表示が株価に影響を与えなかったという証拠により，推定を覆すことを認めるべきだと提案する。我々はこの提案に賛成する。

従来から，クラス認可の段階で被告が価格影響性を否定する証拠を提出することは，それが，推定の反証ではなく，市場の効率性を反証する目的を持つ限り，認められてきた。しかし，このような限定は意味がなく，奇妙な結果を招く。たとえば，クラス認可の段階で，被告が6つのイベントに関するイベント・スタディを提示し，そのうちの1つが被告の不実表示であったとする。地裁が，市場は効率的であったが，不実表示に対しては市場の反応がなかったと認定した場合，これは信頼の推定を覆すものではないという理由でクラスを認可することはおかしい。

このようなおかしな結果は Basic 判決の論理とも矛盾する。Basic 判決の市場に対する詐欺理論の下で，信頼の推定を発動させる市場の効率性と他の前提条件は，価格影響性を間接的に証明するものである。そうだとすれば，被告には，価格影響性の直接的な反証を認めるべきである。

控訴裁判所は，Amgen 判決に依拠して，Halliburton はクラス認可の段階で価格影響性の反証を提出できないと判断した。しかし，Amgen 判決は，クラス認可の段階で原告が重要性を証明しなければならないかどうかについて判示したものである。重要性は Basic 判決の推定の前提条件であるが，それは連邦民事訴訟規則23条(a)項(3)号の支配性の要件と関連しないので，本案まで持ち越されると我々は判示した。EPJ Fund は，価格影響性の要件も重要性の要件と同じであるという。しかし，価格影響性は重要性と重要な点で異なる。価格影響性は，Basic 判決の基本的な前提であり，クラス認可段階の支配性の争点と深く関係している。

他の要件がクラス認可の段階で証明されているのであれば，クラスに共通

する要件である重要性を本案段階に持ち越したとしても，クラスの認可をあとで覆すような事態には至らない。これに対し，価格影響性については，クラス認可段階ですでに間接的な証拠が提示されているのであり，クラス認可段階で，直接的な証拠による価格影響性の反証を認めない理由はない。

（4）　Ginsburg判事，Breyer判事，Sotomayor判事による賛成意見（要旨）

価格影響性の考慮を本案段階からクラス認可段階へ早めることは，認可段階で利用できるディスカバリーの範囲を拡げることになる。もっとも，価格影響性がないことの立証責任は被告が負うので，本判決は証券訴訟の原告に追加的負担を課すものではない。以上の理解を前提として法廷意見に賛成する。

（5）　Thomas判事，Scalia判事，Alito判事による意見（実質反対意見，要旨）

Basic判決による信頼の推定は誤りであった。その理由は第1に，裁判所が，争いのある経済理論と投資家の行動についての誤った直観に依拠したからであり，第2に，それが，クラス認可を求める原告に，個別の争点より共通の争点が支配的であるという要件の立証を求める連邦民事訴訟規則23条に関する判例法に反するからである。第3に，推定された信頼は，ほとんど反証することが不可能であり，信頼の要件を廃止するのに等しいからである。

Basic判決が前提とする事実のうち，公表情報が市場価格に反映されているという点は，効率的資本市場仮説に立脚したものであるが，Basic判決以来，その経済理論は広く批判にさらされている。また，市場が公表情報を反映するにしても，正確に反映するとは限らないことを示す多くの実証研究がある。

Basic判決が前提とするもう一つの事実，すなわち投資家は市場の誠実性を信頼しているという点は，誤りである。多くの投資家は，市場が株式を過大評価または過小評価していると信じているからこそ，取引をしているので

あるし，他の投資家は，価格と関係のない理由で，たとえば流動性の需要，税金の考慮，ポートフォリオの組換えのために取引している。

多数意見は，穏健な前提を置くことで理論と現実を架橋しようとする。しかし，そのような穏健な前提は，Basic 判決の判決文言と整合しない。また，多数意見は，市場が過大評価・過小評価しているバリュー投資家も，将来，市場価格が公表情報を反映することを信じているというが，取引の際に市場価格が公表情報を反映していなければ，投資家は，公表情報が彼を取引に誘い込んだと主張することはできないはずである。

Basic 判決は，被告に反証の機会を与えているようにみえる。しかし，クラス認可の段階では，反証はクラス代表に対してのみ，なされるので，クラス代表の信頼を反証することは難しい。クラス認可後は，裁判所は信頼の要件の反証を拒絶してきた。信頼の反証を認めた事例は，何千もの規則10b-5訴訟中6件しかないという。Basic 判決は，信頼の要件を実質的に廃棄するのに等しい。

Ⅲ．検討

1．信頼の推定

（1） Basic 判決が効率的資本市場仮説に依拠するものでないこと

Basic 判決が出された1988年以降，情報に対する証券市場の効率性については，疑義を呈する実証研究が多数公表されており，市場に対する詐欺理論の基礎が揺らいできた。

多数意見は，市場に対する詐欺理論は，市場の効率性を前提とするものではないとして，Basic 判決を維持した。Basic 判決が特定の経済理論に依拠しているものでないことは，たしかにその通りである。しかし，「市場の効率性」は，依然として，信頼の推定のための要件の一つとされている。

学説では，Basic 判決は，市場に対する詐欺理論と効率的市場仮説を結び

つけたが，本来，ある証券の市場価格が詐欺情報を反映している限り，市場に対する詐欺理論により信頼を推定するために，証券市場が一般的に効率的であることを示す必要がないことが，比較的早くから指摘されてきた[5]。Halliburton Ⅰ および Halliburton Ⅱ では，多くの学者が裁判所の友（amici curiae）として意見を寄せたが，それらの多くも，裁判所は市場が効率的であるかどうかではなく，特定の不実表示が市場価格に影響を与えたかどうかに着目すべきであると指摘していた。

（2）　Bebchuk & Ferrell の見解

代表的な学説として，市場の効率性と信頼の推定との関係を例証している Bebchuk & Ferrell の論稿[6] を紹介したい。

一般に，市場は，利益を得る裁定機会（arbitrage opportunity）がない場合に効率的であると定義されてきた。しかし，第1に，裁定機会の存在は，詐欺による市場価格の歪曲（fraudulent distortion）の存在を否定するものではない（市場が効率的でなくても，詐欺による市場価格の歪曲は起こり得る）。

市場の効率性は3つの分野で争われてきた。①市場は長期的な収益を過大評価しているかどうか，②過剰なボラティリティの存在，③情報に対する市場の反応の鈍さである。

①　過大評価設例

市場の株価収益率が歴史的に15倍であったところ，現在，市場が長期的収益を過大評価し，20倍となっていた。企業が収益を1ドルのところ2ドルと不実表示した。株価は20ドルから40ドルに上昇し，不実表示の発覚により株価は20ドルに戻った。その後，市場は長期的な過大評価を修正し，株価利益倍率は15倍に戻り，株価は15ドルとなった。

5）Jonathan R. Macey et al., Lessons from Financial Economics : Materiality, Reliance, and Extending the Reach of Basic v. Levinson, 77 Va. L. Rev. 1017, 1021 (1991).

6）Lucian A. Bebchuk = Allen Ferrell, Rethinking Basic, 69 Bus. Law. 671 (2014).

この場合，クラスワイド（クラス横断的）な信頼を認めるかどうかにとって，不実表示によって株価が上昇したことが重要であり，株価収益率が過大評価されていたかどうかは関係がない。

② 過剰なボラティリティ設例

上の例で，株価が20ドルから40ドルへ上昇した。過剰なボラティリティのせいで，株価は，1時間ごとにランダムに38ドルから42ドルの間で変動していた。不実表示の発覚により株価は20ドルに戻ったが，同じ理由で，19ドルから21ドルの間で変動していた。

この場合も，クラスワイドな信頼を認めるかどうかについて，過剰なボラティリティの有無は関係がない。たしかに過剰なボラティリティは利益の機会を生じるが，不実表示によって価格が歪められていたことに変わりはない。

③ 鈍い市場反応設例

上の例で，良い情報に接して株価は20ドルから35ドルに上昇したが，翌週1週間かけて40ドルまで上昇した。不実表示が発覚すると株価は20ドルに戻った。

この場合も，不実表示の開示を受けて当該株式を取得した者が，市場価格の歪みの結果，15ドルないし20ドル余分に支払った事実には変わりがない。

第2に，裁定機会がない（市場が効率的である）ことは，不実表示が市場価格の歪みをもたらさない場合があることを否定するものではない。

④ 公表された情報設例

インターネット企業が，四半期収益を公表した。その数日後，サイトへの来訪者数が75％上昇したとの不実表示を公表。アナリストは来訪者数の情報を分析して，それが企業の収益性に与える影響を分析した。不実表示を公表したときも，それが不実であると発覚したときも株価に変化はなかった。

この場合，価格の歪みがないからクラスワイドな信頼は与えられない。市場が開示情報に反応しなかった理由（情報が重要でなかった，四半期収益の情報で株価が決定されていた，市場が虚偽情報を信頼していなかった等）が

なんであれ，重要なのは市場価格に歪みが生じたかどうかである。

⑤　埋没した情報設例

企業が，環境政策に関する公表された報告書（投資家の興味を惹かなかった）の中で，財務情報について不実表示をした。不実表示をしたときも，その発覚のときも，市場価格に変化はなかった。

この場合，クラスワイドな信頼は与えられない。情報が価格に反映されなかった理由は重要でない。重要なのは市場価格の歪みが生じていないことである。

Bebchuk & Ferrell は，信頼の推定法理は次のように改訂されるべきだと提案している（ゴシックが改訂のある箇所）。

改訂前

(1) **効率的な**市場で取引されている証券の価格は，公開され利用可能な会社に関する**すべての**情報を反映する。

(2) したがって，**効率的な**市場における証券の買主は，購入するに際して，**公開情報を**信頼したと推定されることができる。

(3) そして，証券の市場が**非効率的であるとき**，原告は**市場に対する詐欺**の推定を起動させることができない。

改訂後

(1) 市場で取引されている証券の価格は，公開され利用可能な会社に関する**いくつかの**情報を反映する。

(2) したがって，市場における証券の買主は，購入するに際して，**当該市場価格が詐欺的に歪められていないことを，たとえば，不実表示がなかったとしても異なる価格でないことを**信頼したと推定されることができる。

(3) そして，証券の市場が**詐欺的に歪められていないとき**，原告は**クラスワイドな信頼**の推定を起動させることができない。

（3） 判旨の検討

Halliburton II 判決は，判旨 2 で価格影響性（price impact）という概念を用いたが，これは詐欺による歪曲と同義であろう。多くの学説が主張するように，最高裁は，市場に対する詐欺理論を，市場の効率性を価格影響性に置き換えたものに修正すべきであった。しかし，判例を変更してもしなくても，信頼の推定を認めるという結論は変わらないので，最高裁は Basic 判決の修正を避けたものと思われる。

この結果，Halliburton II 判決によると，信頼の推定を受けるためには，市場が効率的であることを，依然として原告側が示す必要がある。市場の効率性の証明方法としては，Cammer 判決の示した 5 要因テストが用いられており，そこでは，①株式の取引量，②当該株式をフォローしていたアナリストの数，③マーケット・メーカーの数，④S-3 登録要件を充たすかどうか，⑤予期しない新事象に対する株価の反応を基準として，当該株式の市場が効率的であるか否かが決定される[7]。裁判実務上，このような効率性の検証が引き続き行われるようであれば，学説から批判されるだろう。

法廷意見は，バリュー投資家も，いずれは市場価格が情報を反映すると考えて投資しているから，市場の誠実性を信頼していると説明する。これに対し，反対意見は，バリュー投資家が取引のときに市場の誠実性を信頼していたかどうかが問題なのだとする。

この議論は，反対意見に分がある。ただ，そもそも市場の誠実性に対する信頼を問題にすること自体，レトリックにすぎないと思われる。バリュー資家は効率的でない市場の投資家像を反映したものであり，現実の市場には市場価格が情報を反映していると考えて取引を行う投資家とそう考えないがゆえに取引を行う投資家が併存することは否定できない。いずれの投資家についても，不実表示によって影響を受けた市場価格で取引を行えば，不実表示と取引との間の因果関係（取引因果関係）が認められるとすれば足りる。最

---

7 ）Cammer v. v. Bloom, 711 F. Supp. 1264 (1989), 池谷・前掲　48-49頁。

高裁は，市場の効率性を前提とするという理解の下で Basic 判決を変更しなかったので，このようなレトリックを用いざるを得なかったのである。

2．クラス認可段階での価格影響性の反証

（1）　価格影響性と損害因果関係

多数意見は，価格影響性（price impact）という概念を用いて，価格影響性は重要性と異なり，クラス認可段階で反証可能であるとした。果たして，価格影響性は重要性と異なるのか。また，損害因果関係とは異なるのか。

損害因果関係とは，投資家の取引と彼の被った損失との間の因果関係のことをいう。損害因果関係があるといえるためには，有価証券の取得時に不実表示によって市場価格が不当に吊上げられていたことを証明するのでは足りないとするのが判例（Dura 判決）[8]であり，不実表示の発覚が株価を下落させたことを示すことは損害因果関係の立証の一方法と考えられている。また，価格影響性とは，「被告の不実表示が実際に株価に影響を与えたか」（Halliburton II 判決）ということであるが，これも不実表示がされた時点のイベント・スタディを行うのは難しいことが多いので，不実表示の発覚時のイベント・スタディにより確認することになろう。そうすると，価格影響性と損害因果関係は同じ問題ではないかと思われる。

Coffee 教授は次のようにいう[9]。Halliburton I は，損害因果関係はクラス認可の段階では争えないとした。Halliburton II は，これを実質的に変更して，「価格影響性」はクラス認可段階で争えるとした。同じ証拠が損害因果関係の反証にも価格影響性の反証にも使えるのだから，法はいつもラベル貼りの問題である。Fox 教授も，価格影響性と損害因果関係とは実質的に同じ争点であるとする[10]。

---

8 ）Dura Pharmaceuticals, Inc. v. Broudo, 544 U. S. 336 (2005).
9 ）John C. Coffee Jr., "Death by One Thousand Cuts", Columbia Law School's Blog on Corporations and the Capital Markets (June 30, 2014), at http://clsbluesky.law.columbia. edu/2014/06/30/death-by-one-thousand-cuts/

これに対し Bebchuk & Ferrell は，例を挙げて，価格影響性（詐欺的歪曲）と損害因果関係とは異なるとする。

FDA 承認設例

　企業が，FDA が医療機器を承認するだろうという虚偽の公表をした。株価は直ちに10％上昇した。原告は，不実表示が市場価格に影響を与えたことを証明した。

　この場合，クラスワイドな信頼は認められる。しかし，詐欺的歪曲が経済損失を生じさせたことはまだ証明されていない。Dura 判決は，価格の吊上げだけでは経済損失の近因にならないとする。価格影響性は，損害因果関係の必要条件であるが十分条件ではない。

　もっとも，この例は，不実表示時のイベント・スタディで詐欺的歪曲を証明できる事例を前提としており，上記の疑問はなお払拭されないように思われる。

（2）　価格影響性の反証の程度

　実務上重要なのは，クラス認可の段階での反証に，どれくらいの負担が被告に課せられるのかという点である。Coffee 教授は次のような問題を設定する。たとえば，訂正情報の開示の際に市場価格が下落したが，その有意性は，通常求められる95％のレベルではなく90％のレベルであった。被告は，価格影響性を反証したと認められるか？

　また，Fox 教授は次のように論じる。

　クラス認可段階での被告による価格影響性の反証について，本案段階での原告による損害因果関係の立証と同程度のものを求めるとしたら，被告の反

---

10) Merritt B. Fox, "Halliburton Ⅱ: Who Won and Who Lost All Depends on What Defendants Need to Show to Establish No Impact on Price", Columbia Law School's Blog on Corporations and the Capital Markets (June 30, 2014), at http://clsbluesky.law.columbia.edu/2014/06/30/halliburton-ii-who-won-and-who-lost-all-depends-on-what-defendants-need-to-show-to-establish-no-impact-on-price/

証権は意味のないものとなる。すなわち，95％の信頼水準を要求するのでは意味がない。これに対し，原告が損害因果関係の立証ができないであろうことを被告が裁判所に説得することだけで，信頼の推定が反証されるのだとしたら，本判決は被告にとって意味がある。この場合には，価格影響性と実質的に同じ争点である損害因果関係を，クラス認可の段階で，原告に立証責任を負わせて行うことになる。

価格影響性の反証の程度は，下級審裁判例に委ねられた課題である。

（3） 不開示の場合とのバランス

発行者等が開示すべき情報を開示しなかった「不開示」の場合に，厳格な信頼の要件を課すと，原告は不開示の対象について，それが存在しないと信頼したことを立証しなければならないが，その証明はほとんど不可能である。そこで，判例[11] は，開示義務の存在と秘匿された事実の重要性の要件が充たされるならば，因果関係の要件は充足されるとする。この事件は対面取引の事例であったが，その後の裁判例は，公開市場取引についても不開示の場合には信頼の要件は不要である旨，判示している。

このように不開示の場合には，信頼の要件の充足が不要であり，クラス認可が認められるとすると，積極的な不実表示の場合に，クラス認可段階で価格影響性の反証が認められることとのバランスが問題になる。

Bebchuk & Ferrell は，詐欺的歪曲の有無を基準とするアプローチを不開示の場合に適用しない理由はなく，統一的なアプローチをとることで，不実開示と不開示のどちらに当たるかという恣意的な区分を解消することになるとする。不開示の場合には，ある事実が開示されなかったことが市場価格に影響を及ぼし，投資家の取引の原因となっている（取引因果関係が認められる）のであるから，価格影響性の反証も認められるべきであろう。

11）Affiliated Ute Citizens v. United States, 406 U. S. 128 (1972).

（4）　価格影響性と重要性

　重要性とは，合理的な投資家が投資判断にあたって当該表示を重要と考えたことを意味し，重要とは，当時，利用可能な情報の総体を大きく変えるかどうかで判断される。情報が重要であれば市場価格に影響を与えるから，価格影響性と重要性の異同が問題となる。

　本判決は価格影響性と重要性とは異なるとするが，判旨の掲げる価格影響性と重要性の相違は，性質の相違というよりも，クラス認可の段階で証拠が提出されているかどうかの相違にすぎず，理由づけがあまり説得的でない。

　Bebchuk & Ferrell は，価格影響性（詐欺的歪曲）と重要性は異なり，価格影響性の反証を認めることは重要性の要件の審理を先取りすることにはならないとして，次の例を挙げる。

鉱山設例

　アメリカの鉱山会社がオーストラリアに金鉱を所有している。CEO が鉱山を訪れ，鉱山技師と会話をし，帰国後，「鉱山技師と会話をした。金鉱はとても良いと思う（feel great about the gold mine）」と発言した。株価は10%上昇した。後になって，当該金鉱で金を産出することが不可能であると判明した。原告は，CEO の虚偽発言と市場に対するインパクトを証明した。

　クラスワイドな信頼は認められる。しかし，本案段階で，被告は表示の重要性を争う余地がある。なぜなら，事実の争点は，技師が CEO に話した内容はなにか，その内容（情報）は金鉱をどれだけ有望なものにするか，その情報は CEO の発言を導いたかといった点にあるから。市場に対する影響度と，表示が重要な点で誤解を生じるものを含んでいたかどうかは別問題である。

　筆者には，この設例のポイントが理解しにくいように思われた。

3．クラス・アクションへの影響

　従来，NYSE や Nasdaq で取引されている株式に関するクラス・アクションでは，クラス認可は自動的に与えられてきた。今後は，クラス認可段階で，被告が価格影響性を争えるようになるため，クラス認可段階がミニ・トライアル化する（クラス認可の段階でも，資料として専門家の証言を提出するなど，ディスカバリー類似の手続が行われるようである）。原告の費用負担は増え，訴訟は減少する可能性がある。

　被告は，①棄却の申立て，②クラス認可の申立て，③略式判決の申立ての３段階で争うことができるようになる。従来，証券クラス・アクションは略式判決申立ての前後で和解になることが多かったが，それよりも前で争うことが可能になったといえる（以上，主として Coffee 教授のコメントによる）。

　D&O 保険については，被告が価格影響性を争えるので，保険者の支払件数は減少するだろうが，価格影響性をめぐる争いが防御費用を増加させるだろう。保険業界において，クラス認可段階における価格影響性のイベント・スタディの費用を付保範囲とすべきかについて議論がされるだろうと言われている[12]。

4．日本法への示唆

　日本法に照らすと，信頼の要件および損害因果関係の要件は，相当因果関係の一部をなすものであり，不実表示の重要性も相当因果関係に関係する。また，明文で信頼の要件を課す条文はなく，証券クラス・アクション制度もないので，クラス・アクションの認可との関係で信頼の要件が問題とされることもない。そこで，わが国で，相当因果関係を論じる際にクラス・アクションに与える影響を考慮する必要はない。

---

12) Kevin M. LaCroix, The D&O Diary, at http://www.dandodiary.com/2014/06/articles/securities-litigation/halliburton-u-s-supreme-court-declines-to-overturn-basic-allows-defendants-to-rebut-presumption-of-reliance/

もっとも，不実表示に基づく投資家の損害は，不実表示と損害との間に投資家による投資決定という要因が入り込むため，因果関係を取引因果関係と損害因果関係を分けて分析することは有用である。アメリカの判例法の動向は，信頼，損害因果関係，重要性の概念の相互の関係について，一定の示唆を与えてくれるように思われる。

かつて，Fischel 教授は，市場に対する詐欺理論の論理を受け入れれば，公開市場での証券詐欺事件において，重要性，信頼，因果関係，および損害賠償額を別々に審査する必要はなくなり，不実表示が市場価格に人為的な影響を与えたかどうかのみが問題になると主張した[13]。つまり，因果関係を構成するすべての要件が価格影響性に収斂するという主張であるが，Fischel 教授の議論は市場の効率性を前提としたものであった。

今日，信頼の推定を行うには，市場が効率性である必要はなく，不実表示の価格影響性があれば足りることが判例・学説の共通理解となった。このように信頼の推定を行う前提条件を緩めた場合にも，価格影響性があれば，不実表示は重要で，不実表示と損害との間に因果関係が認められ，損害賠償額は価格に対する影響の幅によって決定されるといってよいだろうか。それとも Bebchuk & Ferrell の指摘するように，重要性，信頼，因果関係は本来異なる概念であり，市場が効率的である場合にも，それぞれの要件は別個に判断されなければならないのだろうか。この点については，わが国でも議論が尽くされる必要があると思われる。

米国判例の議論は，マーケットモデルを用いた損害額の算定と市場の効率性との関係に及んでいない。マーケットモデルを用いた損害額の算定を認めるためには市場が効率的である必要はあるだろうか。従来は，当然のように必要と考えられていた。しかし，Bebchuk & Ferrell の議論を参考にすると，つぎのようにいえるのではないだろうか。第 1 に，市場が株式の価値を過大

---

13) Daniel R. Fischel, Use of Modern Finance Theory in Securities Fraud Cases Involving Actively Traded Securities, 38 Bus. Law. 1, 13 (1982).

評価または過小評価しているとしても，虚偽記載から訂正情報の開示による市場価格の修正までの期間に，市場による過大評価・過小評価の状態に変化がなければ，マーケットモデルを用いた損害額の算定は影響を受けない。第2に，市場で過剰なボラティリティが観察されるとしても，市場価格の平均をとれば損害額の算定は影響を受けない。第3に，市場が迅速に情報を反映しないとしても，市場が情報を完全に反映した日を遅らせれば，損害額は正確に算定できる。このように考えると，損害額の算定にマーケットモデルを用いるためには，市場が情報に反応する状態（価格影響性）があれば足り，市場の効率性の厳密な証明は必要ないといえよう[14]。

---

14) 第79回私法学会シンポジウム「会社法・金商法における株式市場価格の意義と機能の探求」において筆者はそのように報告した。報告資料として，黒沼悦郎「金融商品取引法における株式市場価格の意義と利用」商事2076号（2015）9頁を参照。

証券訴訟を巡る近時の諸問題

～流通市場における提出会社の不実開示責任の過失責任化と
「公表日」の意義を中心に～

太 田 　 洋

I. はじめに

　流通市場における提出会社の虚偽開示書類に係る損害賠償責任（以下「不実開示責任」という）に関しては，平成16年12月1日に施行された旧証券取引法（以下「旧証取法」という）平成16年改正[1]において当該責任に関する特則規定が創設された[2]のを契機として，近年になって急速に裁判例が集積されつつあり，更に，当該責任の過失責任化等が盛り込まれた金融商品取引法（以下「金商法」という）平成26年改正[3]が平成26年11月29日に施行される等，近時，重要な法改正が相次いでいる。もっとも，流通市場における提出会社の不実開示責任に関連して問題となる法的な問題点は数多い。そこで，本稿では，紙幅の関係上，金商法平成26年改正に基づく当該責任の

※　本稿の執筆に際しては，西村あさひ法律事務所の同僚である森本凡碩及び杉浦起大両弁護士から資料収集等につき多大な協力を得た。ここに特に記して謝意を表したい。
1 ）平成16年法律第97号。
2 ）民事訴訟による責任追及を強化して，違反行為の抑止を図り，証券市場の公正性・透明性を向上させることを目的とする（大谷潤＝笠原基和＝西澤恵理＝佐藤光伸＝谷口達哉「新規上場企業の負担軽減および上場企業の資金調達の円滑化に向けた施策」旬刊商事法務2040号（2014）72頁参照）。もっとも，平成16年改正前の旧証取法においても，発行市場における提出会社及びその役員等の損害賠償責任並びに流通市場における役員等の損害賠償責任に関する特則は存在していた（平成16年改正前旧証取法18条，21条，22条，24条の4 ）。
3 ）平成26年法律第44号。

過失責任化に関連する論点と，金商法21条の２第３項・４項にいう「虚偽記載等の事実の公表がされた日」（以下「公表日」という）の意義に関する論点に絞って，解釈論上の問題を検討することとしたい。

Ⅱ．金商法平成26年改正による流通市場における提出会社の不実開示責任の過失責任化と「過失」の意義

1．金商法平成26年改正による流通市場における提出会社の不実開示責任の過失責任化

前述のとおり，流通市場における提出会社の不実開示責任に関しては，山一證券のいわゆる「飛ばし」による破綻とその後の証券訴訟の結果等が契機となって，旧証取法平成16年改正で，当該責任を無過失責任としつつ，損害額の推定規定を導入する等の改正がなされた。しかしながら，この流通市場における提出会社の不実開示責任の無過失責任化には，改正当初から立法論として批判する声があり[4]，「新規・成長企業へのリスクマネーの供給のあり方等に関するワーキング・グループ報告」と題する報告書（以下「WG 報告書」という）における提言を受けて，金商法平成26年改正では，主として以下の点を内容とする改正がなされた。第一は，当該責任の過失責任化であり，提出会社の損害賠償責任が無過失責任から過失責任に改められると共に，投資家による責任追及のため訴訟上の負担が過大とならないよう，提出会社には無過失の立証責任が課され，立証責任が転換された（改正後の金商法21条の２第２項）。第二は，損害賠償請求の請求権者の拡大であり，流通市場における虚偽開示書類の提出者又はその役員等に対する損害賠償請求権者に，当該虚偽開示書類が公衆縦覧に供されている間に有価証券を取得した者

4）岩原紳作＝神作裕之＝神田秀樹＝武井一浩＝永井智亮＝藤田友敬＝藤本拓資＝松尾直彦＝三井秀範＝山下友信『金融商品取引法セミナー【開示制度・不公正取引・業規制編】』（有斐閣，2011）126－129頁参照。

に加えて，有価証券を処分した者が加えられた（改正後の金商法21条の2第1項，22条1項）。これは，MBOの場合等，提出会社によって経営成績が悪いように見せかける虚偽記載等が行われる（いわゆる「逆粉飾」）おそれがあり，当該虚偽記載等を知らない処分者を保護する必要があるとの理由による改正である[5]。

　もっとも，この金商法平成26年改正では，重要な問題が解釈論に委ねられている。それは，過失責任化され，過失の立証責任が転換された流通市場における提出会社の不実開示責任に関して，提出会社はどのような事実まで主張立証すれば，無過失の立証責任を果たしたことになるのかという問題である。例えば，提出会社としては，流通市場における開示書類に虚偽記載等が存することにつき，①その役員に過失がないことを立証すれば足りるのか，それとも，②その従業員を含めた構成員全体に過失がないことまで立証しなければならないのか[6]，更には，③連結財務諸表のような連結ベースで作成される開示書類に虚偽記載等が存する場合には，連結子会社や関連会社まで含めたグループ全体の構成員の全てに過失がないことまで立証しなければならないのかが問題となる[7]。

　この点，金商法平成26年改正の際には特に条文上の手当てはなされておら

5）大谷ほか・前掲（注2）74頁参照。

6）金融審議会「新規・成長企業へのリスクマネーの供給のあり方等に関するワーキング・グループ」第8回議事の事務局説明資料（以下「WG事務局説明資料」という）においては，役員だけでなく従業員まで含めた提出会社の構成員全体を基準として，提出会社の過失を判断する立場が提案されていたが，その理由としては，①役員等を基準とすると，従業員に故意・過失がある場合に，提出会社が民法715条所定の使用者責任に基づく損害賠償責任を負う可能性があるにも拘わらず，投資者保護を目的とする金商法上の責任を負わないのは不当であること，②提出会社が，従業員の事業への従事を通じて利益を得ている以上，従業員の故意・過失による他人の損害について提出会社が損害賠償責任を負うことが公平であること（報償責任の原理），③提出会社全体のコンプライアンス向上へのインセンティブが高まることが挙げられていた（WG事務局説明資料9頁参照）。

7）WG報告書21頁においては，提出会社が損害賠償責任を負うのは「有価証券報告書等の『重要な』事項について虚偽の記載があった場合等に限定されており，そうしたケースは，通常，役員に何らかの注意義務違反がある場合が多いと考えられる」から，本文記載の①の立場に立っても②の立場に立っても，「結果的には実際には大きな違いは生じないものと考えられる」とされている。

ず，これは，WG 報告書において，「現時点においては，立法政策上，法令において特段の明記を行わず，個別の事情に応じた妥当な解釈に委ねることとしておくことが適当である」（同報告書21頁）を受けたものであると解される。なお，金商法平成26年改正の立案担当官は，①代表者である役員に，内部統制システム構築義務違反が認められる場合[8]，及び②営業担当の従業員が，自らの勤務成績をよく見せかけるため，社内の内部統制システムを潜脱して架空売上げを計上した場合には，提出会社に過失が認められることを示唆している[9][10]。

2. 証券訴訟における「過失」の意義

以上で述べた，金商法平成26年改正後の金商法21条の2第2項所定の，提出会社による無過失の立証が，どのような場合に成功したと判断されることになるのか，という問題を考えるに当たっては，金商法21条の2自体が民法の不法行為責任に関する特則を定めた規定であることに鑑みると，私法上，流通市場における提出会社の不実開示責任が問題となる場合に提出会社に過失があると判断されるためには，そもそも投資家はどのような事実を立証すればよいかを検討する必要がある。けだし，金商法平成26年改正による改正後の金商法21条の2第2項が立証責任の転換を定めている以上，同項に基づいて提出会社が立証すべき無過失の内容は，私法上，投資家が流通市場における提出会社の不実開示責任を問うために立証すべき過失の内容と，ちょう

---

8) もっとも，適切な内部統制を構築したという主張が，提出会社の無過失を基礎付ける主張として十分であるか等，提出会社の過失と内部統制構築義務との関係が不明であることを指摘するものとして，「〔スクランブル〕流通市場における虚偽記載等に係る賠償責任の過失責任化の影響」旬刊商事法務2029号（2014）86頁参照。なお，後掲の（注12）所掲の各文献も参照。

9) 大谷ほか・前掲（注2）73頁参照。

10) 有価証券報告書等の虚偽記載等に係る過失概念について論じた近時の文献として，藤林大地「不実開示に対する発行会社の故意・過失の意義」金融法務事情1997号（2014）25頁，武井一浩「金商法上の流通市場不実開示責任における会社の『過失』の解釈－『法と経済学』の観点を踏まえて－」旬刊商事法務2045号（2014）40頁等が挙げられる。なお，欧米の法制下における流通市場等での不実開示責任に関する状況については，溜箭将之「証券流通市場と民事責任〔上〕〔下〕」NBL995号（2013）27頁及び同996号（同）55頁が詳しい。

どコインの裏表の関係に立つはずであると考えられるからである。

　この点，参考になり得る裁判例としては，まず，IHI 事件東京地裁判決（東京地判平成26年11月27日 LEX/DB25505951）[11) が挙げられる。これは，東京証券取引所（以下「東証」という）市場１部にその株式が上場されているIHI が手掛けていたプラントの建設に際しての工事進行基準の適用が主として問題になった事案であり，旧証取法平成16年改正の施行後，金商法平成26年改正の施行前の事案であるが，その概要は，下記**【表１】**のとおりである。

【表１】 事案の概要

	事実関係
H18.12.15	・IHI が，連結中間純損益額を28億1,700万円の損失と記載した平成18年９月中間期半期報告書（以下「本件 IHI 半期報告書」という）を関東財務局長に提出（同半期報告書は，金商法２条７項の「有価証券届出書」（18条１項）及び「同法25条１項８号に掲げる書類」（21条の２第１項）に該当） ・IHI 株式の終値：397円
H19.1.9	・IHI は，関東財務局長に対し，本件 IHI 半期報告書を参照書類とする有価証券届出書を提出 ・IHI は，同月26日，同有価証券届出書に基づく一般募集（１億4,300万株）により536億3,072万円（売出価額は559億1,300万円），同年２月26日，同有価証券届出書に基づく第三者割当てによる募集（2,145万株）により80億4,460万8,000円を，それぞれ取得 ・IHI は，平成19年６月８日，関東財務局長に対し，本件 IHI 半期報告書を参照書類とする発行登録追補書類を提出し，同発行登録追補書類に基づく社債の募集により，同月18日，合計300億円を取得 ・IHI 株式の終値：386円
H19.6.27	・IHI は，連結当期純損益額を158億2,500万円の利益と記載した平成19年３月期有価証券報告書（以下「本件 IHI 有価証券報告書」という）を関東財務局長に提出（同有価証券報告書は，金商法２

---

11) なお，評釈としては，松岡啓祐「判批」TKC ローライブラリー新・判例解説 Watch Vol.18（2016）95頁がある。

	条 7 項の「有価証券届出書」（18条 1 項）及び「同法25条 1 項 4 号に掲げる書類」（21条の 2 第 1 項）に該当） ・IHI 株式の終値：447円
H19.9.28 （公表日）	・IHI が,「過年度決算発表訂正の可能性に関するお知らせ」と題する書面（「主としてエネルギー・プラント事業に係わる多額の損失見込みが報告されました」「長期大規模工事におけるコストダウン施策の一部に, その効果が適切に評価されておらず, 実現性が低いと想定されるものが約280億円あり, 平成20年 3 月期業績見通し公表値を修正すべきであることが確認されました。さらに, その一部は, 平成19年 3 月期決算時点にさかのぼって訂正を要する可能性のあることが判明しました」等の記載あり）を公表 ・IHI が,「業績予想の修正に関するお知らせ」（平成20年 3 月期の通期連結業績予想について営業利益が570億円下方修正されたこと, 及び「営業損失が最大で280億円加わる可能性があり」「営業利益を最大で△45,000百万に修正する可能性がある」旨が記載）を公表 ・IHI 株式の終値：361円
H19.12.11	・IHI が「業績予想の修正および過年度訂正に関する調査状況について」を公表（上記280億円のうち, 約180億円については平成19年 3 月期決算の訂正とし, 残りの約100億円は平成20年 3 月期の業績予想の修正に含めること, 平成19年 9 月28日付けの開示資料では業績予想の通期営業損失の修正幅として認識していた570億円のうち約120億円について平成19年 3 月期決算の訂正とすることなど, 平成18年 9 月中間期及び平成19年 3 月期決算の過年度訂正並びに平成20年 3 月期の業績予想の見通しを開示） ・同日は東証により IHI 株式の売買が停止されていたため, 同日の IHI 株式の終値は存在せず
H19.12.12	・IHI が「業績予想の修正および過年度決算の訂正に関する調査結果ならびに当社の対応方針のご報告」を公表し, 平成19年 3 月期, 平成18年 9 月中間期各決算（連結・個別）について, 売上高, 営業利益, 経常利益, 税引前利益についての訂正額を公表 ・IHI のエネルギー・プラント事業の業績予想修正に関する問題及び過年度決算の訂正の可能性に関する問題について究明することを目的とした社内調査委員会により,「調査報告書」が提出 ・社内調査委員会の調査内容及び結果を客観的に検証することを目的とした, IHI と利害関係のない法律及び会計の専門家により構

証券訴訟を巡る近時の諸問題　　*101*

	成される社外調査委員会により，「株式会社 IHI のエネルギー・プラント事業における業績悪化に関する社外調査委員会調査報告書」が提出 ・IHI 株式の終値：216円
H19.12.14	・IHI が「過年度決算短信（連結・個別）の一部訂正について」を公表し，平成19年3月期・平成19年9月中間期各決算（連結・個別）について，具体的に確定した過年度決算訂正額を公表 ・IHI が「業績予想の修正に関するお知らせ」を公表し，平成20年3月期・同年9月中間期業績（連結・個別）について，業績予想の修正額を公表 ・IHI 株式の終値：224円
H20.2.25	・IHI が，東証等からの要請を受けて，改善報告書を提出 ・IHI 株式の終値：219円
H20.7.9	・金融庁長官が，IHI は，①売上の過大計上及び売上原価の過少計上等により，ⅰ）連結中間純損益が100億9,500万円の損失であったにもかかわらず，これを28億1,700万円の損失と記載するなどした中間連結損益計算書を掲載した本件IHI半期報告書を提出し，ⅱ）連結当期純損益が45億9,300万円の損失であったにもかかわらず，これを158億2,500万円の利益と記載するなどした連結損益計算書を掲載した本件 IHI 有価証券報告書をそれぞれ関東財務局長に対して提出し，もって金商法172条の2第1項又は第2項に規定する「重要な事項につき虚偽の記載がある」有価証券報告書等を提出し，②本件 IHI 半期報告書を参照書類とする有価証券届出書を提出し，同届出書に基づく一般募集等により，株券を取得させるなどし，もって金商法172条の2第1項第1号に規定する「重要な事項につき虚偽の記載がある」発行開示書類に基づく募集により有価証券を取得させた等として，15億9,457万9,999円の課徴金の納付を命ずる旨を決定 ・IHI 株式の終値：196円
⇒	原告らが，IHI が関東財務局長に対して平成18年12月15日に提出した平成18年9月中間期半期報告書（本件 IHI 半期報告書）及び平成19年6月27日に提出した平成19年3月期有価証券報告書（本件 IHI 有価証券報告書）中に，それぞれ重要な事項について虚偽の記載があり，原告らが流通市場又は発行市場において，虚偽の記載に係る情報を信用して IHI 株式を取得したことにより損害を被ったなどと主張して，IHI に対し，ⅰ）流通市場で取得

した原告らにつき金商法21条の２第１項又は第２項（予備的），会社法350,
条，民法709条に基づき，ⅱ）発行市場で取得した原告らにつき金商法18条
１項・19条，会社法350条，民法709条に基づき，それぞれ損害賠償金及び
これらに対する各株式取得日（不法行為による損害発生の日）から民法所
定の年５分の割合による遅延損害金の支払いを求めた事案
※　旧証取法平成16年改正後の事案

　この件で虚偽記載等がなされたとして問題となったのは，IHI の平成18年
９月中間期半期報告書（本件 IHI 半期報告書）及び平成19年３月期有価証券
報告書（本件 IHI 有価証券報告書）である。具体的には，IHI は，問題となっ
たプラントの建設に関して工事進行基準を適用して会計処理をするに当たっ
て，売上げの過大計上及び売上原価の過少計上を行い，連結中間純損益が実
際は100億9,500万円の損失であったにも拘らず，これを28億1,700万円の損失
と記載する等した中間連結損益計算書を掲載した本件 IHI 半期報告書を提出
し，また，連結当期純損益が実際は45億9,300万円の損失であったにも拘らず，
これを158億2,500万円の利益と記載する等した連結損益計算書を掲載した本
件 IHI 有価証券報告書を提出し，これらによって，「重要な事項につき虚偽
の記載があ」る有価証券報告書等を提出したということで，金融庁から15億
9,457万円余りの課徴金の納付を命じられている。

　また，本件では，本件 IHI 半期報告書を参照書類とする有価証券届出書に
基づき，一般募集の方法による新株発行（１億4,300万株。調達金額は536億
3,072万円）と第三者割当ての方法による新株発行（2,145万株。調達金額は80
億4,460万8,000円）とが行われていたため，流通市場において IHI の株式を取
得した原告らと発行市場において IHI の株式を取得した原告らとが存在する
が，流通市場で株式を取得した原告らは，金商法21条の２第１項・第２項に
基づく請求に加えて，会社法350条，更に民法709条に基づく損害賠償を請求
し，発行市場で株式を取得した原告らは，金商法18条１項・19条に基づく請
求の他に，会社法350条，更に民法709条に基づく損害賠償を請求している。

　本判決は，損害額の算定に関して，金商法21条の２の損害額推定規定等と

の関係でも非常に興味深い判断を示しているが，本稿で焦点を当てている証券訴訟における「過失」の意義との関係でも，注目すべき判断を示している。

即ち，本判決は，結論的に，原告らの会社法350条に基づく任務懈怠責任の請求も民法709条に基づく不法行為責任の請求もいずれも認めず，金商法に基づく損害賠償請求だけを一部認めている。具体的には，本判決は，まず，会社法350条の任務懈怠責任については，「原告らは，…改善報告書や検査報告書の指摘内容を援用し，リスク管理体制構築・運用義務違反をいうものの，構築・運用すべきであったリスク管理体制の具体的な内容や，どのような管理体制を構築・運用していれば本件虚偽記載の発生を防止することができたかということについて，具体的な主張，立証をしていないのであって，本件全証拠をみても，被告が『リスク管理体制を整備していた』とすれば本件虚偽記載を回避することができたということを認めるに足りる証拠はないというほかはない」としつつ，結論的に，「会社法上，取締役らが善管注意義務の一内容として，本件虚偽記載を防止するためのリスク管理体制を構築すべき義務を負うことがあるとしても，かかる義務は会社に対する関係で負うものであるから，特段の事情がない限り，当該義務の違反が直接会社以外の第三者に対する関係で会社法350条の任務懈怠や民法上の不法行為を構成するということはできない」〔傍点筆者〕と判示している[12]。また，民法709条に

---

12) 後述の日本システム技術事件最高裁判決との関係で，野村修也「判批」江頭憲治郎ほか編『会社法判例百選〔第2版〕』（2011）113頁，木村真生子「同事件一審判決判批」ジュリスト1374号（2009）102頁，酒井太郎「判批」判例評論617号（2010）34頁，川島いづみ「判批」法学教室354号別冊付録判例セレクト2009〔II〕（2010）20頁，弥永真生「判批」ジュリスト1385号（2009）60頁らは，本判決と同様，第三者が（直接的には会社に対する義務である）内部統制システム構築義務違反を根拠に法人の不法行為責任を追及することができるか疑問視する。他方，反対説として，山本将成「判批」法政論集264号（2015）452−453頁（「金融商品取引法を遵守し，投資者に損害を与えないようにする注意義務を会社および取締役は負い，取締役はその一環として，金融商品取引法に従い適正な会社の財務情報を開示することを確保するための内部統制システム構築義務を投資者に対して負っているものと解することができよう」とする），落合誠一『会社法要説』（有斐閣，2010）100頁脚注4（もっとも，「過失の対象が被害者に対する関係か（350条），それとも会社に対する関係か（423条）の相違はある」とも述べる），首藤優「同事件一審判決判批」法学新報116巻5＝6号（2009）177頁，鳥山恭一「判批」法学セミナー663号（2010）121頁参照。

基づく不法行為責任についても，過失の有無に関して，原告らが，ⅰ）上場会社として適正な有価証券報告書を提出すべき義務があったにも拘らず，虚偽の内容を含む本件各報告書〔注：本件 IHI 半期報告書及び本件 IHI 有価証券報告書〕を提出した，更に，ⅱ）適切なリスク管理体制を構築し，機能させる義務を怠った過失があるという主張をしたのに対して，本判決は，「被告が本件各報告書を作成し，提出する一連のプロセスにおいて具体的にいかなる注意義務違反があったのかについて具体的な主張，立証をしていない」と述べた上で，「リスク管理体制に関する原告らの主張は，本件虚偽記載が発生したことに対する『過失』を構成するものとは限らず，〔原告らは〕構築・運用すべきであったリスク管理体制の具体的な内容や，どのような管理体制を構築・運用していれば本件虚偽記載の発生を防止することができたかということについて，具体的な主張，立証をしていないのであって，本件全証拠をみても，被告について，本件虚偽記載を発生させたことについての過失を認めるに足りる証拠はない」と判示している。

　このように，本判決は，①有価証券報告書等において虚偽記載等がなされることを防止するための適切なリスク管理体制を構築しなかった，又はそのようなリスク管理体制システムを機能させなかった，というだけでは，提出会社以外の第三者たる投資家に対する関係で会社法350条の責任要件である任務懈怠や民法709条の責任要件である過失が存するとは認められず，②当該投資家との関係で民法709条の責任要件である過失が存すると認められるためには，有価証券報告書等を作成し，提出する一連のプロセスにおいて，提出会社（又はその役職員）に具体的にいかなる注意義務違反があったのかを特定して具体的な主張立証を行う必要がある，との考え方を採っているものと解される。

　本判決は，金商法平成26年改正により流通市場における提出会社の不実開示責任が過失責任化される前の事案についての裁判例であるが，以上で述べたような本判決の考え方からすると，論理的には，提出会社が，有価証券報告書等の虚偽記載等につき，金商法21条の２第２項に基づき無過失である旨

を立証するためには，ⅰ）単に，虚偽記載等がなされることを防止するための適切なリスク管理体制を構築し，且つ，そのようなリスク管理体制システムを機能させていたことを立証するだけでは不十分であり，ⅱ）問題となった有価証券報告書等を作成し，提出する一連のプロセスにおいて，提出会社（又はその役職員）が果たすべき注意義務の内容を具体的に特定した上で，かかる義務の違反がないことまで主張立証しなければならない，ということになるように思われる。なお，そのように考えると，有価証券報告書等を作成し，提出する一連のプロセスにおいて，提出会社（又はその役職員）が果たすべき注意義務は，具体的にはどのような注意義務から構成されるのかを特定しなければならないことになるが，そのような注意義務には，抽象的には，会社の取締役（及び監査役）が，財務報告に関する内部統制システム（情報開示システムを含む）を適切に構築し，運用すべき義務が当然に含まれるように思われるものの，本判決の判示からは，それ以外にどのような具体的内容の注意義務まで含まれるかは判然としない。

　その他，参考となり得る裁判例としては，日本システム技術事件最高裁判決（最一小判平成21年7月9日判例時報2055号147頁）が挙げられる[13]。

　この判決の事案は，東証市場2部上場会社である日本システム技術の従業員らが営業成績を上げる目的で架空の売上げを計上したため，同社が提出した有価証券報告書に不実の記載がなされ，その後当該事実が公表されて同社の株価が下落したという状況において，当該事実の公表前に同社の株式を取得した原告が，同社に対して，会社法350条に基づく損害賠償を請求した，というものである（旧証取法平成16年改正の施行前の事案）。かかる事案につき，最高裁は，日本システム技術は，職務分掌規定等を定めて事業部門と財務部門を分離するなど，通常想定される架空売上げの計上等の不正行為を防止し得る程度の管理体制は整えていたものということができること等を理

13）松井秀征「判批」私法判例リマークス41（2010）89頁は，「かりに将来的に当該規定〔注：金商法における発行会社の無過失責任の規定〕が過失責任規定に変じられるようなことがあれば，本判決の射程が当該過失の判断に及ぶということはありうるだろう」と述べる。

由として，代表取締役であるＡに，従業員Ｂらによる本件不正行為を防止するためのリスク管理体制を構築すべき義務に違反した過失があるということはできないと判示し，原審判決を取り消して，原告の損害賠償請求を否定した。

この判決の判示に従う限り，提出会社の代表取締役が適切なリスク管理体制を構築し，運用していれば，たとえ有価証券報告書等に虚偽記載等が存しており，当該虚偽記載等が存していた旨の事実の公表前に株式を取得した者があった場合でも，その者との関係で提出会社が会社法350条に基づく損害賠償責任を負うことはないものと解される。そうであるとすれば，この日本システム技術事件最高裁判決の考え方と，前述したIHI事件東京地裁判決が示唆する，有価証券報告書等に虚偽記載等がなされることを防止するための適切なリスク管理体制を構築し，且つ，そのようなリスク管理体制システムを機能させていたことを立証するだけでは，金商法21条の２第２項にいう無過失の立証としては不十分であるという考え方とは一見矛盾するようにも見える。

しかしながら，日本システム技術事件の事案では，原告は，同社に対して民法709条及び715条に基づく損害賠償請求は行っておらず，専ら会社法350条に基づく責任追及だけを行っており，且つ，いささか不可解なことに，（平成16年12月１日より前に有価証券報告書を提出していた場合にも適用のあった）旧証取法平成16年改正前の同法24条の４及び22条に基づく提出会社役員に対する責任（過失責任ではあるが，旧証取法21条２項により立証責任は転換されていた）を追及することは可能であったにも拘らず，かかる責任は追及していない[14]。

つまり，日本システム技術事件の事案では会社法350条に基づく損害賠償責任しか追及されていなかったところ，IHI事件東京地裁判決が述べるとお

14）髙島志郎「日本システム技術事件最高裁判決の検討」旬刊商事法務1876号（2009）32頁脚注12参照。

り，そもそも，会社法上，取締役らが善管注意義務の一内容として，虚偽記載等を防止するためのリスク管理体制を構築すべき義務を負うことがあるとしても，かかる義務は会社に対する関係で負うものであるから，特段の事情がない限り，当該義務の違反が会社以外の第三者に対する関係で直ちに会社法350条に基づく責任[15]を生ぜしめるとはいえないはず[16] [17]であり，日本システム技術事件最高裁判決は，提出会社の代表取締役が適切なリスク管理体制を構築，運用すべき義務を怠っていたということすら立証されなかった場合には，有価証券報告書等に虚偽記載等が存しており，当該虚偽記載等が存していた旨の事実の公表前に株式を取得した者があった場合でも，その者との関係で提出会社が会社法350条に基づく損害賠償責任を負うことはないということを述べたに止まると理解すべきように思われる。

　従って，日本システム技術事件の事案で，仮に原告が会社法350条（代表者の行為に基づく会社の損害賠償責任）の他に，民法709条（不法行為）及び715条（使用者責任）に基づいて損害賠償請求を行っていた場合には，本件では，提出会社の代表取締役は架空売上げの計上等は全く知らなかった一方で，従業員は故意で架空売上げの計上を行っていたのであるから，提出会社が損害賠償責任を負うものと判断される可能性も存していたのではないかとも思われる。もしそうであれば，IHI事件東京地裁判決の判断枠組みと日

---

15) 会社法350条に基づく会社の責任が生じるためには，当該会社の代表取締役において第三者に対する不法行為が成立する必要がある（松井・前掲（注13）89頁参照）。

16) なお，弥永・前掲（注12）61頁は，取締役が適切な内部統制システムを構築していなかった場合には，取締役に任務懈怠があるとされ，その結果，会社法429条に基づき取締役が第三者に損害賠償責任を負うことがあることは格別，取締役が適切な内部統制システムを構築していていなかったことが，民法709条との関係で，第三者に対する過失にあたると直ちには評価することはできない点に留意する必要があるとする。

17) 松井・前掲（注13）89頁は，そもそも本判決の事案で直接に問題となるべき過失ある行為とは，厳密には内部統制システム構築に係る行為ではないと述べ，本事案におけるリスク管理体制構築義務違反は，過失が結果回避義務として理解されることとの関係で，当該結果回避義務の具体的内容としてリスク管理体制構築義務が論じられているということであると分析する。その上で，本判決で，代表取締役において「本件不正行為の発生を予見すべきであったという特別な事情」といった予見可能性が特に論じられているのは，過失要件との関係で理解されるものであろうと論じる。

本システム技術事件最高裁判決の判断枠組みとの間には，理論的な不整合は存しないことになる。

3．改正後の金商法21条の2第2項所定の無過失の立証責任が果たされたといえるのはどのような場合か

　以上の検討の結果を踏まえて，平成26年金商法改正後における同法21条の2第2項所定の無過失の立証責任が果たされたといえるのはどのような場合かについて，以下，検討する。

　この点に関して従来唱えられてきた解釈論としては，イ説：提出会社の取締役（及び監査役）に虚偽記載等を防止するためのリスク管理体制の構築・運用義務に違反したという過失が存しないことだけを立証すれば足りるという説及びロ説：リスク管理体制の構築・運用義務に違反した過失が存しないということを立証しただけでは足りず，提出会社の役員のみならず従業員まで含めた提出会社の構成員全体を基準として提出会社に過失が存しないことまで立証しなければいけないという説の二つが挙げられる。

　前者のイ説は，武井一浩弁護士が提唱している説である[18]が，平成26年金商法改正後の同法21条の2第2項は，民法709条や715条などの民事上の不法行為責任に関する一般原則を当然の前提として，単に過失の立証責任を提出会社側に転換する（提出会社に無過失の立証責任を課す）だけの規定であるにも拘らず，何故，虚偽記載等を防止するためのリスク管理体制の構築・運用義務に違反したという過失が存しないことだけを立証すれば，提出会社の役員や従業員（例えば，経理担当役員や経理部長等）の故意又は過失により有価証券報告書等に虚偽記載等がなされたような場合でも提出会社は免責されることになるのかについて，民法709条及び715条との関係を十分に分析し切れていないように思われる。

　他方，後者のロ説は，WG事務局説明資料が示唆している考え方であっ

18）武井・前掲（注10）48−49頁参照。

て[19]，イ説と異なり，民法709条及び715条との関係にも配慮がなされているが，役員のみならず従業員までも含めた提出会社の構成員全体を基準として過失が存しないというのは一体どのような場合なのかが明確ではなく，提出会社が平成26年金商法改正後の同法21条の2第2項に基づき無過失を立証するためには具体的にどのような事実を立証すべきかが不明確である，という難点が存する。更に，「役員のみならず従業員まで含めた提出会社の構成員全体を基準として過失が存しない」ということを厳密に捉えると，たとえ従業員のうち一人であっても提出会社が提出した有価証券報告書等における虚偽記載等につき過失があれば，無過失の立証がなされたとはいえないという結論に逢着しかねないが，およそ有価証券報告書等に虚偽記載等が存する以上，提出会社の役職員の全てに何ら過失が存しないということは考え難く，これでは，金商法平成26年改正が，流通市場における提出会社の不実開示責任につき過失責任化を図った趣旨が没却されることになってしまう。

　その他，仮にこのロ説が妥当であるとした場合には，特に，連結財務諸表など連結ベースで作成された文書が有価証券報告書等に組み込まれているときに，当該有価証券報告書等の連結子会社又は関連会社（以下，場合により「子会社等」ということがある）に係る記載等に虚偽記載等が存する場合には，「役員のみならず従業員まで含めた提出会社の構成員全体」を基準として過失が存しないという状態とは果たしてどのような状態であるのかも問題となる。具体的には，例えば，提出会社の役職員には当該虚偽記載等につき故意も過失も全く存しないが，その連結子会社の役職員には故意又は過失が存する場合には「提出会社の構成員全体を基準として過失が存しない」場合に当たるのか，更には，提出会社及びその連結子会社の役職員には当該虚偽記載等につき故意も過失も全く存しないが，その関連会社の役職員には故意又は過失が存する場合には「提出会社の構成員全体を基準として過失が存しない」場合に当たるのかは，およそ不明確という他ない[20]。

19）WG 事務局説明資料9頁参照。

以上に鑑みると，この問題については，提出会社の取締役，執行役若しくは監査役等の役員又は提出会社の会計処理や有価証券報告書等の作成等の業務に直接関与する従業員（以下「経理・情報開示部門従業員」という）の故意[21]に基づき有価証券報告書等の虚偽記載等が生じたのでなければ，①当該有価証券報告書等の作成及び提出時において，提出会社の役員又は経理・情報開示部門従業員に虚偽記載等の発生を予見すべきであったという特別な事情が存せず，かつ，②提出会社の取締役（及び監査役）に虚偽記載等を防止するためのリスク管理体制（子会社管理体制を含む）の構築・運用義務に違反する過失が存しなかったことを立証すれば，平成26年金商法改正後における同法21条の２第２項所定の無過失の立証責任が果たされたといえるものと解するのが妥当であるように思われる（ハ説）[22]。そのように解する理由は以下のとおりである。

第一に，前述したとおり，およそ有価証券報告書等に虚偽記載等が存する以上は，提出会社の従業員にも当該虚偽記載等につき少なくとも過失が全く存しないということは事実上考えられず，提出会社の従業員の無過失まで立証させるということは，実質的に流通市場における提出会社の不実開示責任について無過失責任を維持していることと変わらないことになってしまう。従って，有価証券報告書等の虚偽記載等につき，提出会社の従業員全てに故意又は過失が存しないことまで要求すべきではない。

第二に，提出会社の子会社等の役員又は従業員の故意により虚偽記載等が生じたとしても，提出会社は子会社等とは法人格が異なる以上，提出会社に

20）金商法平成26年改正後の同法21条の２第２項が連結子会社の役員・従業員の故意・過失まで提出会社に帰属せしめる趣旨なのか不分明であると指摘する論考として，藤林・前掲（注10）30頁。

21）提出会社の経理・情報開示部門従業員以外の従業員，並びに提出会社の連結子会社及び関連会社の役員及び従業員の故意は除く。

22）この点，金融商品取引法研究会編『金融商品取引法研究会研究記録第53号　証券訴訟を巡る近時の諸問題─流通市場において不実開示を行った提出会社の責任を中心に─』（日本証券経済研究所，2015）（以下「研究記録第53号」という）９－10頁及び55頁で述べた私見を一部修正する。かかる修正は，金融商品取引法研究会における議論，とりわけ，神田秀樹教授の示唆に基づくものである（研究記録第53号37－38頁〔神田発言〕参照）。

はそれらの者の不法行為につき民法715条所定の使用者責任は存しないのであるから，金商法上も損害賠償責任を認めるべきではない（金商法上の民事責任に関する特則は，その部分について責任を拡張する趣旨まで含むとは解されない）。

　第三に，インセンティブ構造の面からも，提出会社の役員又は経理・情報開示部門従業員の故意に基づき有価証券報告書等の虚偽記載等が生じたのではなく，かつ，それらの者に当該虚偽記載等の発生を予見すべきであったという特別な事情が存しない限り，提出会社に虚偽記載等を防止するためのリスク管理体制（子会社管理体制を含む）の構築・運用義務を果たすことを超えた義務まで負わせることは過重な負担となるといわざるを得ない。

　第四に，上述した私見については，提出会社の経理・情報開示部門従業員以外の従業員（以下「非経理・情報開示部門従業員」という）の故意により虚偽記載等が生じた場合に，民法715条の使用者責任との関係をどのように解するかが問題となるが，そもそも民法715条についても，その1項但書で，使用者は被用者の選任及びその事業の監督に相当の注意を払ったことを証明すれば使用者責任を免れるものとされており，そうである以上，民法715条1項に但書が設けられている趣旨にも鑑みれば，民事上の不法行為責任の特則規定である金商法21条の2第2項により過失の立証責任が転換された場合[23]においても，提出会社は，その役員についてはともかくとして，少なくとも有価証券報告書等の作成に直結する業務を担当する経理・情報開示部門従業員の選任及び監督に相当の注意を払ったことさえ証明すれば，提出会社としては，虚偽記載等に関する責任を免れると解すべきである[24] [25]。

　従って，ⅰ）提出会社の役員又は経理・情報開示部門従業員の故意に基づき有価証券報告書等の虚偽記載等が生じたのではなく，かつ，ⅱ）当該有価証券報告書等の作成及び提出時において，提出会社の役員及び有価証券報告

23）金商法21条の2第2項による過失の立証責任の転換は，あくまで提出会社に無過失の立証責任を負わせただけの規定であり，元々利用可能であった民法715条1項但書所定の事項の立証による免責を否定する趣旨まで含んでいるとは考えられない。

書等の作成に直結する業務を担当する経理・情報開示部門従業員において当該虚偽記載等の発生を予見すべきであったという特別な事情が存せず，更に，iii）虚偽記載等を防止するためのリスク管理体制（子会社管理体制を含む）を構築し，適切に運用する義務を負っている提出会社の取締役（及び監査役）

---

24) 他方，民法715条1項但書の文言に照らすと，会計処理や有価証券報告書等の作成・提出業務に直接関与する従業員に虚偽記載等につき故意又は過失があった場合には，そういった従業員を会計処理や有価証券報告書等の作成等に直接関与する業務に選任したこと自体に過失があった，又はその監督が十分ではなかったと解されることになると思われ，結論的には，提出会社の取締役及び監査役に，虚偽記載等を防止するためのリスク管理体制（子会社管理体制を含む）を構築し，適切に運用する義務に違反する過失が存しなかったとは認められないことになろう。

25) なお，国税通則法68条1項に定める重加算税の適用要件である隠ぺい・仮装行為の主体に関して，会社の役員又は従業員を含む第三者の行為を会社の行為と同視し得るかという問題について，学説は，(i)納税者本人に隠ぺい・仮装の認識があることを要するとの見解，(ii)同一利害関係集団に属する者の隠ぺい・仮装であることを要するとの見解，(iii)行為者の地位，権限，目的等を考慮して納税者本人の行為と同視し得ることを要するとの見解，(iv)法人の組織的な行為として行われていることを要するとの見解等に分かれているところであるが，(iii)の見解が有力であり（例えば，品川芳宣『附帯税の事例研究〔第3版〕』（財経詳報社，2002）319頁，酒井克彦「最近の重加算税の取扱いについて」租税研究669号（2005）43頁等），裁判例も，かかる見解を採用しているものが多いとされている。そして，判例では，一般的に，会社の役員又は従業員の横領又は詐欺等の不法行為に基づき過少申告がなされた場合に，納税者（当該役員又は従業員が属する法人）に重加算税が賦課されるか否か（役員又は従業員の隠ぺい・仮装行為が，納税者の行為と同視されるか否か）の判断に当たっては，従業員等の地位・権限（一任の有無），職務内容，職務の重要性，会社による内部管理（管理・監督）の有無等が重要な考慮要素とされており，とりわけ，従業員が隠ぺい・仮装行為を行っていた場合に関しては，当該従業員が，決算や確定申告に関わる帳簿・資料の作成を任されていた主要な経理職員であったか否かが重視されている。例えば，従業員の不法行為が行われた事案で，従業員の属する法人に重加算税を賦課した代表的な裁判例である東京高判平成21年2月18日訟務月報56巻5号1644頁〔最決平成21年7月10日の上告棄却及び不受理決定により確定〕では，経理部長が架空の外注費を詐取していた事案に関し，「上記認定…によれば，Aが隠ぺい，仮装行為をし，被控訴人は，それに基づき架空外注費を計上して確定申告を行ったものである。そして，…Aは，被控訴人の経理業務の責任者で実務上の処理を任されていた者であり，かつ，被控訴人としても，容易にAの隠ぺい，仮装行為を認識することができ…，認識すればこれを防止若しくは是正するか，又は過少申告しないように措置することが十分可能であったのであるから，Aの隠ぺい，仮装行為をもって被控訴人の行為と同視するのが相当である」と判示している。また，同様の裁判例である，大阪高判平成13年7月26日訟務月報48巻10号2567頁〔最一小決平成13年12月20日税務訴訟資料251号順号9040の上告不受理決定により確定〕では，経理職員が総勘定元帳における収入の圧縮や架空計上により売上除外等の横領行為を行った事案に関し，「控訴人は…甲野に重要な経理帳簿の作成等を任せきり，納税の際にも甲野が作成した経理帳簿等に基づき作成された総勘定元帳や決算書類等で申告を行ったところ，これら経理帳簿等に虚偽の記載が存在したため，客観的にみて，控訴人が仮装・隠ぺいの事実に基づく申告をなしたことになったのであるから，重加算税賦課の要件を満たしており，本件各重加算税賦課決定に違法はない」と判示されている。

には当該リスク管理体制の構築・運用義務に違反する過失が存しなかったことが立証されたときは、たとえ提出会社の非経理・情報開示部門従業員の故意又は過失によって当該虚偽記載等が生じた場合であっても、提出会社は、民法715条1項但書（もっとも、後述するとおり、私見は金商法21条の2第2項所定の無過失の立証に際して、民法715条1項但書が直接適用されると主張しているわけではない）において使用者が被用者の選任及び監督に相当の注意を払っていた場合に免責が認められている趣旨に照らして、提出会社に免責が認められると解し得るように思われる。

　第五に、上述した私見については、民法715条1項但書による免責を認めた裁判例は大審院時代に数件あるのみ[26]で、戦後になってからはほとんど例がなく[27]、一般的に空文化していると評されている[28]点が問題となる。しかしながら、ここで議論の対象となっている金商法21条の2第2項の無過失の立証責任はどのような場合に果たされたものと解し得るか、という点との関係では、民法715条1項が直接適用される場合ですら、同項但書所定の場合には（少なくとも条文上は）免責が認められる以上、金商法21条の2第2項に基づく過失の立証責任の転換は、民事上の不法行為責任の原則に対する例外規定であることにも鑑みれば、謙抑的な解釈がなされるべきであって、結論的に、ⅰ）提出会社の役員又は経理・情報開示部門従業員の故意に基づき有価証券報告書等の虚偽記載等が生じたのではなく、かつ、ⅱ）当該有価証券報告書等の作成及び提出時において、提出会社の役員及び有価証券報告書等の作成に直結する業務を担当する経理・情報開示部門従業員において当該虚偽記載等の発生を予見すべきであったという特別な事情が存せず、更に、ⅲ）虚偽記載等を防止するためのリスク管理体制（子会社管理体制を含む）

26）大判大正6年1月26日法律新聞1225号31頁、大判大正8年2月21日民録25輯321頁、大判大正10年8月10日民録27輯1440頁、大判昭和15年5月8日法律新聞4580号7頁参照。

27）民法715条1項但書による免責が認められたわずかな実例として、福岡高宮崎支判昭和40年1月20日訟務月報11巻9号1286頁参照。

28）加藤一郎編『注釈民法⑲　債権⑽』（有斐閣、1965）296頁〔森島昭夫〕、潮見佳男『不法行為法Ⅱ〔第2版〕』（信山社、2011）43頁等参照。

を構築し，適切に運用する義務を負っている提出会社の取締役（及び監査役）には当該リスク管理体制の構築・運用義務に違反する過失が存しなかったことが立証されたときは，有価証券報告書等の作成に直結する業務を担当する経理・情報開示部門従業員の選任及び監督に相当の注意を払ったことが証明されたものと十分解し得るので，提出会社としては，虚偽記載等に関する責任を免れると解すべきではないかと考えられる。しかも，そのように解しても，金商法21条の2第2項の文理には反しない。

　以上で論じた私見（ハ説）によれば，日本システム技術事件の事案が仮に金商法平成26年改正の施行後の事案であったとしても，問題となった有価証券報告書の虚偽記載等は，提出会社の役員又は経理・情報開示部門従業員の故意によって生じたものではなく，同社の「C事業部の部長がその部下である営業担当者数名と共謀して，販売会社の偽造印を用いて注文書等を偽造し，〔同事業部の営業部とは別に注文書や検収書の形式面の確認を担当する部署として設置されていた〕BM課の担当者を欺いて財務部に架空の売上報告をさせたというもの」である以上，当該有価証券報告書の作成及び提出時において，同社の役員又は経理・情報開示部門従業員に虚偽記載等の発生を予見すべきであったという特別な事情が存せず，かつ，同社の取締役及び監査役に虚偽記載等を防止するためのリスク管理体制（子会社管理体制を含む）の構築・運用義務に違反する過失が存しなかったことを立証すれば，平成26年金商法改正後における同法21条の2第2項所定の無過失の立証に成功したと解されることになる[29]。また，同じく，私見によれば，提出会社がその財務

29）なお，日本システム技術事件最高裁判決では，①「上告人は，通常想定される架空売上げの計上等の不正行為を防止し得る程度の管理体制は整えていたものということができる」とされ，更に，②「売掛金債権の回収遅延につき〔不正行為を行った従業員である〕Bらが挙げていた理由は合理的なもので，販売会社との間で過去に紛争が生じたことがなく，監査法人も上告人の財務諸表につき適正であるとの意見を表明していたというのであるから，財務部が，Bらによる巧妙な偽装工作の結果，販売会社から適正な売掛金残高確認書を受領しているものと認識し，直接販売会社に売掛金債権の存在等を確認しなかったとしても，財務部におけるリスク管理体制が機能していなかったということはできない」と認定された上で，③「本件不正行為は，C事業部の部長がその部下である営業担当者数名と共謀して，販売会社の偽造印を用いて注文書等を偽造し，

諸表を作成する際，例えば，経理部門担当者の過失により会計基準の適用を誤り，結果的に，当該財務諸表（ひいてはそれを含む有価証券報告書）に虚偽記載等が存するに至った場合には，たとえ提出会社の取締役及び監査役に虚偽記載等を防止するためのリスク管理体制（子会社管理体制を含む）の構築・運用義務への違反がない場合でも，提出会社は，平成26年金商法改正後における同法21条の2第2項所定の無過失の立証に成功したとは解されないことになる[30]。

Ⅲ．金商法21条の2第3項・4項の「公表日」の意義

1．裁判例

旧証取法平成16年改正で，証券訴訟における損害額について推定規定が導入されたが，その際，損害額を推定する基準時として導入された概念が，「虚偽記載等の事実の公表がされた日」（現行の金商法21条の2第3項・4項[31]。以下「公表日」という）である。即ち，提出会社により有価証券報告書等に虚偽記載等がなされた場合に有価証券を取得した投資家が株価の下落等に

BM課の担当者を欺いて財務部に架空の売上報告をさせたというもので，営業社員らが言葉巧みに販売会社の担当者を欺いて，監査法人及び財務部が販売会社あてに郵送した売掛金残高確認書の用紙を未開封のまま回収し，金額を記入して偽造印を押捺した同用紙を監査法人又は財務部に送付し，見掛け上は上告人の売掛金額と販売会社の買掛金額が一致するように巧妙に偽装するという，通常容易に想定し難い方法によるものであったということができる」とされ，④「本件以前に同様の手法による不正行為が行われたことがあったなど，上告人の代表取締役であるAにおいて本件不正行為の発生を予見すべきであったという特別な事情も見当たらない」と認定されているため，結論的には，この事案は，「当該有価証券報告書等の作成及び提出時において，同社の役員又は経理・情報開示部門従業員に虚偽記載等の発生を予見すべきであったという特別な事情が存せず，かつ，同社の取締役及び監査役に虚偽記載等を防止するためのリスク管理体制（子会社管理体制を含む）の構築・運用義務に違反する過失が存しなかったことを立証」できた事案ではないかと考えられる。

30）前述のとおり，私見を一部修正した結果（前掲（注22）参照），この事例については，研究記録第53号56頁記載の結論とは反対の結論に至ることになる。

31）規定の導入時は同条2項・3項であったが，金商法平成26年改正により，同条3項・4項に繰り下がった。以下，特段の断りがない限り，現行の条文番号を用いる。

よって被った損害額を立証することが困難であることに鑑み，証券訴訟において，有価証券報告書等の虚偽記載等の事実が公表されたときは，公表日前1年以内に有価証券を取得し，公表日に引き続きその有価証券を所有する者については，公表日前1か月間のその有価証券の市場価額の平均額から公表日後1か月間のその有価証券の市場価額の平均額を控除した額が，その有価証券報告書等の虚偽記載等により生じた損害の額と推定されるものとされている（金商法21条の2第3項）。

　このように，公表日の概念が証券訴訟において投資家が請求できる損害額を算定するに当たって極めて重要な役割を果たしていることに鑑み，その意義については裁判においてしばしば激しく争われてきたところである。そして，この問題については，最終的に，ライブドア機関投資家事件最高裁判決（最三小判平成24年3月13日民集66巻5号1957頁[32]）によって一応の考え方が示され，抽象論のレベルでは一定の決着がついている。

　当該事件の事案の概要は，下記の【表2】でまとめたとおりであるが，最高裁は，当該事実関係の下において，まず，検察官は，金商法21条の2第3項（金商法平成26年改正後の第4項）にいう「当該書類の提出者又は当該提出者の業務若しくは財産に関し法令に基づく権限を有する者」に検察官が含まれると判示し，検察官による司法記者クラブ加盟の報道機関の記者らに対するブリーフィングを以て，同項所定の「多数の者の知り得る状態に置く措置」（以下「公表措置」という）が執られたといえる旨判示した。

【表2】ライブドア機関投資家事件の事案の概要

	事実関係
H12.4.6	・ライブドア株式は，同日から平成18年4月13日までの間，東証マザーズ市場に上場
H16.10.25	・ライブドアの完全子会社であったB社は，TD-netにより，実際には既に買収済みであったC社につき，株式交換比率を1対1

---

32) 金商法21条の2第3項・4項の損害額の推定規定を適用した初めての最高裁判決である。

	とする株式交換により同社を完全子会社化することを取締役会で決議し，株式交換契約書を締結した旨を公表（同日付けバリュークリックジャパン株式会社「株式交換による株式会社マネーライフ社の完全子会社化に関するお知らせ」参照） ・上記の公表内容は，株式交換比率について，第三者機関がDCF法により算出した企業価値を踏まえ，当事会社間では協議の上決定したとするが，実際には当該株式交換比率は，DCF法によって算出されたC社の企業価値を踏まえて決定されておらず，かつ，第三者機関が算出した結果を踏まえて決定されていない点において，虚偽であった
H16.12.27	・ライブドアは，同社代表取締役であったAの指示ないし了承の下，同年9月期（第9期）の連結会計年度（平成15年10月1日から平成16年9月30日）について，実際には約3億1,278万円の経常赤字であったのに，売上計上が認められないライブドア株式の売却益37億6,699万6,000円，架空売上高合計15億8,000万円を売上高に含めるなどして，経常利益を50億3,421万1,000円と記載した内容虚偽の連結損益計算書を掲載した有価証券報告書（以下「本件LD有価証券報告書」という）を関東財務局長に提出（同有価証券報告書は，金商法「25条1項4号に掲げる書類」（21条の2第1項）に該当）
H18.1.16	・東京地方検察庁（以下「東京地検」という）及び証券取引等監視委員会は，Aを含むライブドアの役員らについて，旧証取法違反（偽計・風説の流布）の容疑があるとして強制捜査に着手し，同社の本社及びAの自宅等を捜索（本件強制捜査） ・ライブドア株式の終値：696円
H18.1.17	・日刊新聞各紙は，朝刊において，ⅰ）同月16日に本件強制捜査に着手したこと，ⅱ）本件強制捜査の容疑が，B社が株価を吊り上げる目的で実際には既に買収済みであったC社を株式交換により完全子会社化したことであること，ⅲ）平成16年12月期第3四半期通期の売上や計上利益を水増しして公表した容疑であること等を一斉に報道 ・ライブドア株式の終値：596円
H18.1.18 （公表日）	・東京地検の検察官は，司法記者クラブに加盟する報道機関の記者らに対し，ライブドアが平成16年9月期決算（単体）において，同社の傘下にあった会社の預金等を付け替えることで，約14億円

	の経常黒字と粉飾した有価証券報告書の虚偽記載の容疑がある旨伝達し，同日頃その旨が日刊新聞紙等で報道
	⇒ 当該報道前1か月におけるライブドア株式の終値の平均額：720円 当該報道後1か月におけるライブドア株式の終値の平均額：135円 差額：585円
	⇒ その後も連日に亘って，ライブドアが本件LD有価証券報告書の経常利益を粉飾していたことや，C社の買収に関し虚偽の発表をしていたこと等，Y社につき旧証取法（有価証券報告書の虚偽記載，偽計・風説の流布）の疑いがあること，同社株式につき上場廃止に向けた動きがあること，同社株式が値下がり続けていること等が報道
H18.1.21	・東証は，ライブドア株式を開示注意銘柄に指定
H18.1.23	・東京地検は，Aらを逮捕 ・東証は，上場廃止基準に該当するおそれがあるとして，ライブドア株式を監理ポストに割り当てる旨を決定
H18.1.24	・ライブドア株式の終値：176円
H18.4.14	・東証は，上場廃止基準2条1項11号a（有価証券報告書等に虚偽記載を行い，その影響が重大であると認めた場合）及び同項18号（公益又は投資者保護のため上場廃止を適当と認めた場合，現行の上場廃止基準2条1項19号）に該当することを理由として，ライブドア株式の上場廃止を決定（同年3月13日に整理ポストに割り当てる旨の決定）

⇒ 原告らが，平成17年5月25日から平成18年1月13日までに取引所市場においてライブドア株式を取得し，同日において，同社株式を保有していたところ（その後売却），本件虚偽記載（本件LD有価証券報告書における前述の内容の虚偽記載）により損害を被ったなどと主張して，ライブドアに対し，金商法21条の2に基づき，損害賠償金（賠償すべき損害の額として，同条2項（現行の金商法21条の2第3項）の推定規定に基づく推定損害額として1株当たり585円）等の支払いを求めた事案

※ 旧証取法平成16年改正後の事案

　その上で，最高裁は，条文の文理と投資家保護の要請とを根拠に，「『虚偽記載等の事実の公表』があったというためには，単に当該有価証券報告書等

に虚偽記載等が存在しているとの点についてのみ上記措置〔注：公表措置〕がとられたのでは足りないことは明らかであるが，有価証券報告書等に記載すべき真実の情報につき上記措置がとられたことまでも要すると解すべきものではない」〔傍点筆者〕とした。そして，「〔金商法21条の2第2〕項が『公表』をもって損害の額を推定する基準時としたのは，信頼性の高い情報を入手することのできる主体が『公表』をすることによって，当該有価証券に対する取引所市場の評価の誤りが明らかになることが通常期待できるという趣旨によるものであると解され，また，評価が誤っていたかどうかは，当該『公表』の時点で既に明らかになっている事実を考慮に入れて判断されるべきことである」ということを理由に，「同条3項にいう『虚偽記載等に係る記載すべき重要な事項』について多数の者の知り得る状態に置く措置がとられたというためには，虚偽記載等のある有価証券報告書等の提出者等を発行者とする有価証券に対する取引所市場の評価の誤りを明らかにするに足りる基本的事実について上記措置がとられれば足りると解するのが相当である」〔傍点筆者〕と判示した。

　そして，上記の判断基準の具体的事実関係への当てはめに関しては，「本件検察官は，…上告人が，平成16年9月期決算（単体）において，上告人の傘下にあったF社及びG社の預金等を付け替えることで約14億円の経常黒字へと粉飾した有価証券報告書の虚偽記載の容疑がある旨の情報を一般公衆に開示した」と認定した上で，「本件虚偽記載は，上告人が実際には約3億円の経常赤字であったのに約50億円の経常黒字である旨の連結損益計算書を本件有価証券報告書に掲載したというものであるところ，これはF社及びG社に対する合計15億8,000万円の架空売上を計上するなどして行われたものであ」るということから，結論的に，「上記情報は，Y株〔注：上告人の株式〕に対する取引所市場の評価の誤りを明らかにするに足りる基本的事実に当たるものということができ，…本件開示をもって金商法21条の2第2項にいう『虚偽記載等の事実の公表』があったというべきである」〔傍点筆者〕と判示している。

これは，公表措置において開示された情報が，ⅰ）容疑事実とされた粉飾の手法が提出会社傘下のＦ社及びＧ社を利用したものであるという点及びⅱ）かかるＦ社及びＧ社を利用した粉飾の規模感が15億円前後であるという点において，本件ＬＤ有価証券報告書に含まれていた虚偽記載等の内容との間に「取引所市場の評価の誤りを明らかにするに足りる基本的事実」についての同一性を有しているとの判断に基づくものと考えられるが，このような最高裁の判断は，概ね学説でも支持されているように思われる[33]。

しかしながら，近時，「虚偽記載等の事実の公表」ないし公表日の意義についてはライブドア機関投資家事件最高裁判決が示した上記の一般論に従いつつ，その具体的事実関係への当てはめに関してはかなりの論議を呼び起こすような裁判例が登場するに至った。いわゆるオリンパス第一事件についての東京地裁判決（東京地判平成27年３月19日判例時報2275号129頁。以下「オリンパス第一事件東京地裁判決」という）[34]及び大阪地判平成27年７月21日判例時報2283号92頁（以下「オリンパス第二事件大阪地裁判決」という）[35]がそれである。

いわゆるオリンパス事件の事案の概要は，後掲の【表３】記載のとおりであるが，公表日として具体的に問題となるのは，

① 当時の社長であるウッドフォード氏が突如オリンパスの取締役会において代表取締役社長を解職された日である平成23年10月14日（なお，この時点では粉飾の事実や有価証券報告書等に虚偽記載等があるといった事実は一切報道されていない）

② オリンパスが，ⅰ）ウッドフォード社長の解職は，他の経営陣との間で

---

33) 田中亘「金融商品取引法21条の2による発行会社の不実開示責任」ジュリスト1405号（2010）186頁，白井正和「ライブドア事件最高裁判決の検討〔中〕」旬刊商事法務1971号（2012）18頁等参照。

34) 同判決の評釈としては，松岡啓祐「四半期報告書虚偽記載に係る損害賠償請求事件」金融・商事判例1488号（2016）2頁等が存する。

35) オリンパス第一事件東京地裁判決の原告とは別の投資家が提起した証券訴訟についての裁判例である。なお，同判決の評釈としては，行岡睦彦「判批」ジュリスト1493号（2016）94頁がある。

経営の方向性・手法に関して大きな乖離が生じ，経営の意思決定に支障を来すようになったことが理由であること，ⅱ）同社による Gyrus Group PLC（以下「Gyrus」という）買収に際してのアドバイザーに対するフィナンシャル・アドバイザーとしての報酬（以下「FA 報酬」という）額が総額２億4,000万ドル（約240億円），当該アドバイザーに発行した Gyrus 優先株等の買取りのための費用（当該優先株等の買取価額と発行価額との差額）が約４億4,000万ドル（約440億円），いわゆる国内新事業３社（株式会社アルティス，NEWS CHEF 株式会社及び株式会社ヒューマラボ。以下まとめて「国内３社」と総称する）の買収費用が合計734億円に上っていたこと，ⅲ）上記ⅱ）に関しては，同社監査役会全員一致の見解として，「取引自体に不正・違法行為は認められず，取締役の善管注意義務違反および手続的瑕疵は認められない」との結論に至ったこと等についてプレスリリースを公表した同年10月19日

③　オリンパスによる Gyrus 買収に際してのアドバイザーへの支出の妥当性や，国内３社の買収に際しての買収額の妥当性について疑問視した米国の大株主が，第三者機関による調査を要求した旨の報道（オリンパスの有価証券報告書等に虚偽記載等があるのではないかということを示唆する最初の報道）がなされた同年10月21日

④　オリンパスが「『第三者委員会』設置のお知らせ」と題するプレスリリースを公表した同年11月１日

⑤　オリンパスが第２四半期決算発表予定日を延期する旨を発表した同年11月４日

⑥　オリンパスが緊急記者会見を行うと共に，「過去の損失計上先送りに関するお知らせ」と題するプレスリリースを公表し，Gyrus の買収及び国内３社の買収に際して複数のファンドを経由する等の方法により損失計上の先送りがあった旨が明らかにされた同年11月８日（しかしながら，この時点ではどの程度の金額の損失計上の先送りがなされていたかに関しては一切発表なし）

⑦　オリンパスが計上を先送りした損失の額（投資有価証券等に係る含み損の額）は，平成11年，12年頃においては960億円，平成15年においては1,177億円であることや，当該先送りされた損失の額は，国内３社の買収資金のうち損失計上の先送りのためのファンドに流失した716億円と Gyrus 優先株等の買取りに充てられた６億7,000万ドル（当時の円貨換算で632億円）との合計額である1,348億円の充当等によって処理されたことが記載された第三者委員会の報告書がオリンパスによって公表された同年12月６日

⑧　オリンパスが平成19年３月期から平成24年３月期までの有価証券報告書及び平成21年３月期第３四半期から平成24年３月期第１四半期までの四半期報告書（以下「本件オリンパス有価証券報告書等」という）の訂正報告書を提出し，純資産合計額を1,511億4,700万円から1,017億5,100万円に訂正した同年12月14日

である。

【表３】オリンパス事件（第一事件）についての事案の概要

	事実関係
H23.8.11	・オリンパスは，平成23年６月30日時点の純資産合計額につき（実際には1,017億5,100万円であったにも拘わらず）1,511億4,700万円と記載した第144期第１四半期（同年４月１日から同年６月30日まで）に係る四半期報告書（以下「本件四半期報告書」といい，本件四半期報告書における上記の内容の虚偽記載を，以下「本件虚偽記載」という）を関東財務局長に提出（同四半期報告書は，金商法「25条１項７号に掲げる書類」（21条の２第１項）に該当） ・オリンパス株式の終値：2,221円
H23.10.14	・オリンパスの代表取締役及び社長執行役員・CEO であったウッドフォード氏が上記各役職から解職。「代表取締役の異動に関するお知らせ」と題するプレスリリース（同氏と「他の経営陣の間にて，経営の方向性・手法に関して大きな乖離が生じ，経営の意思決定に支障をきたす状況になりました」等の記載あり）にてその旨が公表 ・原告は，同日から同月18日までの間，東証市場において，オリンパス株式の現物売買を複数回に亘って行い，合計10万株のオリン

	パス株式（以下「本件オリンパス株式」という）を合計 1 億5,537万809円で取得 ・オリンパス株式の終値：2,045円
H23.10.19	・オリンパスが，ⅰ）ウッドフォード社長の解職は，他の経営陣との間で経営の方向性・手法に関して大きな乖離が生じ，経営の意思決定に支障を来すようになったことが理由であること，ⅱ）同社による Gyrus 買収に際しての FA 報酬額が総額 2 億4,000万ドル（約240億円），当該アドバイザーに発行した Gyrus 優先株の買取りのための費用（当該優先株の買取価額と発行価額との差額）が約 4 億4,000万ドル（約440億円），国内 3 社の買収費用が合計734億円に上っていたこと，ⅲ）上記ⅱ）に関しては，同社監査役会全員一致の見解として，「取引自体に不正・違法行為は認められず，取締役の善管注意義務違反および手続的瑕疵は認められない」との結論に至ったこと等を公表（同日付け「一連の報道に対する当社の見解について」参照） ・オリンパス株式の終値：1,389円
H23.10.21	・Gyrus 買収時のアドバイザーへの支出の妥当性や国内 3 社の買収額の妥当性等に関するオリンパスの従前の公表内容を疑問視した米国の大株主が，同社の粉飾決算等の疑惑について第三者機関による調査を要求したことが報道 ・オリンパス株式の終値：1,231円
H23.10.28	・証券取引等監視委員会がオリンパスの有価証券報告書等の開示状況調査を進めるに当たって焦点となるのは，同社が過去に実施した企業買収の会計処理に関する有価証券報告書への虚偽記載の有無であること等が報道 ・オリンパス株式の終値：1,217円
H23.10.31	・オリンパス株式の終値：1,210円
H23.11.1	・オリンパスが，オリンパスにおける過去の買収案件に関して不正ないし不適切な行為等があったか否かを調査するために，同社と利害関係のない弁護士及び公認会計士で構成される第三者委員会を設置する旨を公表（同日付け「『第三者委員会』設置のお知らせ」参照）
H23.11.4	・オリンパスが，同社の過去の買収案件等について第三者委員会による調査が開始されているため，平成24年 3 月期第 2 四半期決算発表予定日を延期する旨を公表（同日付け「平成24年 3 月期第 2

	四半期決算発表予定日の延期に関するお知らせ」参照） ・オリンパス株式の終値：1,118円
H23.11.8 （公表日）	・オリンパスは，緊急記者会見を開催し，平成２年頃から有価証券投資等に係る損失計上の先送りを行っていたこと等を発表すると共に，「過去の損失計上先送りに関するお知らせ」と題するプレスリリース（「当社が，1990年代ころから有価証券投資等にかかる損失計上の先送りを行っており，Gyrus買収に際しアドバイザーに支払ったFA報酬やGyrus優先株の買戻しの資金並びに国内３社の買収資金は，複数のファンドを通す等の方法により，損失計上先送りによる投資有価証券等の含み損を解消するためなどに利用されていたことが判明しました」等の記載あり）により，その旨を公表 ・オリンパス株式の終値：734円
H23.11.11	・原告は，オリンパス株式合計10万株（但し，合計10万株のオリンパス株式が本件オリンパス株式と同一であるかについては当事者間に争いがあった）を合計4,359万8,800円で売却処分 ・オリンパス株式の終値：460円
H23.12.6	・オリンパスが，「第三者調査委員会の調査報告書の受領に関するお知らせ」を公表し，第三者調査委員会による調査報告書（有価証券投資等に係る損失計上の先送り及び損失の解消に係る会計処理等を含め，調査結果を報告するもの）の受領，及びその内容を開示する適時開示を実施 ・オリンパス株式の終値：1,190円
H23.12.14	・オリンパスは，平成19年３月期から平成24年３月期までの有価証券報告書及び平成21年３月期第３四半期から平成24年３月期第１四半期までの四半期報告書の訂正報告書を提出し，本件四半期報告書における平成23年６月30日時点の連結純資産合計額を1,511億4,700万円から1,017億5,100億円と訂正 ・オリンパス株式の終値：1,314円
H23.12.15	・オリンパスが，「有価証券報告書等の訂正報告書の提出ならびに過年度決算短信等および平成24年３月期第１四半期決算短信の一部訂正に関するお知らせ」を公表し，12月14日付けで訂正報告書を提出したこと及び訂正内容の概要を開示する適時開示を実施 ・オリンパス株式の終値：1,041円
H24.1.20	・東証は，オリンパス株式について上場維持を決定（但し，同時に

	同社を特設注意市場銘柄に指定)
⇒	原告が，本件虚偽記載がなければ，オリンパスは上場廃止される危険性が極めて高かったから，本件虚偽記載の存在を知っていたならばオリンパス株式を取得しておらず，取得価額（1億5,537万809円）と処分価額（4,359万8,800円）との差額分である1億1,177万2,009円の損害を被ったなどと主張して，オリンパスに対し，金商法21条の2に基づき，損害賠償金及びこれに対する損害発生後である平成23年11月8日から支払済みまで民法所定の年5分の割合による遅延損害金の支払いを求めた事案
※	旧証取法平成16年改正後の事案

　この点，オリンパス第一事件東京地裁判決は，「認定事実によれば，…被告は，平成23年11月8日に開催した緊急記者会見及び同日のプレスリリースを通じて，平成2年ころから有価証券投資等に係る損失計上の先送りを行っていたことなどの情報を一般公衆に開示した。本件虚偽記載は，被告の平成23年6月30日時点の〔連結〕純資産額合計額が実際には1,017億5,100万円であったのに1,511億4,700万円であると記載したものであるところ，これは，被告が，有価証券投資等により生じた多額の損失の計上を先送りするために，平成12年3月期以降，含み損の生じた金融商品等を被告の連結決算の対象から外れる受け皿ファンドに買い取らせ，被告の連結貸借対照表から当該含み損を分離させたことにより生じたものであることに照らせば，上記緊急記者会見及びプレスリリースにより開示された情報は，被告株式に対する取引所市場の評価の誤りを明らかにするに足りる基本的事実に当たり，これを開示することにより多数の者の知りうる状態に置く措置が採られたといえるから，本件開示をもって法21条の2第2項〔注：現・第3項〕所定の『虚偽記載等の事実の公表』があったということができる」として，結論的に，前記⑥の平成23年11月8日が当時の金商法21条の2第2項（現・第3項）所定の「公表日」であるとしている。
　しかしながら，前述のとおり，前記⑥の11月8日の時点では，どれだけの金額の損失計上の先送りがなされていたのかやどれだけの規模の粉飾がなされているのかという点に関する発表は一切なく，前記⑧の12月14日に至って

ようやく粉飾額（連結純資産額の過大計上額）を示す情報が提出会社から明らかにされるに至っている。従って，平成2年頃から有価証券投資等に係る損失計上の先送りを行っていたこと等の情報が公表されたことを以て，ライブドア機関投資家事件最高裁判決にいう「虚偽記載等のある有価証券報告書等の提出者等を発行者とする有価証券〔即ち，本件ではオリンパス株式〕に対する取引所市場の評価の誤りを明らかにするに足りる基本的事実について〔公表〕措置がとられ」たといえるかについては，後述するとおり，強い疑問がある。

　もっとも，オリンパス第二事件大阪地裁判決は，もう少し丁寧に，傍論ではあるが，オリンパス側が前記⑧の公表がなされた平成23年12月14日が公表日であると主張したのに答えて，前記②の平成23年10月19日のプレスリリースによって，同社による Gyrus 買収に際しての FA 報酬額が総額2億4,000万ドル（約240億円），当該アドバイザーに発行した Gyrus 優先株等の買取りのための費用（当該優先株の買取価額と発行価額との差額）が約4億4,000万ドル（約440億円），国内3社の買収費用が合計734億円に上っていたこと（以上を合算すると約1,414億円となる）を明らかにしていたことに鑑み，「被告は，平成23年10月19日にジャイラス社の買収に際して FA に支払った金額のうち優先株等の買戻しに充てられた金額及び国内3社の買収額が合計1,348億円であることを公表し，その上で，同年11月8日の本件発表において，被告が1990年代頃から有価証券投資等に係る損失の先送りを行っていたこと，ジャイラス社の買収に際して優先株等の買戻しに充てられた金額及び本件国内3社の買収の買収資金が被告の投資有価証券等の含み損の解消に用いられたことを明らかにした。そうすると，本件発表により，被告が損失先送りを行い，その額が最大で1,348億円に達する可能性があるという，オリンパス株式に対する取引所市場の評価の誤りを明らかにする基本的事実が多数の者の知り得る状態に置かれたということができるから，本件発表をもって『虚偽記載等の事実の公表』がされたものと認めるのが相当である。この点，…被告が先送りした損失の正確な金額が公表されたのは，被告が第三者委員会報

告書を公表した平成23年12月6日時点であり，本件発表の時点では，上記の正確な金額までは公表されていない。しかし，金商法21条の2第2項〔注：現・第3項〕が『虚偽記載等の事実の公表』をもって虚偽記載等による損害額を推定する基準時とした趣旨は，当該公表があれば，市場参加者が虚偽記載等による有価証券に対する評価の誤りを認識し，株式の市場価額が変動し始めることを考慮したものである。そうすると，上記公表があったといえるためには，市場参加者の評価の誤りを明らかにするに足りる程度の基本的事実が多数の者の知り得る状態に置かれれば足りると解され，本件においても，被告が先送りした損失の正確な金額の公表までは必要でないというべきであるから，本件発表の時点をもって『虚偽記載等の事実の公表』とするのを妨げるものではない」として，結論的に，オリンパス第一事件東京地裁判決と同様，前記⑥の平成23年11月8日が当時の金商法21条の2第2項（現・第3項）所定の「公表日」であると判示している[36) 37)]。

　しかしながら，ⅰ）そもそも，上記のとおり，平成23年10月19日のプレスリリースで明らかになったGyrus買収に際してのFA報酬額並びにGyrus優先株等の買取りのための費用及び国内3社の買収費用の合計は，正確には上記判示の1,348億円ではなく約1,414億円（FA報酬額を除いても1,174億円）であり，判決が認定した1,348億円という金額は，同年12月6日に公表された第三者委員会報告書の中で，国内3社の買収資金のうち損失計上先送りのためのファンドに流失した716億円とGyrus優先株等の買取りに充てられた

---

36) 但し，同判決は，この平成23年11月8日が公表日であることを前提とすると，公表日前1ヶ月間の終値の平均額1,471.73円から公表日後の1ヶ月間の終値の平均額869.57円を控除した602.15円が1株当たりの推定損害額となるところ，これは，金商法21条の2に基づく請求に係る2名において，民法709条に基づく請求の損害額（当時の社長であるウッドフォード氏がオリンパスの取締役会において代表取締役社長を解職された日である平成23年10月14日から上記11月8日の公表日までの株価下落につき，本件虚偽記載と相当因果関係を有すると認定して損害額を算定）よりも少額となるため，金商法21条の2に基づく請求を容れる余地はないと判示している。

37) 黒沼悦郎「虚偽記載に基づく民事責任の解釈上の諸問題」鳥山恭一ほか編『現代商事法の諸問題　岸田雅雄先生古稀記念論文集』（成文堂，2016）359頁は，オリンパス第一事件東京地裁判決及びオリンパス第二事件大阪地裁判決を引きつつ，同教授の考え方を当該事案に当てはめると，それら判決と「同じ結論に達するものと思われる」と述べる。

６億7,000万ドル（当時の円貨換算で632億円）との合計額である。つまり，上記判示において損失計上先送りの金額の最大値として認定されている1,348億円という金額は，そもそも同年11月８日の時点では公表されておらず，同年12月６日に初めて明らかにされたものに過ぎない。また，ⅱ）本件虚偽記載の内容は，オリンパスの平成23年６月30日（平成24年３月期第１四半期末日）時点における連結純資産額合計額を，実際の1,017億5,100万円ではなく1,511億4,700万円と記載した（約494億円の連結純資産額の過大計上）こと等[38]であるところ，この金額は，そもそも前記⑧の平成23年12月14日まで公表されていない。更に，ⅲ）そもそも前記⑧の平成23年12月14日以前に，例えば，上記の（平成23年６月時点における）約494億円という連結純資産額の過大計上額を合理的に推測可能な数値が公表されていたかを検討してみても，上記の（平成23年６月時点における）約494億円という連結純資産額の過大計上額は，（合計で1,348億円である旨認定された）上記投資有価証券等の含み損の解消に用いられた金額だけでは導き出すことができず，元々の同社の投資有価証券等の含み損の金額が判明しない限り，算出できないものである。然るに，元々のオリンパスの投資有価証券等の含み損の額（計上が先送りされた損失の額）については，前記⑦の平成23年12月６日に公表された第三者委員会報告書において初めて，それが平成11年，12年頃においては960億円であり，平成15年においては1,177億円であった旨が公表されたに過ぎない。

　以上からすれば，本件虚偽記載の内容との関係で見た場合には，その金額的規模感が合理的に推測できるためには，少なくとも，前記⑦の平成23年12月６日における第三者委員会報告書の公表により，平成２年頃から行われてきた投資有価証券等に係る損失計上の先送りに係る金額の規模感が明らかに

---

38) 正確には，平成19年３月期，20年３月期，21年３月期，22年３月期及び23年３月期に係る各有価証券報告書，並びに平成21年３月期第３四半期から平成24年３月期第１四半期までの各四半期に係る四半期報告書における，連結純資産額及び連結当期純利益（損失）の額についての虚偽記載が問題となっている。

される必要があり，当該投資有価証券等の含み損の解消に用いられた金額の規模感のみが大雑把に明らかにされた前記⑥の同年11月8日を「公表日」とするのは余りにも拙速ではないかという感が否めず，後述するとおり，ライブドア機関投資家事件最高裁判決の考え方とも（同判決の第一審判決以来の訴訟経過に鑑みれば）整合していないように思われる。この点は後記3において詳述する。

2．学説

　前述したとおり，金商法21条の2第3項・4項所定の「虚偽記載等の事実の公表」があったといえるためにはどの程度の情報について公表措置が執られる必要があるのかについて，ライブドア機関投資家事件最高裁判決は，虚偽記載等のある有価証券報告書等の提出者等を発行者とする有価証券（以下「対象有価証券」という）に対する取引所市場の評価の誤りを明らかにするに足りる基本的事実につき公表があれば足りるとする説（以下，後述の厳格説と対比する意味で「緩和説」という）[39]を採っている。これは，証券訴訟における損害額の推定規定が導入された旧証取法平成16年改正の立案担当官が，「虚偽記載については，虚偽部分を指摘すれば足りるし，また，厳密な意味で真実を完全に公表しなければならないわけではなく，当該証券価額への誤った評価を解消するために必要な事実の公表があれば足りる」と解説していた[40]ことを踏まえたものではないかと考えられる。

　しかしながら，学説上は，これに対しては従来から有力な反対説が唱えられてきた。一つは，問題となった有価証券報告書等において本来開示されるべきであった情報，即ち，真実情報（虚偽記載等がない状態の情報）まで開示されなければならないと解する説（以下「厳格説」という）である[41]。こ

39）本判決を担当した最高裁調査官は，本判決が緩和説の立場に立っているものと評価している（武藤貴明「判批」ジュリスト1446号（2012）85頁参照）。

40）三井秀範編『課徴金制度と民事賠償責任－条解証券取引法』（金融財政事情研究会，2005）153－159頁参照。

の説を唱える論者は，かかる説を妥当と解する理由として，ⅰ）現行の金商法21条の２第４項の文理（同項が，同条３項の「虚偽記載等の事実の公表」とは，「当該書類の提出者又は当該提出者の業務若しくは財産に関し法令に基づく権限を有する者により，当該書類の虚偽記載等に係る記載すべき重要な事項又は誤解を生じさせないために必要な重要な事実」について公表措置が執られることである旨定めていること），ⅱ）金商法21条の２第３項は，民事上の不法行為責任に関する特則として，虚偽記載等がなされたことによって損害を被った有価証券の取得者及び処分者を救済するため，その被った損害の額と当該虚偽記載等と当該損害との因果関係の存在につき，立証責任を提出会社側に転換しているが，このような挙証責任の転換は，日本法上極めて例外的であり，条文の文言から自然に読み取れる範囲でのみ係る立証責任の転換を認めるべきこと，ⅲ）方向性としては，虚偽記載等と因果関係を有する損害の額について厳密な立証を要求せず，民事訴訟法（以下「民訴法」という）平成８年改正で導入された民訴法248条[42]も積極的に活用していくという方向がむしろ筋なのではないかと解されること，ⅳ）「公表」時が２年間の消滅時効の起算点となる「相当の注意をもつて知ることができる時」（金商法21条の３，20条）に当たると解される可能性が十分存するところ，不確実な情報が必ずしも多数の者が信頼を置くとは限らない形で公表されたに過ぎない段階で２年間の消滅時効がスタートすることになれば，投資家保護の観点から問題ではないかということ，等々を挙げている[43]。

41）真実情報の開示が必要であるとする見解として，弥永真生「金融商品取引法21条の２にいう『公表』の意義」旬刊商事法務1814号（2007）７頁等参照。

42）施行は平成10年１月１日。

43）厳格説は，それだけを局地的にみると虚偽記載等によって損害を被った投資家に一見不利な解釈論にも見えるが，弥永教授の見解は，全体の方向性として，現行の金商法21条の２第３項・４項の損害額の推定規定を積極的に活用していくよりも，むしろ，民法上の損害賠償請求を広く認めていくべきであるという立場を前提としており，この理由付けのⅲ）で言及したような，虚偽記載等と因果関係を有する損害の額について厳密な立証までは要求しない（それによって，民法上の損害賠償請求を広く認める）考え方とワンセットで提示された解釈論であることに留意する必要がある。

他方，これとは全く逆に，「循環取引があった」ということを会社が認めたという程度でも「虚偽記載等の事実の公表」があったものと認める説（便宜上，緩和説と対比する意味で「超緩和説」という）も考えられる[44]。

このような中，ライブドア機関投資家事件最高裁判決は，上記の厳格説と超緩和説の中間的な考え方を採用したわけであるが，対象有価証券に対する「取引所市場の評価の誤りを明らかにするに足りる基本的事実」という表現には幅があり，それだけでは，オリンパス事件のような場合に前記1に掲げた①から⑧までのいずれの日を以て，対象有価証券に対する「取引所市場の評価の誤りを明らかにするに足りる基本的事実」につき公表措置が執られた日であるかを一義的に決することは難しい。従って，問題は，対象有価証券に対する「取引所市場の評価の誤りを明らかにするに足りる基本的事実」を抽出するための具体的な基準は何かということに帰着するものと解される。

特に，近時では，オリンパス事件の例に見られるように，提出会社が巨大企業である場合等では，虚偽記載等が存するのではないかという疑いが判明してから，いわゆる第三者委員会の調査を経て，虚偽記載等（例えば粉飾額）の規模感が判明するまでに数ヶ月以上要することも多く，虚偽記載等に係る金額等（ないしその規模感）の判明時においては，既にかなり株価が下落してしまっており，損害額推定規定が事実上機能しない事態がしばしば生じていることから，上記の問題は重要性を一層増してきている。

3．分析と検討

この点，立法論としては，「不確かな情報が流布している期間を除外して公表日前後の一か月をとるなど柔軟な解釈」を採用することが提唱されてお

44）立案担当官であった三井秀範氏は，座談会において，新聞の朝刊で会社に循環取引があったらしいという記事が出た場合に，会社が「ありました」と言えば公表に当たると解して問題ないと思われるとの発言もしているが（岩原紳作＝神作裕之＝神田秀樹＝武井一浩＝永井智亮＝藤田友敬＝松尾直彦＝三井秀範「金融商品取引法セミナー（第12回）民事責任（2）」ジュリ1401号（2010）79頁），当該発言が，どの程度，現行の金商法21条の2第3項・4項の解釈の根拠となり得るものかは明らかではない。

り[45)]，傾聴に値するが，現行法の解釈論としてはかかる解釈を採ることは困難といわざるを得ない[46)]。

　それでは，解釈論としては，この問題についてどのように考えるべきであろうか。ここで参考となるのが，前述したライブドア機関投資家訴訟事件の一審判決（東京地判平成20年6月13日判例時報2013号27頁）である。同判決では，「遅くとも平成18年1月17日の未明（日刊新聞紙朝刊の原稿締切りころ）までに，東京地検検察官は，報道機関に対し，被告の連結子会社であったVCJ（LDM）の平成16年12月期第3四半期で，売上，経常利益，当期純利益の水増しが行われたという事実を伝達し」ているが，「上記事実は…本件有価証券報告書の虚偽記載のうち，キューズ・ネットに対する架空売上を構成する事実であり（VCJ（LDM）の1億500万円の架空売上），上記事実の伝達は，…本件有価証券報告書の虚偽記載の事実の公表に該当する」との原告らの主張に対し，「そのころまでに，東京地検の検察官から伝達された事実は，偽計・風説の流布の容疑としてVCJ（LDM）が，平成16年11月の第3四半期の決算短信において傘下企業の売上約1億円を付け替えることで売上を水増しをして虚偽の発表をしたという事実にすぎない。もっとも，被告〔ライブドア〕の連結子会社であるVCJ（LDM）が約1億円の架空売上を計上すれば，結局，被告〔ライブドア〕の本件有価証券報告書に添付された連結損益計算書にも約1億円の架空売上が計上されていることにはなるが，検察官による上記事実の伝達は，本件有価証券報告書の虚偽記載とは何ら結びつけられてはいない以上，上記事実の伝達だけでは本件有価証券報告書の虚偽記載の『公表』があったものと評価することはできないものというべきである」〔傍点筆者〕と判示されている。つまり，当該判決は，本件有価証券報告書における虚偽記載等の存在を推認させる事実（売上げ，経常利益，当

45）黒沼悦郎「証券取引法における民事責任規定の見直し」旬刊商事法務1708号（2004）8頁参照。

46）弥永・前掲（注41）8頁（不確かな情報が流布している期間中に有価証券を取得した者に金商法21条の2第3項の適用により当該情報が流布し始める前の1ヶ月の平均株価を基礎として損害額の推定を行うことを合理化する根拠は存しないことを理由とする）参照。

期純利益の水増しが行われたという事実）が公表されていたとしても，それだけでは，現行の金商法21条の2第3項の「公表」には当たらないと判断しているものと考えられ，しかも，かかる考え方は，上告審判決であるライブドア機関投資家事件最高裁判決でも否定されていない[47]。

そして，同事件最高裁判決で「虚偽記載等の事実の公表」がされたと認められた，提出会社「の傘下にあったF社及びG社の預金等を付け替えることで約14億円の経常黒字へと粉飾した有価証券報告書の虚偽記載の容疑がある旨の情報」について公表措置が執られたことと，同事件東京地裁判決で「虚偽記載等の事実の公表」がされたと認められなかった，提出会社「の連結子会社であったVCJ（LDM）の平成16年12月期第3四半期で，売上，経常利益，当期純利益の水増しが行われたという事実」との主たる差異は，粉飾（虚偽記載等）の金額的な規模感と粉飾の具体的な手法（どのようなヴィークルを用いて具体的にどのような方法で粉飾を行ったか）が，概括的な形にせよ，最終的に立件された有価証券報告書等の虚偽記載等に係る事実と符合していたか否かである点に鑑みると，結論的には，少なくとも，粉飾型の虚偽記載等がなされた事案に関しては，対象有価証券に対する「取引所市場の評価の誤りを明らかにするに足りる基本的事実」について公表措置が執られたいえるか否かを判定するための具体的なメルクマールは，当該公表措置において開示された粉飾の金額的な規模感と粉飾の具体的な手法（どのようなヴィークルを用いて具体的にどのような方法で粉飾を行ったか）が，概括的な形にせよ，最終的に立件された有価証券報告書等の虚偽記載等に係る事実と符合しているか否かであると考えられるのではなかろうか。なお，このような考え方は，対象有価証券に対する「取引所市場の評価の誤りを明らかにするに足りる基本的事実」が公表された日を「公表日」と解するライブドア機関投資家事件最高裁判決の考え方とも整合的であるように思われ

47）別のライブドア事件を巡る証券訴訟事件に関する下級審裁判例である，東京地判平成21年5月21日判タ1306号124頁及び東京地判平成21年7月9日判タ1338号156頁も，同旨と思われる内容を判示している。

る。何故なら，同判決は「取引所市場の評価の誤りを明らかにするに足りる」ような基本的事実が公表されたといえるか否かを重視しているところ，粉飾型の虚偽記載等がなされた事案に関しては，対象有価証券に対する市場の評価が誤っているか，誤っているとしてそれは重大な誤りであるのか軽微な誤りであるのかが明らかになるためには，少なくとも粉飾額の規模感程度は明らかにされる必要があると解されるからである。

　以上からすると，既に前記1で述べたとおり，平成23年11月8日に「虚偽記載等の事実の公表」があった旨認定したオリンパス第一事件東京地裁判決及び同第二事件大阪地裁判決の判示は，大いに疑問である。何故なら，オリンパス事件において，平成23年11月8日の適時開示等では，同社が平成2年頃から有価証券投資等に係る損失計上の先送りを行っていたことや，Gyrus優先株等の買取資金や国内3社の買収資金等が損失計上先送りによる投資有価証券等の含み損を解消するためなどに利用されていたこと（これは粉飾の具体的な手口に相当するものと思われる）が判明した旨が開示されているものの，平成23年10月19日のプレスリリースによって，同社によるGyrus買収に際してのFA報酬額が総額2億4,000万ドル，当該アドバイザーに発行したGyrus優先株の買取りのための費用が約4億4,000万ドル，国内3社の買収費用が合計734億円に上っていたことが明らかにされていたことを勘案するとしても，①同社が提出している（課徴金の除斥期間内の事業年度に係る）有価証券報告書等において虚偽記載等が存しているか否かは明示的には明らかにされておらず，②問題となる虚偽記載等の金額的規模感も不明である（この時点では，投資有価証券等の含み損の解消に用いられた金額の規模感のみが大雑把に明らかにされたに過ぎない）からである[48]。

　にも拘らずこの時点を「公表日」と認めるのは，「虚偽記載等の事実の公表」とは，「当該書類の提出者又は当該提出者の業務若しくは財産に関し法令に

---

48) 更にいえば，この時点では，当該虚偽記載等の内容（投資有価証券等の過大計上，長期借入金の過少計上，又はのれんの過大計上等）が分かる内容も開示されておらず，不明という他ない。

基づく権限を有する者により，当該書類の虚偽記載等に係る記載すべき重要な事項又は誤解を生じさせないために必要な重要な事実」について公表措置が執られることである旨定めている金商法21条の2第4項の文理解釈の限界を超えるのではないかと思われる。投資有価証券等の含み損の解消に用いられた金額の規模感のみが大雑把に明らかにされても，（課徴金の除斥期間内の事業年度に係る）有価証券報告書等においてどの程度の金額的規模感の虚偽記載等が存しているか否かは不明という他ないからである。

従って，オリンパス事件における「公表日」は，オリンパスが有価証券報告書等の訂正報告書を提出した平成23年12月14日[49]か，どんなに早くとも，第三者調査委員会による調査報告書（有価証券投資等に係る損失計上の先送り及び損失の解消に係る会計処理等を含め，事実調査の結果を報告するもの）の内容が開示され，有価証券投資等の損失計上の先送りに係る金額の規模感について大まかな推測が可能になったと思われる，同年12月6日であると解すべきように思われる[50]。

Ⅳ．終わりに

証券訴訟に関しては，本稿で述べた以外にも，金商法上の損害額推定規定が適用される場合及び適用されない場合双方において，対象有価証券を取得又は処分した投資家が提出会社に請求することのできる損害賠償額をどのように算定するか等，実務上極めて重要であるにも拘らず，必ずしも，判例上，解釈論が固まったとは言い難い論点が多数残されている。本稿の執筆をきっかけとして，それらの問題についても今後考察を深めていくこととしたい。

---

49) 前掲（注35）のオリンパス第二事件大阪地裁判決の事案では，被告側代理人は平成23年12月14日を公表日として主張している。

50) 但し，黒沼・前掲（注37）359頁は，前述したとおり，オリンパス第一事件東京地裁判決及び同第二事件大阪地裁判決と同様，平成23年11月8日を以て「公表日」と解すべきものとするようである。

企業向け（ホールセール）取引における
金融商品販売責任の特性

青　木　浩　子

Ⅰ．はじめに

1　筆者はここ３年間ほど，リテール向けの新種金融商品（キャッシュフ
ローを派生商品等によって調整するという意味で，単純な株式・社債と
いった伝統的投資商品とは異なる商品）の販売における民事責任について
検討してきた[1]が，リテール以外の取引（いわゆるホールセール取引）
における民事責任を検討しようとは当初は思わなかった。理由は，訴訟件
数が極めて少ない[2]（消費者金融会社である武富士がメリルリンチ証券会

1）例えば拙稿「ヘッジ目的の金利スワップ契約に関する銀行の説明義務」金法1944号72頁（2012）
［中小企業向けにヘッジ目的としてプレーンバニラスワップを締結］，同「仕組債に関する裁判例
の動向と考察」金法1984号92頁（2013）［主に個人富裕層向けにエクイティデリバティブを組み
込んだ私募債を販売］，同「毎月分配型投資信託の販売につき委託会社・販売会社に共同不法行
為としての説明義務違反を認めた事例」NBL1039号８頁（2014）［大衆向けに収益分配金を毎月
分配することを運用方針とした投資信託を販売］。
　　これらは顧客属性・商品性質・販売態様（業者が銀行か証券会社か等）を異にするものの，い
わゆる日本版ビッグバン以降の金融改革の下，リテール向け商品販売が増加・複雑化（監督官庁
や自主規制機関の規制の強化）するに伴って生じた点で共通する。また，顧客が不法行為に基づ
く業者責任を問うにあたり，主に①信義則に基づく説明義務の違反と②適合性原則違反とが争わ
れるところ，後者②は最判平17.7.14民集59巻７号14頁，前者①は最判平23.4.22民集65巻３号1405
頁によって主張の可能性自体は最高裁で確認されているものの限界事例（例えば説明義務の対象）
につき争いが続くことが予想される。
2）なぜ訴訟の件数が少ないか。個人投資家一般（中小企業や地方公共団体，年金基金なども含み
得る）と異なる事情（全てが常に妥当するわけでは無論ないが）として，①資産ないし当期利益
が大きければ（武富士の場合，平成20年度有価証券報告書によると総資産１兆円を大幅に上回っ
ていた）多額の損失にも耐える（業者も，たとえ全損しても当該企業が破綻しない程度に販売し

社を実質的ディフィーザンス取引に関連して訴えた件[3]（以下，武富士メリル事件とする）を除いては，上場企業が業者を訴えて部分的にでも勝訴した公刊裁判例はないようである[4]）というほか，大企業に関わる関係は事案の個性が強く，一研究者の外部からの提言は当該企業にとってありがた迷惑に終わりそうだからである。

2　とはいえ，企業向け取引訴訟では，裁判例や行政（監督指針や各種の処分など）が有力な決め手となり難いので，リテール研究ではあえて深入りしなかった商品組成そのものや限られた海外裁判例といった分野での知見の上で考える面白さがある。また筆者がリテール案件として検討した事例には，リーマンショック（2008年9月15日のリーマンブラザーズ破綻に象徴される世界的金融危機）直後の外的影響を起因とする例が少なく，武富士メリル事件のようなリーマンショックの所産のような事例に特有の問題がなかったので，その点からも興味深い。

　　目下，武富士メリル事件に係る2016年3月15日最高裁判決の評釈[5]を作成中である（実質的ディフィーザンス要件や一種の信用デリバティブス

ているようにも思われる），②上の①に関連して，企業が存続する場合，業者が将来の取引において損失補填にあたらない範囲で当該企業の利便を図り得る（後注4の東京地判平21.3.31金法1866号88頁は，先行取引で損失を出したため，顧客法人との円満な関係を望む業者が他商品を提案した中で約定に至った案件が皮肉にも損失を拡大したため顧客が提訴した），③経営判断として，訴訟による便益が費用を上回らないと考えるため，④（合法的な理由では必ずしもなかろうが）当該取引を担当ないし承認した経営陣の責任を問われたくない，あるいは，粉飾取引等の弱みを握られている，等が考えられる（販売者がメインバンクの場合，②〜④のいずれも妥当し得るだろう）。

　　これらの要件を満たさない場合，たとえば(i)賠償を得なければならない強い理由がある場合（破綻して管財人が就任した場合が典型）には訴訟に踏み切りやすかろうし，(ii)メインバンク以外の金融機関たとえば外資証券会社などは訴えやすいのかもしれない。

3）　東京地判平25.7.19金法2007号100頁（原告請求棄却），東京高判平26.8.27金法2007号70頁（原判決変更，原告一部勝訴（5割過失相殺）），最判平28.3.15＜http://www.courts.go.jp/app/files/hanrei_jp/749/085749_hanrei.pdf＞（原判決破棄，原告請求棄却）。

4）　浅田隆「実質的ディフィーザンス取引に関連し業者責任を一部認定した東京高判平26.8.27－大企業に対する金融商品販売における説明義務を中心に」金法2023号71頁，80頁脚注29（2015）は金融機関敗訴事例28件中，大企業が訴訟当事者となっている事案はないとする（なお上の脚注29に挙げられた⑱東京地判平21.3.31金法1866号88頁の原告の一名は当時東証・大証一部に上場するダントーホールディング株式会社の資金投資運用等を目的とする連結子会社であり，従来はこの事件が企業向け取引における業者敗訴例として知られていたように思う）。

キームである CPDO 債の組成といった，事案固有の問題はそちらに譲りたい。同事件における取引は，その契約主体や取引内容が単純でなく，従来の金商法上の有価証券や金販法上の金融商品と異質であるという問題もある）。本稿はその準備に関連して同事件以外にも妥当しそうな内容の思いつきを，主体・客体・説明内容ほかに分けて書き留めたものである。企業向け取引固有といえない問題も含まれる等，散漫かつ検討不十分（後に修正・撤回することもあるかもしれない。とくに本稿が，プロ・アマ概念に依拠した解釈論に疑念を示す一方で，リテール・ホールセールという区分を前提に議論している点は，姿勢の一貫性を欠くようにも思われる）な内容であるが，そのような成り立ちからのものとしてお許しいただければと思う。

Ⅱ．主体：「プロ」であることの意味

　武富士メリル事件では，取引相手方が「プロ」であることが業者メリルリンチの説明義務を画するにあたって重視されている。評釈類にもさすがに「『プロ』であるから業者からは（契約条件そのもの以外を）説明することは不要」とまでする主張はないが，「プロであるから説明義務は限定されて当然」という論調の評釈であれば少なくない[6]。

5）拙稿「（仮題）武富士メリル事件最高裁判決 - オフバランス目的の CPDO 仕組債販売上の説明義務ほか」NBL 2016年8月号掲載予定。

6）例，浅田・前注4の78頁（（筆者，金販法・金商法上の説明義務は成立せず，金融行政上も具体的状況に応じた情報開示が求められており，よってプロアマ区分は重要であり，プロに対する）「説明義務は（もしあるとしても）相当軽減されていると考えられる」）。また同76頁以下は大企業に対する説明義務の特徴として大企業である顧客属性の一考慮要素であり，一般論として説明義務の有無内容を個人と同列に論じることはない，とする。また福島良治「大企業が取り組んだ仕組み金融商品（実質的ディフィーザンス）に関する説明義務違反判決（平成26.8.27東京高判）」金法2010号18頁，23頁（2015）は（金販法や金商法を踏まえると）「大企業であるＴ社に対する本件仕組債の販売に関しては，特段の事情のない限り説明義務違反は問われない」とする。
　筆者も，大企業とリテール顧客の各々に対する説明義務の有無内容が同じとは考えないし，大企業について適合性原則違反が問題となることはなかろうと思う。問題は，「プロ顧客に対しては説明義務を基本的には負わない（あるとしてもわずか）」とまで断じ得るかであり，本稿はそのような主張を検討する目的からのものである。

ひとたび「プロ」と認定されると，「説明義務違反は成立しにくい」という先入観が生じ，仕組みの機序等の面倒な理解・判断を無意識のうちに避け，説明義務の対象である商品仕組みの面倒な審理を表面的に終わらせがち（契約条件の羅列に留まり，自らの言葉でスキーム全体を言い表せていない）となっても不思議ない。

しかし，以下に見るような状況，すなわち，規制上「プロ」概念は単一ではなく，また各「プロ」概念の内容が流動的であることに照らすと，何がプロであり，またプロならどの程度，説明義務が緩和されるかは自明でないように思われる。

この問題に関しては，森下論文「アマ以外の顧客へのデリバティブの販売」[7] が先行研究としてある。本稿以下では同論文が扱っていないことを中心に述べてみたい。

1．概観とくに法令上の根拠について

金商法には業者の取引相手方となる者を区分する基準がいくつか（次項で検討するように，①特定投資家（行為規制の多くが適用除外となる），②店頭デリバティブ取引で政令指定の要件を満たす者の相手方（金融商品取引業の適用除外となる結果，基本的に金商法が適用されなくなる），③適格機関投資家（プロ私募等で開示規制の適用が免除される））ある。

目的によって区分が違うことは当然とも言える[8] が，信義則違反を理由

7）森下哲朗「アマ以外の顧客へのデリバティブの販売」84頁（全銀協金融法務研究会「金融商品の販売における金融機関の説明義務等」所収（2014））は，日本および海外における①監督規制上のプロアマ区分（たとえば米国ではドッドフランク法下でも，法人や機関投資家だからプロとして例えば行為規制の適用除外とすることはせず，要するにプロかアマかで一律に割切っていない），②裁判上，法人顧客につき問題となる論点と裁判所の態度いかん（たとえば英国では免責条項の効力が認められ顧客敗訴となる例が目立つ），を検討の上で，（企業経営者ならば，プレーンバニラスワップのように単純な商品を理解できて当然といった）単純な理解（による具体的な議論の回避）を戒める。このように，プロであることの認定と効果とを直結させること（具体的事実の判断を避けること），またプロの定義を固定的なものとすることに対し懐疑的な姿勢は，後注9の論文とも共通する。

とする不法行為責任の成立において「プロ」が持つ意味を考えるにあたり，規制上の定義が分散しているという事実自体，「プロ取引では業者は基本的に免責される」といった論法が必ずしも説得的でないことを裏付けよう。

2.「プロ」概念は複雑で，時代変化もある（したがって，説明義務なしという結論を導くにあたって援用する際には慎重さを要しよう）[9]

　上述のように，「プロ」概念には様々あり，いずれに立脚して推論すべきかを決めかねるというのみならず，その各々の定義や内容も確固たるものではない。

（1）「特定投資家」について

　(a)詳細は別稿で扱う[10]が，金商法や金販法における「特定投資家」制度は，結論から言えば日本ではほとんど使われておらず，近い将来に広く活用され

8）欧州では指令段階で行為規制や開示，プロ向けファンド参加要件といったもののほか，店頭デリバティブ取引，マネーローンダリング，国際課税等の局面においても顧客区分を要求しており，しかも基準が相互に異なるために負担となっているという。Mark Robinson, Managing the Complexities of Client Classification (2015)<http://regtechfs.com/managing-the-complexities-of-client-classification-the-mifid-ii-push-for-leis/>.

9）コモンロー圏の判例を踏まえた Shen Yang Lee, "Sophistication" in Wealth Management Law, https://nus.academia.edu/LeeShenYang (Sing.) は金融商品関連訴訟に関する主な請求原因（たとえば注意義務であれば責任引受けと顧客の合理的信頼というように）へ具体的事案における事実をあてはめて判例を整理している。

　これによると「プロ (sophistication)」とは，内容が不確定的な，認定されるべき事実（規範でない）であり，主な法的効果は①責任の分担ひいては注意義務と信認義務の認定への影響（不法行為の場合より顧客に期待される程度が高めとなる），②顧客の実際に理解した程度あるいは理解し得べき程度への影響であり，訴訟でプロと認定する場合，①の局面（責任自体不成立）で判断される傾向が強い（要するに「プロ」とされると請求が認められにくい）。同論文自体は（「プロ」につき無駄な訴訟を抑止するため業者責任を認めないこと，その一方で非プロを救済する行政と平仄を合わせて非プロにつき業者責任を認めること自体は是としても）そのような扱いには批判的で，責任存否に直結する事項ではないとし，また「プロ」とは何かのそれ自体を効果と切断して追究することは妥当でないとする。

10）拙稿「（仮題）十年ひとむかし－特定投資家制度の日英比較」江頭先生古稀記念論文収録予定（2016予定）。

る見込みも薄い。

特定投資家制度は元々，市場参加者の区分を業者に求め，プロ顧客について規制緩和（情報格差是正に係る行為規制[11] の適用を免除）する一方，アマ顧客には相当の規制を行うことを目的とするものだが，区分管理コストに見合うメリットを業者も投資家も感じにくく（さらに，実際に存在する，外国証券や仕組債などの昔からある私募商品の実態にも合っていない），かといって顧客を一律アマ扱いにしてコストを節約する便法も（プロ顧客のモラルハザードを来たし，プロ市場が成長しないといった理由から）認められずに今日に至っている。殆どの業者は顧客区分管理を実施しているものの，プロ顧客を意識しての商品組成やマーケットの例は限られており，要するに期待されたようには制度が機能していない。

日本の「特定投資家」概念とはこのようなものであり[12]，不法行為に基づく説明義務に関して顧客区分する基準とするだけの実体に欠けると思われる。仮に敢えて転用するとしても，適合性原則の適用は排除されるものの，詐欺的開示や過度の免責条項については例えば公序良俗違反あるいは誠実義務（法36条1項）違反を根拠として業者に責任を問うことは可能であろう[13]。更に，説明対象が客観性・事実性の高い事項（たとえば元本割れの可能性の有無）ではなく，説明的な内容である場合には特に，説明が偏っている，あるいは誤導するものであるという理由から，説明義務違反の主張が認められてよいと考える。

(b)日本の特定投資家制度は欧州規制を参考としている[14]。欧州では，理由は様々（本制度を踏まえて認められる効果（プロ私募やプロ向けファンド等）

---

11) 金融審議会（第一部会）「中間整理（議論のたたき台）」（2005）。
12) 業法上さして実質がないのに民事法の解釈で重視されるその他の例として，たとえば「狭義の適合性」「広義の適合性」がある。参照，拙稿・ヘッジ目的の金利スワップ契約と銀行の説明義務 NBL1005号30頁，37頁の脚注14。
13) 森下・前注7の111頁参照。難しいのは，明確な違法類型に該当しないが，業者の働きかけが与って（後から見れば）そのように判断するはずない心理に顧客が至った場合の業者責任をどう考えるかであり，Ⅳ1(2)で若干触れる。
14) 松尾直彦・金融商品取引法（4版　2016）401頁。

が多い・導入について業者に選択が認められる（顧客区分を行わないことも可）一方，選択した以上は例えば移行に際して日本以上にきめ細かな対応が求められるというように，制度の要件効果にメリハリがある・プロ市場の実態に近い形に規定されている）だが，少なくとも日本におけるよりは制度が活用されているようである。その欧州でプロにつき適合性原則の適用が排除されているかというと，どちらかといえば否である。

　日本の特定投資家制度の参考となった欧州制度（2004年金融商品市場指令MiFID）では，保護の程度の高い順に「リテール顧客」，「プロフェッショナル顧客」，「適格相手方（eligible counterparty）」と区分する。デフォルト（per se）でこれらのいずれかのクラスに属する場合と，クラス間移行の結果により属する場合とがあるのは日本と同様である[15]。このうち「適格相手方（デフォルトでの）」は金融機関や資産運用会社など，金融を業とする者が中心であり（いわゆる「プロ中のプロ」），富裕層個人や種々の事業会社も当然に想定している日本の特定投資家よりも限定的である。MiFID における日本の「特定投資家」に該当する区分は，「プロフェッショナル顧客」であるといって大過なかろう。この「プロフェッショナル顧客」については，適合性原則の適用が免除ではなく軽減されている。すなわち，(i)投資目的，(ii)リスク負担力，(iii)知識と経験のうち(iii)（per se の場合，(ii)も）について顧客が具備していることを業者は前提してよいというもので，適合性について業者はおよそ懸念しないでよいわけではない。リスク負担力や知識経験に明らかに異常があれば取引を停止すべきであるし，投資目的については配慮を要する[16]。

　のみならず，近時の指令改正にあたっては，リーマンショック下における，大企業を含めての派生商品投資損害を鑑みて保護が強化されており，企業，

---

15) やや古いが金融庁審議会資料の「EU 新投資サービス指令」の項目の整理が分かりやすい（移行要件については「ノンプロ顧客」の箇所を参照）。http://www.fsa.go.jp/singi/singi_kinyu/siryou/kinyu/dai1/f-20050316_d1sir/01_08b.pdf

16) 森下・前注7の92頁で既に紹介されている。本稿IV 2（3）のメリルリンチ内部組織 STRC による適合性チェックのような手当てを企業向け取引顧客についても行う（少なくとも上司承認の形で総合判断する）のが常識的な実務対応でないか。

それも最高水準の能力がある適格相手方に該当する者についてすら MiFID1 下の保護では足りなかったという認識が示されている（MiFID II recital 103 -104）[17]。要するに，日本に比べてプロアマ区分制度が機能していると思われる欧州では，「プロ」か否かと顧客保護の有無とを直結させていない[18] わけである。

（2）　その他の「プロ」概念について

その理由や程度は様々であるものの，概念の廃止や修正の例が目立っている。このような傾向に照らしても，プロ定義と民事上の効果を安易に結びつけることには慎重さを要するように思われる。

(a)まず店頭デリバティブにつき，特定投資家制度とは異なるプロ規定が置かれていることについて。有価証券関連店頭デリバティブ取引以外の店頭デリバティブ取引（およびその媒介，取次ぎまたは代理）は，資本金の額が10億円以上の株式会社（日本取引所の上場規程205条(5)によると本則市場上場日の純資産額が10億円以上となる見込みであることが要件となっているので，一部・二部上場会社は基本的に該当する）および所定のその他の者（金融商品取引業者や適格機関投資家等）を相手方とする場合，金融商品取引業に該当しないとされる（金商法2条8項，同施行令1条の8の6第1項2号，定義府令15条2項）。ただこの規定は，金融先物取引法を金融商品取引法に取り込むに際して当時の金先法の規制を引き継いだものに過ぎず，リスク管

---

17) また日欧ではリーマンショック下で投資損失例が目立った地方公共団体を，デフォルトとしての特定投資家区分から外している（平成23年改正後定義府令23条，MiFID II recital 104）。英米ではかつて地方公共団体の著名な投資損失事例（オレンジ郡事件やハマースミスフラム事件）が取沙汰されたが，近時は以前ほど報道されないようである。問題が周知され以前よりは自衛されるようになった一方，日欧その他の規制が緩く問題が周知されていない国での販売に重点を置くようになったといった事情があるのかもしれない。

18) 詳細は前注10の論文で紹介予定であるが，日本では制度導入時，プロアマ区分に顧客保護の有無を単純に連動させ，かつプロアマ区分制度の適用を強制すべき（ちなみに欧州ではむしろ反対，つまり適用につき業者裁量が認められ，効果も段階的である）という見解が強く，実際にもそうなった。制度が機能すれば利用者便益も社会的効用も増すという理解の上，制度の普及を促進し，またプロのモラルハザード（アマ向け保護の享受）を認めないという発想に立つ解釈のようである。

理能力を備えた者同士であるから投資者保護の必要性がないとは実はいえず，要するに，金融商品取引業からの一律除外は再考されるべきと言われている[19]。

(b)次に，適格機関投資家についていえば，平成四年に米国大型私募規則144A を参考として導入されて以来，保有有価証券残高基準が緩和されたことにより，適格者の範囲が大幅に拡大している。その一方で，当初想定されたプロ私募以外の使い方，とりわけ，適格機関投資家等特例業務（届出だけで所定の一般投資家に勧誘可能ないわゆるプロ向けファンドの組成条件として，1 名以上の適格機関投資家が相手方となることが求められていた）において，濫用的な用法たとえば実体を欠く投資事業有限責任組合の利用も報告されており，平成27年金商法改正により対応が図られた。前出のデリバティブ「プロ」や特定投資家「プロ」に比べて当該概念自体の廃止まで言われていないだけましとはいえ，私募「プロ」概念に基づいて「プロだから」と論じても，さして説得力を持たせることにはならないであろうことは同じである。

3．その他の解釈上の問題

以上のように，どの「プロ」概念に拠るべきかが問題であることに加えて，仮に拠るべき「プロ」概念について争いがなくても，以下のような問題が考えられる。

（1） 規範としての説得力や有用性に欠ける

(a)中小企業に対して金利スワップ取引を勧誘した銀行の説明義務違反が問題となった最判平25.3.7金法1973号94頁は，原審の理由づけを不当として破棄の上，「本件取引は…基本的な構造ないし原理自体は単純で，少なくとも企業経営者であれば，その理解は一般に困難なものではなく，当該企業に対

---

19) 神田秀樹「店頭デリバティブ取引に関する若干の問題」159頁，161頁『金融商品取引法の潮流』所収（2015）。

して契約締結のリスクを負わせることに何ら問題のないもの」として顧客の控訴を棄却した。この自判部分については単純化が過ぎる[20]という批判が多く（「『理解は一般に困難ではなく』というが損失の具体的程度や発生の機序はたとえ基本的な派生商品でもさほど簡単にはわからない」、「『少なくとも企業経営者』というが、法人投資家の能力のばらつきは個人投資家のそれ以上でないか」というように）、事例判決として射程を限定すべきという意見も見られる[21]。

実際、最高裁の判示を他の事案に適用できる規範として整理すれば「（一般に）プロならば、プレーンバニラ商品を理解できる」とでもなろうが、このように確定された規範に具体的事案をあてはめた結果（たとえば、上の最高裁の判決における、地方のパチンコチェーンの高齢の経営者が、銀行からの借入金をヘッジする目的での金利スワップ契約を理解できていたか）が実用に耐えるかは疑問である。

説明義務のあるなしを一般的抽象的にルール化すると無理が出やすく[22]、実際にも、リテール分野における賠償請求について、時価その他の新規な説

---

20) 拙著・リテール顧客向けデリバティブ関連商品販売における民事責任5〜8頁（2014）の紹介参照。

21) 武富士メリル事件最高裁判決では説明義務違反がないと認定するにあたり、説明した事項および顧客の属性を判示の上で、この説明にしてこの顧客であれば説明の理解は困難ではなかった、説明義務違反はなかったという、総合判断型の手法をとっている。その是非については別稿で検討したい。

22) (1)顧客の保護を強くするあまり取引安全を害する（義務の設定次第であるが、対応困難な義務（例えば一般顧客が派生商品に関する高度な数理を理解するに至るまで説明）が設定されれば事実上の販売禁止にあたり、対応できても従来は想定していなかった内容の義務（例えば毎月分配型投資信託の分配金は運用収益金を原資とするとはかぎらず、元本の払戻しによることもある）が設定されれば過去取引で顧客損失を生じたものの殆どについて業者責任が問われる）、あるいは逆に、(2)業者責任を軽くするあまり顧客保護が弱くなる（「顧客はプロだから、この説明で分かるはず」と簡単に認定するなど）からである。

(1)の場合かつリテールの場合については、金融庁による行政と、司法による事後的救済（説明義務が認められない場合でも、より個別具体的な内容の主張とくに適合性原則違反に基づく賠償請求が認められる可能性がある）によれば、説明義務違反に基づく司法救済が必要な場合は限られるのではないか（司法が不用意に事前介入しないほうがよいとすら思われる。毎月分配型投信に係る説明義務につき介入過剰気味の原審判示を変更した東京高判平27.1.26金法2015号109頁は謙抑的な例といえよう）。

明義務が顧客側から繰り返し主張されてきたが，斥けられる傾向にある[23),24)]。

(b)武富士メリル事件の最高裁判決は，当事者企業の属性（「消費者金融業，企業に対する投資等を目的とする会社で，その発行株式を東京証券取引所市場第一部やロンドン証券取引所に上場し，国際的に金融事業を行っており」）を判示した上で，「（筆者，このような者であるから当該事案における）説明を理解することが困難なものであったということはできない」とする。「武富士は『特定投資家』だから」と簡単に片付けてはいない。前述の最判平25.3.7金法1973号94頁が「『企業経営者』であればプレーンバニラスワップを理解できて当然」との判示への批判が意識されたのかもしれないが，以下の

　　しかし企業は，リテール顧客の享受する行政や司法（筆者は本文中に述べるようにプロと適合性原則不適用とを直結することには反対だが，リテールの場合にくらべ違反ありとしにくいことは否定しない）による救済を期待できない。

　　リテールとホールセールとでは事案が異なるので単純比較はできないが，リテールならば説明義務違反の問題として処理しない場合でもホールセールではするといった相違があってもよいように思われる（もちろん(1)の場合に不適当と判断された一律的抽象的な説明義務の考え方は，ホールセールの場合も基本的に不適当とされよう。

　　説明義務について審理する場合，当事者の意思決定に関する事実の立証が重要となろうが，リテール当事者よりもホールセール当事者の方が経済合理的なので向いているといった事情もある。

23) 浅田・前注4の76頁は，総合判断により（規範定立（ママ）せずに）説明義務を認めるならば敗訴当事者の上訴の権利が害されるとする。たしかに（概括的認定が適切な場合等の例外もあろうが）一般論としては総合判断という手法にはそのような問題があること自体は否定できまい。当事者の主張の信頼性を減殺する形で使うべき事実を直接に過失の根拠とすること（業者の不誠実さがうかがわれる言動（説明に使用した説明資料に説明後に改竄するなど）を信義則に基づく説明義務違反の根拠とするなど）にも同様の問題があろう。

24) 東京高裁の岡口基一判事はSNS上「仕組債の説明義務違反　難しいね」とした上で，武富士メリル事件は原審認めず，控訴審認める，上告審認めず，こちら（筆者，東京高判平26.4.17金法1999号166頁）は原審認める，控訴審認めず，（https://ja-jp.facebook.com/okaguchik/posts/990234651054813?fref=nf)とコメントしている（当初の投稿から変更あり）。禁止的な水準での金融工学上の情報の説明（新規な説明義務とする）を業者に求めた一部の地裁判決は高裁レベルでほぼ完全に覆されており（武富士メリル事件でも武富士側は新規な説明義務違反も主張したが地裁高裁ともに認めていない），この点では裁判所全体の姿勢は一貫している（学説は上の一部地裁に近い見解がむしろ多数と思われる）。

　　武富士メリル事件で問題となったのはオフバランス目的の仕組債販売であり（社債形式であるのは，実質的ディフィーザンスの担保資産適格判定上，格付けが便利であるため，格付けを取得しやすい社債の形をとったのではないかと推測される），同じく「仕組債」といってもリテール向け仕組債（投機的な社債という認識で取引される商品）とは異なる（むしろ例えばヘッジ目的金利スワップ取引事案のほうが共通性がある）。

ような問題がある。

　武富士の2008年度有価証券報告書からすると，貸金業者，特定金融会社等（貸付業務のための社債発行等を目的とする）としての登録はしているが，金融商品取引業者[25]としての登録はしていないようである。武富士は規模としては確かに日本有数の企業（最盛期の時価総額は1兆円を超えた）であり，貸金業に係る技術（金利計算や取立てノウハウ等）については突出した存在であったとしても，複雑な金融商品の扱いを（少なくとも国内では）業としたことはない。最高裁が「金融商品取引業者（ないしそれに準じる者）は金融商品について高い理解力を求められて当然」という規範[26]として示したのなら失当とすら思われる。そうではなく事実認定のため，つまり当該説明を理解できていたかを属性に照らして判断するためならば，当該会社が国際的企業であるといった迂遠な事柄よりも，担当者の能力や業者とのやりとりを踏まえるべきではないか（何を能力の基準ととるべきかについては次の(2)も参照）。

（2）　何を理解の主体とするか（本体企業か担当者か）

　法人に広義の適合性原則を適用する場合，その目的やあり方について自然人の場合と違いがあるか（とくに，法人担当者や代表者が，自然人として同じ取引を仮にしたとすれば，適用の異同いかん）という問題提起[27]があった。

25）完全子会社がベンチャーキャピタル業を行っているが，届出ないし登録が必要な形態ではなかったと推測される。また金融に長じていなくても上場することはできる。

26）前注15の MiFID における「適格相手方」と「プロフェッショナル顧客」の区分は，業者であるか否かを区分の主な要素としている。具体的な企業の例（実例を踏まえたものではない）でいえば，①ロイズ銀行からバークレイズ（いずれも著名な英国法人の銀行で，適格相手方）が自己保有目的で証券化トランシェを購入した場合は適格相手方間取引として，たとえば②ロイズ銀行からボーダフォン（事業会社でプロフェッショナル顧客に該当するが，移行しない限り適格相手方ではない）が金融商品を購入した場合にくらべて，顧客保護の程度が低い（むしろ顧客とか保護といった問題はないとすら考えられてきた）。武富士メリル事件における顧客の実質は②に近いところ，いわゆる金融法人（事業法人に対置され，銀行や証券会社を含む）であることから①のような能力があると過大評価されているのではないか。

27）前注20の49頁の藤田友敬発言。

筆者は当初（リテールの場合，自然人か法人かによる相違は裁判上，特に問題となっていないようであったこともあり）その意図や実益がわからなかったが，企業向け取引の場合には結果相違につながる場合も多いのであろう（実務的にも，業者は，たとえ担当者本人の能力が低くても，相手方法人全体としての能力を推定できるならば，それによって取引したいと考えること自体は当然ともいえる）。

立案担当者は大要(i)投資目的については法人自体の目的に照らして適合性原則が適用される，(ii)リスク負担力については法人については客観的に判断できる，(iii)知識と経験については担当者を基本にするとしている[28]。先のMiFIDでのプロフェッショナル顧客（(iii)については（per seの場合は(ii)についても）顧客が具備していることを業者は推定できる一方，(i)投資目的については法人であっても配意する必要がある）の考え方と同一ではないが，法人顧客につき業者は顧客の適合性について考えねばならない点で共通している。「知識と経験」につき，①担当者を基本とする（立案担当者），②具備を推定する（MiFID），③具備していると看做す（適合性原則の適用はないとする立場[29]と重なろう）とするうち，後のものほど自然人の場合と異なる，

---

28) 前注20の51頁の松尾直彦発言。ただしここにいう「担当者」は現実の者ではなく抽象化された担当者，すなわち当該会社でその意思決定に関与する担当役職員を想定し，基準とせよとするようである（松尾直彦監修・逐条解説新金融商品販売法（2008）129頁）。その意味では会社自体の属性が反映することは否定されないのであろう。

29) 前注6の福島24頁は「総体としての法人をその基準とすべき」とする。実質的理由として，会社法の定める内部統制下，個人よりは注意深くあるべきだからという。

ちなみに武富士メリル事件で問題となったディフィーザンス目的での仕組債購入は，訴訟記録によれば，オフバランス処理の問題として取締役会で可決承認されたようであり，組み込まれたCPDO部分を取締役会での決議を要するデリバティブ取引（多額の借財。会社法362条4項2号）とする意識は担当者にはなかったように思われる。

［追記］③の変形として，企業が本業に関連して，エキゾチックデリバティブ相当の技術を活用している場合（たとえば銀行を経由しない形での資金調達のために貸付け債権等を提供し，第三者機関が何らかの形によって保証をつけた上で販売するといった，かなり高等なファイナンス技術を用いる場合）では，当該企業は仕組債投資に必要な理解を（業者として販売することはないのだが）実は業者並みに備えていたということもあるかもしれない。この企業について上のようなファイナンスのアドバイザーとなった業者が，別の場面で当該企業に仕組債等の投資商品を販売するといった場合に，「この企業は業者並みの理解のある企業である」と考えることはあり

法人に特有の考え方をするものといえよう。

　実質論としていずれが妥当かであるが，取引に必要な知識経験があることを看做す③の見解は現実から乖離しすぎるもののように思われる[30]。①と②では，業者は顧客に対して一般的な誠実義務（法36条１項）を負い，従って顧客が明らかに能力不足の担当者を出してきた場合，業者はこれを奇貨として乗じてはならないと考えられるとすれば，判断実質や結論の違いは限界的であろうが，②のほうが位置づけ的に収まりがよいように思われる。

Ⅲ．客体について：ホールセール商品とリテール商品との比較

１．リテール商品との類似点

　客観的な検証は困難であるが，日本で販売された企業向けホールセール商品（リテールとの対比でこの語が用いられるが，内容につきコンセンサスが確立しているとは思われないので「企業向け」とするほうが正確ではあろう。本稿では両語を互換的に使用している）の多くは，一握りの数の外資証券会

　得るかもしれない。
　　［追記②］③で知識ありと看做す（説明義務違反は基本的に生じないと考える）場合はともかくとして，法人を主体とするか担当者を主体とするか，（説明義務が履行されたかを判断する際に必要となる）法人顧客の能力の判断を行う方向の問題といえるのかもしれない。法人主体といっても担当者の状況を含めて判断するならば，担当者について上の抽象化された担当者と考える場合との結論は近くなるのではないか。

30) エキゾチック仕組み商品を含む金融商品の理解能力ありと見なされてよい程度の企業を立法論として定義するならば，拙稿・金法1984号109頁に述べたように，組成商品を区分して認識管理できること（金融商品に関する会計基準118項によると，金融機関は経営実態を表すため会計基準が求める区分処理以上に区分しているが，このような慣行は会計上も是認される）を目安とするのが合理的なように思われる。
　　ただ，標準的な財務リスク管理方法があるわけではないので，目安の作成が難しいというほか，管理能力があるほど，あえて手数料の高い複合商品を購入しない（現実には金融機関も盛んに仕組債等の自己取引をしてきたが）というジレンマに陥りかねない（もっとも「購入していること自体，管理能力がないことを示す」とまでは言えまい。金融機関でなければ専門管理する必要も動機も通常はないからである）。

社[31] が母国等でのアイデアを輸入し，日本の法規や会計との整合性を確認の上，似た商品を量販した（「企業の要望に応じて設計・販売した」というよりは，「手持ち商品の需要を掘り起こすような勧誘をして販売した」というほうが実態に近い）ように思われる。

また，武富士メリル事件における商品および海外裁判例で紹介された商品（主に合成 CDO や EB 債）といった限られた例からの印象に過ぎないが，企業向けデリバティブ商品といっても，金額はともかく組成自体は，リテールで販売されている商品と（ホールセールにおける組成技術[32] をリテールに転用したという経緯もあってであろうが）さほど違わない。企業向け取引ではテイラーメイド（bespoke）的性格がしばしば売り文句とされるが，既発債オフバランスにむけての CDO の販売におけるテイラーメイド性（契約期間など）と，たとえば富裕層向けリテール仕組債（償還額の決定要因となる株式銘柄を選ばせるなど）とを比べると，大差ないようにも思われる。企業向け商品のほうが，「ヘッジ」，「投機」，「バランスシート整理（自らが発行した債券のオフバランスなど）」等々というように，取引目的が明瞭かつ合理的な傾向があり，リテール向け商品よりもわかりやすい面すらある。

２．リテール商品との相違点

（1）　金融商品保有者が時価会計[33] を義務づけられることによる特性

企業向け取引の場合，金融商品保有者が有価証券報告提出会社であればその財務諸表について金融商品会計基準の適用が強制される[34]。これにより，企業向け取引はリテール取引にはない，以下のような性格を持つ。

①　取引以降，企業は時価評価対象商品については定期的に時価を知る機

31）たとえば後注44のコメント提出者と一部重なる。

32）拙稿「仕組債に関する裁判例の動向と考察」金法1984号92頁，108頁（2013）で仕組債のイベント条項，利息計算，償還元本における組成メニューの例を整理している。

33）連結会計の影響も大きいと考えられるが，検討から割愛する。

34）吉川満＝吉井一洋・時価会計の実務９頁（2001）。金商法上は法193条，財務諸表規則１条１項等が根拠となる。松尾・前注14の166頁。

会[35] を持ち，手数料や減価を意識しやすい点でリテール顧客よりも恵まれている（もっとも(2)で見るように，満期保有目的債券やヘッジ会計のように時価評価不要な場合がある）。

② 時価評価導入前には可能な財務操作の多くは不可能となった[36] ものの，会計基準の隙を狙い利益ないし損失の計上を操作する商品を創造する余地は常にある。そのような契機を持つ類似商品が一握りの業者に販売されるという特殊性がある一方，条件が共通すれば（実際，会計基準は共通ないし収斂している），国内外を問わず類似の取引が行われるという普遍性がある。

③ オフバランスやヘッジなど，リテール顧客の需要が通常はない取引に関連して，取引コストを下げる名目でオプションの売りを仕組む例[37] が目立つ。純粋な投機取引（リスクについて判断の上で利益を狙った取引。例えばヘッジ目的でない金利スワップ取引や為替予約）とは異なり，取引の主目的はあくまでオフバランスやヘッジであるといったものである[38]。

---

35) リテール向けの場合を含めて，監督指針上は，通貨オプション取引・金利スワップ取引等を行う店頭デリバティブ取引業者につき「顧客の要請があれば，定期的又は必要に応じて随時，顧客のポジションの時価情報や当該時点の解約清算金の額等を提供又は通知する等，顧客が決算処理や解約の判断等を行うために必要となる情報を適時適切に提供する」ことが求められている（例，金融商品取引業者等向けの総合的な監督指針IV-3-3-2　勧誘説明態勢(6)③）。

36) 三田哉・デリバティブズビジネス I （2015）178頁以下によると，EB債は今は個人向け投資商品（拙稿・前注32の94頁では90年代と2000年代を第一期，第二期と分け，後者のほうが複雑とコメントしているが，いずれもリテール向け販売のEB債についてである。第一期には企業向けに販売していたEB債相当のものが第二期ではリテール向けに販売されたと考えると平仄が合う）と位置づけられているが，時価会計導入以前は，高利子を享受しながらも当初購入価額を（時価ではそれを下回る株式に転換された場合も）維持できたため，企業投資家に都合よい商品であった。同書によると，時価会計導入によってプット売り部分と債券部分との区分処理が求められ，債券含み損としてではなくオプション損として損失処理せねばならなくなった結果，法人のEB債投資が減った。

37) 正確には，オプション（プロテクション）販売対価を顧客に魅力的となるよう配分する（典型的には契約当初の準備額を少なくする）ことが重視され，コスト削減のみからでは説明できない仕組みもある。また，合成CDOのように，証券化とCDS利用とが不可分に合わさった例では，証券化とCDS投機とのいずれが主とも言い難いであろう。

（2）　派生商品組み込み商品を「債券」[39]とすることの目的

武富士メリル事件では，合成 CDO に必要な信託財産（シグマ債）と信用デリバティブ取引の一種である CPDO とを併せたものを REDI 債という仕組債（日本会社が発行したものではないので日本の会社法上の「社債（会社法 2 条23号）」ではないが，金商法の「社債（券）」（法 2 条 1 項 5 号・17号，同条 2 項柱書）や会計基準上の「債券（金融商品に関する会計基準16項満期保有目的の債券）」には該当する）として販売された。また CDO が「資産（債務）担保証券」と一般に訳されるように，他の取引事例でも債券という形式が好まれるようである。

なぜ派生商品を「債券」の形にパッケージするのか。いくつかの理由[40]が考えられる（以下の②および③は時価会計と関連し，上の（1）での議論と重複する。①はリテール取引にも妥当する理由である）。

①　心理的理由その他から

「デリバティブ投資」ならば敬遠する投資家も，「社債（平成 7 年商法改正における社債制度大改正までは，事実上の起債制限といったん発行された社債に対する受託銀行による厚い手当て，とりわけデフォルト債買取り慣行により，日本における社債は極めて信用の高い商品であった）」の勧誘ということであれば，耳を傾けるかも知れない。リテール向けの派生商品組込み商

38）混合契約であること自体が業者説明義務の解釈にどのように影響するかを抽象的に議論しても（混合契約も説明義務内容も多岐に亘るので）得られるところは限られそうである。一般的な傾向として，混合過程で，業者に利益相反や欺罔の意図といった構成からの帰責事由が生じる機会が増えるかもしれない。

　心理学的あるいは行動学的には，混合のない場合にくらべ意思決定が歪みやすい（誤解しやすいとか，注意散漫となりやすいことから，損失実現時に「それほど損失が出るとわかっていれば，取引しなかったのに」という後悔ひいては取引当時の自己決定が不十分だったという不満が出やすい）という，常識的な結論が裏付けられるのではないか。

39）金融商品会計に関する実務指針68項（国，地方公共団体，事業会社その他の法人が，不特定多数又は特定の投資家から資金を借り入れるために発行する有価証券であり，その発行者が所有者に対して償還する義務を負う負債証券）。

40）武富士メリルの CPDO 組込債の場合，半年毎に CPDO 部分の損益が決算され，REDI 債全体の評価も変動する。従って本文中の2006年適用指針改正がなくとも区分処理不要であったと思われ，要するに②や③の理由はこの場合には妥当しない。

品が債券とされる理由はもっぱらここにあるようにも思われる。

なるほど商品説明過程でデリバティブ部分の内容や（該当する場合）元本全部毀損の可能性などを知るであろうが，元本全損の可能性自体は公社債の場合（無担保で発行体破綻により信用リスクが現実化した場合）にもあるので，「普通社債と同程度のリスクの商品だろう」という誤った理解の上で購入する場合もあると思われる。

また機関投資家の投資対象規制や，財団法人の定款には，デリバティブ取引ならば禁止するが，仕組債取引は必ずしも禁止しないという例もありそうである。債券の場合，ストラクチャード商品として格付けを取りやすく，その格付けが高ければ勧誘しやすいといった事情もあるかもしれない。

②　「その他の複合金融商品[41]」につき区分処理の不適用を確保するため

債券の形をとれば，以下のような経緯から仕組債を構成する金融資産（債券部分）と金融負債（組み込みデリバティブ部分）を区分して処理する必要がないとされているため（その上で次の③の満期保有目的債券として期末時価評価を避けることによって），時価会計が適用される企業向け取引についても，デリバティブ部分の損失や組成手数料の露骨な表示を避けることが可能となっている。

1999年に発表された企業会計基準第10号（金融商品に関する会計基準）第40項は（新株予約権のような資本を増加させる部分を含まない，いわゆるその他の）複合商品は，構成する金融資産と金融負債（いずれも独立して存在し得るもの）とを区別せず一体として処理することを原則とする。資金の運用調達の実態を財務諸表に適正に反映させる観点からの規定である。

しかし，同基準は前文（現117項相当）で，現物の金融資産（負債）がリスクの種類の異なる商品と組み合わされた場合，例外として区分処理が必要となり得るとする。区分処理が必要かの判断基準は「金融商品会計に関する実務指針」の190項以下および272項以下に提示された[42]。

41）金融商品に関する会計基準116項（例示）。

さらに，2006年に公表された企業会計基準適用指針第12号［その他の複合金融商品（払込資本を増加させる可能性のある部分を含まない複合金融商品）に関する会計処理］（2006年適用指針）によって，例外（上の前文）の更に例外[43]，つまり区分処理が不要な場合（複合金融商品につき満期保有目的債券に分類する前提の適格要件を設定[44]している場合。大雑把にいえば，ダブルA格より低くても不可でないが，トリプルB格以上であることが求められる）[45] が定められた（2006年適用指針27項）。この2006年適用指針は「債券」に適用が限られるものではないものの，典型的な場合として「クレジットリンク債やシンセティック債務担保証券」を例示している（2006年適用指針27項）。

---

42) 小宮山賢・金融商品会計の基礎（2015）308頁以下参照。①組込デリバティブのリスクが資産又は負債に及ぶ可能性があり，②組込デリバティブと同一条件の独立したデリバティブがデリバティブ要件を満たし，③当該商品につき評価差額が当期利益に反映されない場合には，区分処理の上で評価差額を当期損益とすることが求められた。実務指針の基準は，①利付き商品の場合に元本資産の減少または元本負債の増加があること，②負債金利が契約当初の市場金利の2倍以上になる可能性があること，のいずれかであり，具体例としてEB債のほか，預金・債券・貸付金・借入金およびこれらに類する契約にデリバティブ（経済的性格とリスクが組込まれた資産負債のそれと密接な関係にない場合には留保なく，金利デリバティブのように資産負債との関係が密接と認められる場合には当該資産に影響が及ぶ等の所定の要件を満たすものに限る）が組み込まれたもの，が挙げられていた。要するに，金利の変動・固定あるいは表示通貨を交換するといった場合を除き，仕組み商品ならおおよそ該当しそうな程度に幅広い規定ぶりとなっている。

43) 区分処理が求められる場合があまりにも広いので，再例外の設置自体は不可避だったように思われる（小宮山・前注42の314頁は「必要以上に区分処理が求められる」という批判があったという）。

44) 金融商品会計に関するQ&AのQ22（満期保有目的の債券の適格要件）は，各企業が，原則として格付けに基づいて「信用リスクが高くない」水準を決定し，合理的判断基準として設定することを予定している。2006年適用指針27項括弧書き（「例えば，格付け機関による格付けに基づいて満期保有目的の債券として設定した適格要件を満たしている場合」）はこれに連動しており，基準とすべき格付けの決定につき各企業の裁量が認められている。
2006年適用指針の草案段階では複数のダブルA格以上の格付け取得が求められていた（これですら実は決して十分ではなかった－なぜなら金融機関が保有するトランシェは，利益の出やすいジュニア部分を販売した残部のいわゆるスーパーシニア（トリプルAあるいはそれ以上）部分が主であったところ，その深刻なデフォルトがリーマンショック下で問題となっているからである。ジリアン・テット「愚者の黄金」（2009）201頁以下参照）のであるが，銀行界・証券界等からの要求に押されて（企業会計基準委員会「主なコメントの概要とそれらに対する対応」https://www.asb.or.jp/asb/asb_j/documents/exposure_draft/comments/summary_fukugo.pdf参照）現在の表現となった経緯があり，設定される適格要件は複数ダブルAよりは低い格付（端的にいえば投資適格であるトリプルB1つでも必ずしも否定されない）が想定されている。

区分処理不要という大原則に対する例外（デリバティブ損失が大きい場合として区分処理必要とされる場合。デリバティブからの利益を期待する場合の多くは（損失も同様に予想されるので）区分処理が必要となる）が極めて広く，さらにその例外（2006年適用指針）も極めて広いという構造のため，なにが原則・例外なのであるかが分かり辛いが，結論として「トリプルB格付け１つ取得の合成CDOトランシェでも区分処理不要とされ得る」ことは銘記されてよかろう。以上についてはリーマンショック後も特に見直しは予定されていないようである。

　③　満期保有目的債券として時価評価による損失計上を避けるため

　上の②で区分評価不要とされた場合，その債券が満期保有目的債券の要件[46]を満たすならば，購入時からリスクが「高くなくはない」とされるまで（実際にはもはや破綻間際のこともあろう）[47]は損失を計上しなくてすむ。

45）2006年適用指針は，会計基準および実務指針を素直に適用すれば区分処理が要求されるであろう①物価連動国債（消費者物価指数動向を踏まえると平成16年以降発行の10年債については当初元本にリスクが及ぶ可能性が低いと判断されるため。もっとも元利不確定のため満期保有目的債券要件を満たさないので全体を時価評価することは必要である。小宮山・前注42の314頁），および，②合成CDOなどの信用デリバティブ組込商品で複合金融商品全体の信用リスクが高くない場合（第三者信用リスク参照利付き債と考えられる複合金融商品につき，担保付き金融資産の信用力が高い場合に元本との経済的性格やリスクが緊密であるとみなされ，この場合，複合金融商品全体でのリスクが高くなければ組込デリバティブのリスクが当初原本に及ぶ可能性は低いと考えられるため除外される。小宮山・前注42の315頁。

　2006年適用指針27項括弧書きは「格付機関による格付けに基づいて満期保有目的の債券として設定した適格要件を満たしている場合（前注44を参照）や，これと同等程度の客観的な信頼性を確保し得る方法により判断されている場合を含む」とする）を取得すれば区分処理不要となる）について，区分処理不要とした。

46）金融商品に関する会計基準第16項，金融商品会計に関する実務指針68項，69項（「意図」の認定要件）。

47）清水・後注87の64頁が夙に指摘するところである。小宮山・前注42の315頁は「もはや信用リスクが高くないとはいえなくなったとき」には，その時価を新たな取得価額として本来の会計処理（通常は，区分処理）を適用される（2006年適用指針27項）ことが安易な一体処理への歯止めとなっているとする。

　前注44の場合，信用リスクが高くないとはいえないとは，大雑把にいえばトリプルB格よりも下に格下げされた場合を考えていると推測されるが，リーマンショック時の経験に照らすと，とりわけストラクチャード商品のように歴史の浅い商品につき格付けがなかなか変更されず，ようやく変更された時点では暴落していた例が目立った。

たとえば満期保有目的の合成 CDO トランシェの場合，基本的には時価評価する必要はない。

上の②で述べたように，区分処理不要な場合と満期保有目的債券とでは要件が連動しているので，保有している企業の視点からは②と③とはワンセットとして意識されている場合も多かろう。

（3） 会計面での評価が企業向け取引の法的評価に及ぼす影響

リテールとの相違という本章副題から外れるようであるが，手短に付言したい。会計基準は会計処理および報告に関する基準であり，基準を満たすことにより会計監査人から適正意見を得ることができても（会社法上も公正会計基準に従って会計を行うこととされる。会社法431条），別の文脈（本稿についていえば，業者の取引相手方に対する説明義務や，商品組成上の注意義務）で適法であることまでも保証するものではない[48),49)]。「（本件における金融商品は）会計基準に照らして問題ない」という会計専門家意見を，法的判断においていかに斟酌するかを明瞭に意識する必要があるように思われる。裁判所は法律問題には精通しているので法律問題に関する専門家意見[50)]の当否を判断することはできようが，法律以外の分野については無批判となり

---

48) 2006年適用指針20項は「（デリバティブと資産負債とが所定の緊密な関係にない場合）リスクが，契約上，当初元本に及ぶかどうかをもって判断し，可能性の程度を評価するものとしていない（第6項(1)参照）」とするように，（記述にあたり「緊密」，「及ぶ可能性」，「ような」といった不確定要素の高い語が用いられる一方，適用レベルでは）経済実質や当事者の主観といった要素を排除し，適用上の疑義を生じにくくしている。

仕組み商品の経済実質や目的に遡って監査する義務を会計監査人に課すことは非現実的であろうが，「過去の実績や合理的な見通し」（同25項）を踏まえて定められた客観基準が（会計上適正とされた処理下での財務破綻が相次いだ）リーマンショックの後も変えられていないということは銘記されてよいのではないか。

49) 企業会計基準委員会基本概念ワーキンググループ「財務会計の概念フレームワーク」（2004）4〜5項は，経営者の企業情報開示の基準作成のコスト削減のため標準的な契約を一般化する形で会計基準が形成される（ディスクロージャー制度を支える社会規範としての役割が会計基準に求められている）が，そのように形成された基準がミニマムスタンダードとして有効に機能するかは環境によるという。投資適格格付を1つ得れば合成CDOの区分処理（満期保有目的の場合，全体の時価も）不要とする2006年適用指針は，「環境（資産不良化が深刻化しており，基準を緩和し破綻させずにやり過ごすことが望まれた）」が緩い基準を形成した好例といえよう。

がちな結果，専門家意見に過剰に依存してしまうおそれがあるからである。

（4）　取引の特異性

企業向け取引では主体・客体ともリテール取引よりも複雑で，たとえば信託や特別目的会社，派生商品の利用によって，取引の要素が（節税や倒産手続きからの隔離その他の理由から）分散される傾向がある。武富士メリル事件でも「本件取引（さらに正確には「Y₁により組成され Y₂の販売する仕組債を運用対象金融資産とする信託契約を含む一連の取引」とされる）」というように対象が1つの「商品」には留まらない。そのため，金商法の有価証券，金販法の金融商品に，取引全体としては無論，部分的（上の金融資産[51]すなわち本件仕組債）にも素直に該当しない[52]。たとえば本件仕組債は，出捐者である原告企業に直接には販売されていない（アレンジャーである被告らを経て信託銀行が保有している）。

もっとも罰則を伴う金商法や金販法であれば適用要件を慎重に吟味する必要があろうが，不法行為に基づく請求については比較的緩やかに考えてもよいのであろう。武富士メリル事件の上告審でも結局は（本件仕組債を用いた本件取引としてよりは）おもに本件仕組債について判断している[53]。

50）ちなみに法律専門家に構成される金融法委員会「デリバティブ取引に対する参入規制および行為規制の整理」（2014）の63頁以下において，（民事責任などの私法的文脈ではなく）業規制について，「分解的アプローチ（基礎となる商品たとえば社債と，組み込まれたデリバティブ取引を分解し，それぞれにつき規制を及ぼす）」，「総合的アプローチ（基礎となる商品にかかる取引としてのみ規制すれば足りる。現行法の多くはこちらと見られ得るとある）」という形に二分し，仕組商品規制としていずれが妥当かを検討している。結論として，場合（行為規制か参入規制か。後者の場合，規制が元々厳格か否か）によって使い分けるのが妥当であることが示唆されている。

51）実質的ディフィーザンスにつき定める会計基準は所定の要件を満たす「金融資産」を要求するところから，判決中にも「金融資産」という語が用いられている。実質的ディフィーザンスに係る争点は原審までに決着しており，最高裁では問題となっていない。

52）本件仕組債を金商法上の有価証券とし，合成CDOの担保債券部分は，金融商品の一部分とみることとなろうか。金販法については同法3条7項1号により同法3条1項（説明義務）は適用されない。

53）控訴審の「第3　当裁判所の判断　2(3)は「本件取引はハイリターンを目論む取引であり，裏腹にハイリスクの側面があったことは容易に推認可能だった」とする。
　原告企業担当者は陳述書で「たかだか年数億円程度の経費節減のために多大なリスクを負うつ

IV. 説明について

1. 説明義務の対象は何か

　（既にII，III章で述べたように，筆者はこのような割切り方には懐疑的であるが）「プロ」の顧客に「エキゾチック」な派生商品を販売する場合，商品が「複雑（エキゾチック）」なだけに顧客の質問に周到に答えなければならないともいえそう[54]な反面，「顧客は『プロ』だから，最低限の内容（タームシート上の情報など）を告げれば，放置しても構わない（顧客は理解できなければ取引しなければよいから）」という考えもありそうである。

　現実は更に複雑で，多くは業者が主導的に営業を仕掛ける（放置するどころか，活発な商談の上で成約に漕ぎつけようとする場合がむしろ多いのではないか）から，その中でいかに説明義務が履行されたかを考えねばならない。消極的な不説明よりは積極的な欺罔がむしろ問題となりそうですらある。

　想定し得るシナリオに即した場合分けは煩瑣となるので，視点を変えて，説明義務がない場合と，説明義務があるかどうか微妙な場合とについて考えてみたい。

(1) 説明義務がない場合

　説明義務がない場合を知ることは，余計な主張を控えるという屈折した形

もりはない」とするが，「事実の概要」にあるように武富士債の将来利息を軽減を要請していたことからも投資の意図がなかったとはいえまい。ゼロ金利時代に4％金利額面300億円の15年債は480億円ほどの値打ちがあり（業者側上告受理申立理由書。さらに大要「元本比で1割を下回るマージンをとるのが一般的」という担当者証言を踏まえれば），300億円を元手に15年内に500億円以上とすることが目指されているからである。

54) 松尾・後注84の13頁は（東京地判平21.3.31は）「顧客がプロ的な投資者であっても，証券会社などの業者の民事上の説明義務（情報提供義務）が必ずしも軽減されるものではないことを示唆するものといえる。このことは，むしろプロ的な投資者ほど，業者に対して投資判断に必要な情報をより求めるであろうことから，首肯できる」とする。

からではあるが，企業側にとって有益なことと思われる。これを「説明義務の対象ではない」として意識的に争点から外すようにしなければ争点が乱立し，本命の主張の立証が不十分となるからである。

　裁判上，説明義務の対象とされない傾向にあると思われる主張（④⑤は説明義務違反の主張に関連してとられがちな訴訟活動で奏功しにくいもの）として以下がある。

①　時価および時価算定に用いられる変数あるいは算定式など。リテール販売について下級審裁判例にこれらの不説明を理由に損害賠償請求を認めた例はあるが，上級審あるいは全体としてみれば例外的である[55]。ただし金融庁の監督指針上，店頭デリバティブの時価や最大損失（解約清算金）に関する情報提供義務が業者に課されており，その不履行と認められる場合は別であろう。

②　手数料。対価と商品時価との差額の場合と，その一部の場合とがあり，前者は時価について①で述べたところと同じである。一部の手数料（リテール向けの商品について取引条件に埋没していないタイプの例えば仲介者手数料など）については，法令や監督指針で開示が強制されており，その不履行の場合には説明義務違反が認められやすいであろう。

　取引条件に（たとえばスワップ条件や保険の付加保険料の形で）埋没した業者利益は商品時価と表裏の関係にあり，時価開示が（技術的理由等で）強制されない場合には手数料開示も認められ難いであろう[56]。

③　情報の虚偽遺漏が説明義務違反にあたるとする主張の多く。金商法上の法定開示に関する民事責任規定（法17，18条。目論見書の作成者・使用者，届出書届出者について，重要事項の虚偽開示等につき損害額と因果関係の推定規定を置く）に倣った主張かと思われるが，金商法規定は

55）拙著・前注20の14頁以下。武富士メリル事件の例でいえば「インデックスポジションの市場価値の計算方法」（CPDO部分の価値であり，モンテカルロ・シミュレーションによって導かれる）がこれにあたる。

56）拙著・前注20の47頁以下。

民法の特則である。信義則違反による不法行為としての説明義務違反を問う場合には，民法の原則に戻って損害額と因果関係とを立証しなければならない[57]ので，簡単には認容されまい。

④ （説明義務違反そのものではないが）利益相反関係を争う主張の多く。利益相反を理由として賠償請求を認めた海外事例が紹介されている[58]ほか，日本にも例がある（商品先物取引のいわゆる差玉向かいについて最判平21.7.16民集63巻6号1280頁）。この「利益相反」をいう主張には，実質的には当該取引の禁止を主張するかに映るものもある。そのような主張を認容すれば経済活動への過剰な介入となりかねないとして裁判所は慎重になろうから，他の法律構成が可能ならば，そちらに拠る方が堅実と思われる。派生商品訴訟で定番的な公序良俗違反や詐欺錯誤といった主張も同様である[59]。

⑤ （説明義務違反そのものではない上に特殊な問題だが）販売業者以外の金融機関を共同被告とすること。販売業者の資力に不安がない限り，被告をむやみに増やさないほうが，被告側（および裁判所）にとっては勿論，原告側にも通常は有利なことではないか[60]。そうでなくとも複雑な訴訟の負担を増やし，肝心の争点が見失われかねないからである[61]。

---

57) 虚偽部分に基づいて顧客が意思決定したと見るのが不自然な場合（一部の情報にそこまで強く影響されるわけがなく，他の部分から正解できていたはずとか，なぜその部分につき疑義を正さなかった等から）が多かろう。
　リテール向け販売文書には誤記遺漏は生じ難いであろう（金商法開示責任の対象となるので細心の注意を払って作成するから）が，企業向け取引の場合，顧客に合わせて説明文書を作成するという事情から，誤記や矛盾が発生しやすいとも思われる。

58) 森下・前注7の97頁以下。

59) 「『主張漏れがあった』と後から依頼者本人から文句をいわれないよう，一応主張しておくのだ」といった理由をしばしば聞くが，程度問題であろう。

60) 武富士メリル事件ではアレンジャーとなった日本法人のほか，商品組成に関わった英国法人（日本法人の親法人とは名前が似ているが別法人）が訴えられている。しかし販売会社が責任を負わないときに他の金融機関に責任が認められることは稀と思われる（責任の性質が被告間で異質な場合，たとえば販売業者とアドバイザーと格付け機関といった場合には別かもしれないが）。投資信託における委託会社・販売会社についてであるが，共同不法行為成立の可能性については前注1のNBL1039号8頁，21頁以下で論じた。

（2） 説明義務の有無が微妙な場合

(a) 投資信託（リテール向け商品）についてであるが，東京高判平27.1.26金法2015号109頁は最判平23.4.22民集65巻3号1405頁を引いて「一般に，契約の一方当事者が，当該契約の締結に先立ち，信義則上の説明義務に違反して，当該契約を締結するか否かに関する判断に影響すべき情報を相手方に提供しなかった場合には，上記一方当事者は，相手方が当該契約を締結したことにより被った損害につき，不法行為による賠償責任を負う」，「どのような場合に信義則上の説明義務が発生し，また，どのような内容の説明が求められるかについては，契約の内容や当事者の属性に照らし，個別具体的に定められる」とする。

武富士メリル事件でも業者が企業に対して説明義務を負うこと自体は当然の前提とされており[62]，当該事案でなされた説明が十分か否かが問題となった。

(b) リテールの場合と同様，企業向け取引の場合にも金銭授受の実行に不可欠な内容は最低限説明することとなろう（武富士メリル事件の場合でいえば，タームシートや補足情報の中で示される契約条件がこれにあたる）。それ以上に何をどう説明すべきかは，顧客からの働きかけ（に表れる顧客属性[63]）によっても異なってくるだろう。

企業が販売業者と取引についての能力が同程度なほど，また定型的な

---

61) もっともたとえ顧客自身がそのように行動しても，関係者が例えば将来の求償に備えて訴訟参加してくることや，訴えの主観的追加的併合が求められるといった形での複雑化はあり得よう。Cf., McGraw-Hill International (UK) Ltd v. Deutsche Apotheker-Und Arztebank EG & Ors [2014] EWHC 2436(Comm)(18 July 2014).

62) 「説明義務はプロ・アマの間にのみ発生するもので，プロ・プロあるいはアマ・アマの間には存在しない」という，しばしば引用される考え方（横山美夏「契約締結過程における情報提供義務」ジュリ1094号129頁）は，大枠を把握する目安として有益であるが，本稿で前述したように「プロ」・「アマ」という区分自体はっきりしたものではない（とくにプロは様々で，少なくとも金融機関と通常の事業会社とについては，目的や状況に応じて区別して考えるべきでないか）ことから，およそ例外を容れないものではないと考える。

63) 法人取引でも顧客属性を無視すべきでないこと，および顧客の知識経験の水準をいかに決定するかについて本文Ⅱで述べた。

取引であるほど，価格その他の基本的な契約条件さえ決まれば足り，基本的な内容について質疑応答がなされることはあるまい。しかし金融機関でない法人に対しては，武富士（消費者金融会社として広義の金融機関には含まれるが，派生商品の組成や販売は行っていない）に交付された諸文書[64] にも見られるように，契約のポイントとなる諸事項について基本に遡った説明を用意し，企業の質問に応じるであろう。契約がオーダーメイド性が高く，業者が企業の働きかけを誘導する関係にある場合には，そうでない場合に比べて業者の説明負担が重くなるのが自然であろう。

(c) 信義則に基づく説明義務において，何をいかに説明すべきかについては，①金商法における法定開示と，②金販法における取引の仕組みのうちの重要な部分とに関する規定の解釈が参考となると思われる。根拠や目的が必ずしも同じでない点は留意すべきであるが[65]，適宜修正の上で参照すること自体は可能であろう。なお①と②の双方に関わるシミュレーション結果（格付けを含む）の利用については項を改めて考察したい。

① 金商法上の法定開示

法定開示について[66] であるが，法17条および18条を踏まえると，虚偽開

64）第一審で認定された，メリルリンチが武富士に交付した説明文書は以下である。「キックオフミーティング資料」，補足情報仮メモランダム（仮目論見書），タームシート，「インデックス債券の仕組みについて」，「プレセールレポート」（参考和訳付き），「15年満期固定利付格付付きインデックス連動（REDI）債券の概要」（2007年4月版，2007年4月修正版），「ディフィーザンス取引のご提案」，「ディフィーザンス取引について」，「インデックス債券の仕組みについて」，「CPDOのインデックスロール」，「格付付きインデックス運動（REDI）債券市場動向について」，「格付付きインデックス運動（REDI）債券市場アップデート」。「について」とか「概要」とあるものは基本事項を説明するものである。

65）たとえば不法行為法と金商法との説明義務の趣旨が共通とした東京高判平27.1.26金法2015号109頁の判示には，前者は一対一での説明を想定しているため説明内容・方法が様々であり得るのに対して，後者（目論見書記載事項）はそうではない（法定記載事項を大衆を想定して記載する）という相違があるという意味で問題があった。

66）法定開示の場合，記載事項を無過失責任の裏付けの下に緻密に府令で規定しているので，法令に明示的に要求されていない記述（とくに(iii)はその問題がおこりやすい）を安易に義務づけるとすれば問題であろう。前注1のNBL1039号8頁，23頁（注28）参照。

示は(i)重要な事項について虚偽の記載があること，(ii)記載すべき重要な事項が欠けること，(iii)誤解を生じさせないために必要な事実の記載が欠けていること，に区分される。

　各類型の具体的意義を定めた規定は存在しない（効果としては上の(i)～(iii)のいずれも民事責任の対象となるが，課徴金責任は(i)(ii)の場合，また刑事責任は(i)の場合に限定される。事実認定における(i)～(iii)の具体的境界線は必ずしも明確でないが，責任が重いほど虚偽開示の範囲と類型とが限定される関係にある）ものの，実務上，(i)は積極的虚偽開示，(ii)は消極的虚偽開示，(iii)は不完全開示（一定の事実が開示されているものの，その開示が投資者に誤解を招くような場合）を意味し，具体的には金額的重要性・質的重要性を踏まえて判断されるといわれている[67]。

　信義則上の説明義務，それも企業向け取引におけるそれにおいても，(i)から(iii)の類型のいずれも問題となり得るが，リテールの場合とは種々の点で異なる。たとえばリテールの場合，業者がほぼ一方的に（よしんば顧客から活発に質問があっても，販売する商品自体を変更するといったダイナミックな対応（複数商品の別なものを選ぶことはあろうが）はなされない。またリテールの場合，仮に企業が不要の意思を示しても，法定の事項を伝達しなければ消極的虚偽開示とされる危険[68]があるので，実務上，とにかく開示する傾向があるように思われる）法令や自主規則に即した画一的な内容を顧客属性に合わせ伝えていくのに対し，企業向け取引の場合にはそのように説明が行われることを想定していない。企業向け取引の場合，仮に企業側からの働きかけが全くなければ（そして業者側からも販売に向けて敷衍した説明を行わなければ），業者は金銭授受に関する事項等の最低限の内容を伝達するにとどまり，このような場合には（企業はプロなので他から情報を得るなりして投資判断に十分な状態にあったと見なされるため。さらに端的にいえば，

---

67) 中村聡ほか・金融商品取引法（3版　2015）577頁（斉藤尚雄）。
68) 金販法の場合，説明を要しない旨の顧客の意思の表明により説明不要とはなる（金販法3条7項2号）が，実際には念のために機械的に説明がなされる場合が多かろう。

責任を負う根拠がないから），業者は説明義務違反について責任の負いようがないと思われる（すなわちリテールにくらべて消極的虚偽開示という問題が起こり難い。「業者はプロに対しては説明義務を原則負わない」という見解は，このような場合を一般化してのものかもしれない）。

しかし，企業が質問するなり商品設計に希望を出すなりして，業者と意思疎通する過程で，業者が契約目的に即した水準の説明をなす義務を負う（できない場合には契約しない）のは当然のことであろう。成約を望む業者が企業に対して積極的に働きかける場合には尚更である（この場合には，積極的虚偽表示に類する問題も生じやすいであろう）。その際に，不完全開示（一定の事実が開示されているものの，その開示が誤解を招くような場合）の問題が生じ得ること自体は，金商法の法定開示の場合と異なるまい。

もっとも法定開示の場合にくらべて，信義則上の説明義務は履行の方法が極めて自由であるという違いがある。そのため，なされた説明が十分であったかを事後判断すること[69]は難しいであろう。武富士メリル事件第一審のように，タームシート内容を冗漫ぎみに転記の上，「これらについて説明があったことが認定され得るから，説明義務は果たされた」とするならば，「何故それで説明があったことになるのか」，「ホールセールでもリテールのような説明をしなくてはいけないのか」，「わかりやすく要領のよい説明がし辛くなる」といった批判を招くであろう。

あるいは業者側の主観的な事由，たとえば信認義務違反とか利益相反をとらえて責任を問うのも一つの解法であろうが，すでに述べたような難しさが

69）業者ほどの能力を備えていない法人顧客に，複雑な内容の契約を説明する場合，業者は前注64に挙げたような説明文書を用意し，（たとえば設計目的を示し，まず全体像を把握させ，段階を追って細部を説明し，その際に類似商品との対比や顧客理解の確認を行うといった）種々のレトリックを用いながら解き明かしていくであろう。その際，情報を取捨選択することが重要であると同時に，（業者不利な情報の説明が控えめなどの）偏りのないことが求められよう。タームシートをただ読み上げるような説明は（説明者自身がよくわかっていないのでなければ）説明の偏りや欠缺を恐れてなされるのかもしれないが，説明として不足という評価もあり得よう（もっとも法人顧客の場合，下手な説明をする業者とあえて取引したことについて少なくとも過失相殺を免れまい）。

ある（（1）④）上に，規範として確立しているとはいえまい。

筆者は，より客観的な事由を通じたアプローチ，具体的には，当該金融商品が契約目的に整合的とはいい難い結果を生じ得る旨を説明できていたか（仕組み説明については以下の②参照）を判断する方が，主観的事由の判断という難しさを回避できる上に，妥当な結果を得やすいと考える[70]。

② 金販法上の仕組み説明

企業に対して商品仕組みについて説明する場合（業者の提供する資料を基にした質問に答える場合が典型的であろう），信義則に基づいた説明義務がどのような内容・水準のものかに関する明確な指針はないと思われる。とくにエキゾチックデリバティブの説明問題は難航することが予想される[71] が，リテール顧客保護を目的とする ADR や金融庁監督指針等での扱いもないので，これらを参照することもできない。

幸い，金販法に関する解釈が万能ではないとしても有益な指針となりそうである[72]。すなわち，金販法制定時の立案担当者は，仕組みとは「顧客が払った金銭が何らかのリスクにさらされ収益が変動するメカニズム」そのもので

---

70) 少なくとも法人向きエキゾチックデリバティブの事案の場合には機能するように思われる（武富士メリル事件（オフバランス目的）もそうであるが，たとえばプレーンバニラデリバティブのケースだが，ヘッジ目的金利スワップ取引に関する前出最判平25.3.7はヘッジになっているかの点を判断し得た）。

このアプローチの難点として，①商品設計にあたっての注意義務との関係がつきにくい（もっとも，商品組成の注意義務違反とまでいうには難しい事例で，しかしこのような設計の商品を勧誘することについて業者に帰責性があるという場合には説明責任という形で責任を負わせるという形で整理可能かと思われる），②契約目的に整合的ではあるが望ましくない結果に終わった場合をカバーできない（もっとも，リテール顧客ならばともかく，法人であれば目的整合的であれば（業者側に明確な帰責事由があるといった場合を除けば）業者に責任を問うことは難しかろう）等が考えられる。

71) クオンツやトレーダーならば，必要な変数を得れば自らで商品の意味や性質（最大損失や時価算定を含む）を知ることが出来る場合もあろう。そうでない顧客には，金融工学的な理解までは立ち入ることなく，大まかな流れと結論の一部とを示すことで対応しているようであるが，商品の仕組みが複雑なほど説明内容の取捨選択や仮定の設定が難しくなり，損失が発生したときに「きちんと説明されていなかった」という不満を招きやすい。前注12の NBL1005号41頁では抽象度の高い分析的アプローチをいきなり適用することは難しいので，とりあえず監督指針を参照することを提案した。

あり，リスクによって元本割れ等が生じるおそれを説明する際に要因（事由）として説明されるべきものである（仕組みはリスクの説明と不可分の事項である）としている[73]。このように，仕組みの説明にあたっての要諦は，損害（収益変動結果）とリスクとを結ぶ因果（メカニズム）をいうことにあると解される。さらに単純にいえば，損害とそれを招来した諸リスク，およびその関係が，説明に含まれているかが評価されるわけである。

　前出の平成25.3.7や平成28.3.15（武富士メリル事件）の各最高裁判決は，商品条件を羅列の上，「原告はこの内容をわかったはずであり，それゆえ説明義務が果たされている」というように総合判断的な説示をしているが，なぜ判決がいう商品条件を説明すれば足りるかが明白でない嫌いがあるように思われる（もっとも最判平28.3.15は裁判所の枠を元に当事者が説明義務違反の有無につき主張した内容を総合判断するという方式をとっているので，明白でないこと自体は問題ではないのかもしれないが）。

　上の担当者説明の発想に従えば，これらの裁判例の表記とはいわば逆向きに説明義務の履行が検証されることになるように思われる。すなわち損失（何がそれかについて限界的には議論があろうが，このことは企業向け取引やエキゾチック商品に特有の問題ではない）とそれを招来したリスク[74]をまず確定し，その間の関係（因果，メカニズム。数理的に厳密に説明することはほとんどの場合において不可能であろうから，大まかな例示やイメージ

72）金販法上の説明義務は特定投資家顧客には適用されない（法3条7項2号，金販法施行令10条1項［特定投資家。上場企業（本則）ならば該当する］）。しかし同法は顧客から特に要請がない場合にも説明義務を業者に課す（その義務を顧客が特定投資家の場合には課さない）という前提のもので，異なる局面，すなわち商品仕組みについて業者が企業に対して自発的に説明するときや，顧客から業者に説明を求める場合を想定していない。また「仕組み」の説明は適合性原則のような弱者保護の観点からの規制というよりは，説明の根幹を示すものであるから，判断能力や財力がある顧客には不要という性質のものでないと考えられる。したがって「企業に対しては，同法上の説明対象はおよそ説明する必要はない」という結論にはならないと思われる。むしろ金販法で要求されているそれらを踏まえて説明することが（説明義務履行の必要条件ではないとしても）慎重な実務対応といえよう。

73）岡田則之＝高橋康文・逐条解説金融商品販売法94頁（2001）。そのため，制定当時には「取引の仕組み」は重要事項として明記されなかったが，平成18年改正で追加された（経緯につき松尾直彦監修＝池田和世・逐条解説新金融商品販売法7頁（2008）以下）。

等による説明が多かろう）について説明があったかを（証拠，たとえば以下に見るシミュレーション図などを踏まえて）評価する[75]。このように検討対象を機能的・客観的に絞った上で検討すれば，業者説明の当否を事後判断しやすくなるのではないか[76]。

74）前注73の逐条解説新金融商品販売法の該当箇所（条文につき11頁，仕組み説明に関する裁判例につき26頁以下）の記述によると，平成18年改正当時に想定されていた「リスク」は市場リスクと信用リスクであり，また裁判例で「取引の仕組み」が問題とされた具体的事例はワラント，EB債，投資信託，オプション，外為証拠金取引である。要するに，プレーンバニラ商品につき，主な計量可能リスクを考えているようである（引用事例中，仕組みにつき最も詳細に示している大阪高判平10.10.23証券取引被害判例セレクト10巻252頁（ワラント）は説明すべき事項として「理論価格と流通価格との関係」，「権利行使価格と株価との関係」，「流通価格は株価変動のみでなく種々の要因によって複雑に変動すること」，「権利行使期間内でも株価が権利行使価格を下回ればワラントの売却は困難となり，残存行使期間の如何によっては期限前でも売却の機会が減少し事実上無価値に等しくなること」を判示している。正確な定量的説明（業者自身は客観的に解を導けねばならないが，そのための条件（数式）を顧客に理解させることまでは必ずしも求められない）は求めてない一方，空疎な定性的説明（「信用リスクによって投資が全損に終わる可能性があります」というような）で可とするわけではなく，また，計量困難だが重要な流動性リスクの説明が求められている点が興味深い）。厳格な定量的説明と空疎な定性的説明との中間にして説明義務を満たすと判断される内容は様々でありえようが，たとえば，過去データや仮定値を用いたシミュレーションを示す，主要なリスクと結果との関係を具体的に示す，最大損失額や一定以上の損失の発生確率を示す，といった昔から行われている説明がなされているかを見ていくこととなろう。

75）前注74参照。ワラント（エクイティリスクを主とするプレーンバニラ商品）については説明の上で販売可というのが裁判例の帰結といえる（今日でもカバードワラント等の形で一般に売り出されている）が，ワラントよりも理解困難な，たとえば金利リスクに関するエキゾチックデリバティブ商品について説明義務が履行されていないと裁判で判断されることが仮に続けば，販売禁止に近くなろう。拙稿「金融商品取引業者の新規な説明義務」落合誠一先生古稀記念『商事法の新しい礎石』（2014）の類型としては，前者は（C）（β）（古典的手法で説明義務内容を検討し，履行され得る内容の説明義務を設定する），後者で販売禁止的な義務を課す場合，（B）（実質的禁止）にあたろうか。

76）武富士メリル事件のREDI債の場合，損失は①7割ほどが信用デリバティブ取引による損失，②3割ほどが担保証券の流動性低下による評価損失であった。詳細は別稿にゆずるが，①は（レバレッジ増加構造とその経済的意味について不明はあるが）さほど説明困難ではないと思われるが，②が性質（とくに①のリスクとの相関関係），評価（過去の例が限られ，数値化も困難）ともに相当に難しいものなので，リスクの存在については定型的な説明をしているが，因果についてははほとんど説明されていなかった。このことをどう評価するかが争点となり得る。もっとも②の流動性リスクを事前に客観評価し，また，シミュレーション図に組み込む等までを求めることは，同リスクの標準的な扱い方に照らし酷な要求であるように思われる（要するに，流動性リスクの扱いの不足を説明義務違反に含むかの認定は慎重に行う必要があろう）。

2. シミュレーションについて

(1) 概観

　企業の意思決定に特に強く影響するのは，シミュレーション[77] のような一見単純明快でわかりやすい情報であろう。シミュレーションは金販法の仕組み説明に相当する内容を説明する際に使えるほか，金商法の法定開示でいう不完全開示とされないように説明を工夫する際にも活用されそうである。

　シミュレーションの影響力の強さは，業者が企業を誘導しやすいということでもあり，それだけに，シミュレーション結果（良好な投資結果）が実際の投資結果（遺憾な結果）と異なる場合，業者の説明が不適切であったという評価を受け易いであろう。こういう性質のシミュレーションおよびその注記等が，契約における企業の不利益を公正に伝えているとは認められない場合（たとえば前注74に例示した，形式的な定性的説明（「信用リスクによる元本全損の危険がある」といったもの）による警告のみでは，さすがに不足だろう）[78]，たとえ企業がいわゆるプロでも説明義務違反とされやすいので

---

77) 契約条件に過去のデータを代入するとか，あるいはシナリオ設定の上での予想値を代入することによって，投資結果の経緯を視覚化あるいは結論を数値化したものである。従来，シミュレーションというときには，時価評価のためのモンテカルロ・シミュレーションが多かったかもしれないが，ここにいうシミュレーションはそれに限らない。

　シミュレーションについては作成者の裁量限界（モデルをどう作るか，変数をどのように設定するか，試行をどの範囲で行うか（たとえば過去データをどの範囲とるか））という問題もあるが，これは法律判断にはなじみにくく，後出の豪州事例のように作成者に利益相反等の事情があるとか作成者本人が内容を不当と考えていた，あるいは本文中の東京地判平21.3.31のように内部手続で不適当と判断されていたことの証拠が出るといった事情がなければ，裁判所があるシミュレーション手法が不当であるから説明義務と判断することはまずないようにも思われる。

78) 近時のハイリスク・リテール商品（たばこ，仕組み外貨銀行預金など）では自虐的なほどの悪いシナリオのみ示すものも見うけられるが，企業向け説明ではそこまでは要求されまい。しかし，たとえば発生確率に比例して悪い例と良い例とを示すとすれば悪い例が少なくなりすぎて問題かもしれない。シミュレーションを示す以上は最悪シナリオ（最大損失の場合）に基づく例を示すのは実務的に必須といってよいのではなかろうか。

　CPDO債についていえば，筆者の見た限りでは，最大損失例（全損）をシミュレーションで示す例はなかった。通常の想定下では確率的に全損し難く設計された商品（だから自然な全損例を作りにくい。たとえば発行体破綻による全損例ではあまり意味がない。急激なインデックスの上昇に始まり2年程度上昇が続く例が適切かと思われる）からかもしれない（ちなみに武富士メリ

はないか。

シミュレーション結果の説明における利用が説明義務違反の問題となりそうな例を以下に2件示したい。特に2件目は，上場会社子会社に対して業者側に義務違反ありとした日本の裁判例であり，学説も異論無く支持しているものである。

（2） 具体例1：CPDO の商品性説明のためのシミュレーション

図表1および図表2は，金利デリバティブや債券評価の研究で日本でも知られた Fabozzi が新しい投資手法である CPDO（CDS 指数を参照指数とし逆張り構造のレバレッジを付した合成 CDO）を紹介した論文[79]から転載したものである。この CPDO は武富士メリル事件での CPDO と基本的に同じ組成（目標金利や満期，担保債券種類といった点は異なる）で，CPDO 部分からの利益と担保債券の利子との合計が目標額（元本プラス将来利子支払に必要な額。さらに業者報酬も必要である）に到達した時点で CPDO の運用を停止（キャッシュイン）する。到達しない場合，未達部分の大きさに合

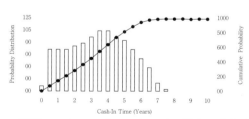

図表1　CPDO キャッシュイン発生の確率分布

ル事件では，スキーム当初ゆえ目標金額までのギャップが大きい上，発行金利がリーマンショックによって未曾有といってよいほど跳ね上がったため（さらに担保債券の評価損が大きく加わり）初回の CDS 取引でキャッシュアウトしているが，仮に以上の要件のいずれかがなくても（たとえば金利跳ね上がりがヨリ緩やかであるとか評価損がより小さい等），その後2年にわたりほぼ一貫して金利上昇しているため，キャッシュアウトは免れにくかったと思われる（この点の予測につき当事者間で争いがある））が，論理的に（しかも極端に仮定に無理がない）全損例を作れるのに小さなかった場合，業者が誤導したという認定につながり易かろう。

79) Douglas J. Lucas et al., A Primer on Constant Proportion Debt Obligations, J. Structured Finance 72 (Feb. 2007).

170　企業向け（ホールセール）取引における金融商品販売責任の特性

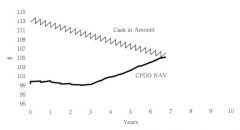

図表2　CPDOのキャッシュインの一例（本稿筆者注，キャッシュイン必要額は債券利子が時間に比例して減るため逓減する）

わせCPDOの投機性を高める（レバレッジ係数を上げる）ことにより，半年に一回改訂されるCDS指数スワップ条件の下，従来の負けを大きく解消することを目指す，逆張り投資手法をとっている（早期元利獲得達成を目標に，担保債券を元手とする逆張り手法を自動操縦的に組み込んだ商品といえ，市場が激変しない限りはキャッシュインを量産する，面白い良い商品という印象を与えたのではないかと思われる）。この投機の失敗が続くと，目標額に到達するどころか損失が累増していくが，損失が拠出済みの担保債券価値と見合う時点で強制終了（キャッシュアウト）させる。

　さてFabozzi論文には満期（10年）までの何時頃キャッシュインすると予想されるかを図表1として，7年目にキャッシュインした場合の経路の一例が図表2として示されている。図表1を見ると，CPDOからの収益によって殆どの場合は6年目までにキャッシュインすること，図表2からは当初はCPDO債の時価と目標額とが大きく乖離しているが，CPDOが投機により順調に利益を累積する一方，必要な目標額は時間経過により（利子支払いが進み）逓減するため，7年目に両者が合致しキャッシュインしたことが示される。

　論文にはこの2つの図しか掲載されていないが，仮にこの両図のみを勧誘に用いたとすれば[80]，誤導したと判断され得るのではないか[81]。図表1には

---

80) ちなみに武富士メリル事件ではシミュレーション図を複数示しており（訴訟記録から），7葉あるうち4葉はキャッシュイン，残りはキャッシュアウト事例を示していた（ただし全損事例は含まない）ので，本文中の仮定に比べてはるかに丁寧な文書を使用していたといえる。

逆張りの投機の失敗が重なりキャッシュアウトする場合が読み取れず，全ての場合キャッシュインする（満期である10年目には累積を示す Y 軸の100%の値に達する）かのように映るからである[82),83)]。

　同論文の読者であれば（論文全体としてはキャッシュアウトについても十分述べていることから）CPDO 債すべてが満期までにキャッシュインするとは考えないであろう。しかし，このような図を取引過程で示されれば，仮に口頭や文書での注意があったとしても，シミュレーション図に注意が向け

81）別の例であるが，清水・後注87NBL 940号66頁は例えば相場不変という前提に立ったシミュレーションだけ見せるとすれば，断定的判断の提供に近いと見られるという。
　　［追記］前注76で（実際には損失発生に大きく寄与した）流動性リスクをシミュレーション上に含んでいないことは，流動性リスクの評価が困難であり実務でも恐らくしていないことから問題はないとした。しかし，業者の手数料総額は原則的にはシミュレーション結果に含むべきでなかったかと考える（手数料が控除されればキャッシュイン確率は当然下がる）。たしかに武富士メリル事件最高裁判決では口頭の説明の際に手数料を仕組みと別途説明することは否定されていないが，シミュレーションのように強く直感に訴える場合に（かつ実質的に不可能でないのに）手数料を外すとすれば，顧客を誤導するものと判断し得るのではないか。もっとも，シミュレーションに手数料を反映させないことを直ちに欺罔であるとか，説明義務違反であるとすればこれも行きすぎと思われる（武富士メリル事件では推計であるがキャッシュインに必要な利益が180億円であるところ，手数料は30億円前後と推察され，仮にそうであれば，手数料がシミュレーションに及ぼす影響は重要ではないとはいえないとしても，投資家判断に決定的とまではいえないと思われる（リテールでの利益率の高さに比べればなおさら）からである）。要するに「手数料のシミュレーション不算入は説明義務違反である」という規範であると見るのは無理だろうが，総合判断の一要素として斟酌されることはあり得ると考える。
82）論文は，この CPDO はトリプル A 格を取得しており，その場合，8 年以内の倒産確率（格付け手法定義上，目標額未達も倒産に含まれている）は経験的に0.1%より低いため，累積キャッシュイン率をほぼ100%とする図表 1 は正しいという。もっとも同論文は①CDS 指数構成会社のデフォルト水準が異例に高くない（なお戦後トリプル A の年内破綻率が0.5%を上回る例はなく，また半年毎に信用が落ちた会社を指数構成会社から外している），②ロールオーバーによる顧客得失への市況の影響，③指数低下時に CPDO から利益を挙げにくい，の点での仮定が崩れれば別としている。Id. at 77-78. 前注78で述べたことに関連するが，CPDO がトリプル A を取得している場合，その自然な全損例を作ることは難しく（簡単には担保債券のデフォルトによる全損が考えられるが，主たるリスクリターン要因である CDS 取引により負う信用リスクによる損失を示すのが本来のように思われる），それだけ CPDO は良くできた商品と言えなくもない。
83）調整として，①業者が格付け取得に不正に関わっていれば，忠実義務責任を理由に責任を問う，②そうでない場合にも，トリプル A 格の大幅な格下げといった希有な場合についても実質的な説明があることを要求する，が考えられる。オーストラリアや係争中のイギリスの事例では①の点を争っているが，日本の業者は格付け機関に働きかけるほどの積極性はなかったようなので，②の理由によるしかあるまい。

られる結果，意識が回らないこともあり得ると思われる。

契約条件その他，取引の状況全体から判断する必要はあろうが，「プロ顧客なら口頭や文書での注意書きがわかって当然」とか「見落とすことはプロにあるまじきこと」とは必ずしも言えまい。もし言えるのであれば逆に「プロ業者なら誤解を招くような図表を使用しないのは当然。使用するのはプロにあるまじきこと」といえそうである。

（3）　具体例２：内部委員会で要交付とされた金利感応度分析表の不交付

東京地判平21.3.31金法1866号88頁（確定後５年経過しているため記録閲覧できていない。シミュレーション表と分析表は清水俊彦「デリバティブ損失問題の深相(9)」NBL924号85頁，86頁（2010）に転載されている）は武富士メリル事件と被告は同じだが，原告（一部上場会社が投資目的のために設立した子会社を含む。前注４参照）は異なり，純粋に投機目的（ヘッジ目的でない金利スワップ取引（CMS取引））からの取引事例であり，３分の２を原告側の負担とする過失相殺の上ではあるが信義則に基づく被告の説明義務違反が認められた。

本件では，分析表（金利感応度を示すもので，最大損失がマイナス46％になることのほか，シナリオに応じて損失程度を示すもので，内部機関STRCが重要と認め，交付を契約条件としたもの）の交付があったことが認定されず，契約担当者作成のシミュレーション表（最大損失が8.66％に留まると理解されるもの。分析表との違いは，使用金利（複数）の動きが同じと仮定するか否か等による）による説明しかなされなかったとされている。

筆者は，シミュレーションにおける仮定の設定には裁量の余地があり，サイエンスというよりはアート的な性格のものであるから，説明義務違反ありと認定することは容易ではない（多くの場合，証拠の内容に密着して射程がほとんどその件限りに限定される）ように思うが，本件に関する評釈類は比較的あっさり判旨に賛成している[84]。実質判断については訴訟記録を未見なので確信が持てないものの，「（リスク説明に関して適切な分析表の交付なし

に契約締結しており）企業の自己責任に基づく自主的投資決定の判断にとっての前提条件の充足を阻害すると評価される場合，説明義務違反にあたる」という判示について本判決は踏襲されるべきものと考える。

3．不可抗力との競合－説明と損害との因果や業者過失は否定されるのか

（1）　残る難問：予見可能性および因果関係

ここまでの本稿の内容，すなわち，主体・客体・説明に関する知見（「プロ」属性を過剰評価すべきでないこと，会計における適正は説明義務の充足を保証するものではないこと，損失から遡って関連リスクおよび損失発生メカニズムについて説明できていたかを，使用したシミュレーション等も合わせて評価すべきこと）を踏まえれば説明義務違反の有無を簡単に判断できるかといえば，そうではないと思う。リーマンショックのような水準での経済変動は一種の不可抗力であり，因果関係（いずれにしても投資損失は生じた[85]）や予見可能性（リーマンショック級の経済変動は予見可能でない[86]）から，そのような仮定に基づくシミュレーションを提示しなかったことに過失はない）の点で業者責任が否定され得ると考えられるからである。以下は結論の明確ではない思いつきを書き留めるものである。

不法行為の一般的な例に照らして，リーマンショック下での損失発生につ

84）松尾直彦「金利スワップ取引の説明義務違反を認めた裁判例」金法1868号6頁（2009），吉井敦子・金融商品取引法判例百選56頁（2013）。清水俊彦「アマ対アマのメリルリンチ日本証券事件」NBL924号85頁（2010）はシミュレーションの的確性を含めて説明を具体的に検討する中で，金利変動と時価評価との関係の説明が支離滅裂であった（要するに，業者側担当者の理解力が低い）を示唆している。和仁亮裕ほか「オピニオン　投資家様と説明義務」金法1873号1頁（2009）はシミュレーション表は与件が異なるが誤りとはいえず，むしろプロ投資家がそれを検証できてしかるべきという。今後はこういった点が争点となるのではないか。

85）説明があれば契約締結を断念したことが明らかという場合は除く。もっともシミュレーション図やリスクと損失の機序の説明にミスがあるといった事柄は，明らかに契約を断念させたほど深刻なものでは一般にはなかろう。

86）主に合成CDO組成後のシニアトランシェ（一般に最高格付け）を金融機関自身も大量に保有していたところ，リーマンショックにより大幅かつ長期の債券評価下落が実現し，経営困難に陥った。メリルリンチ（米国）もその例外ではなく，自身が救済的な再編の対象となっている。

いて，予見可能性および因果関係の点で業者に責任なしと判断するのがむしろ自然と思われる。「利益相反といった主観的事由の援用は控えるべき（Ⅳ 1（1）④。むしろ商品組成についての客観的内容の説明義務について検討するアプローチを提案した。Ⅳ 1（2）(c)②)」とする前出の本稿見解と矛盾するようではあるが，仮に裁判所が予見可能性ないし因果関係の点から業者責任を問うことに消極的ならば，（現に海外でそうであるように）主観的事由たとえば業者の誠実義務を理由として企業の立証負担を軽減する方向に向かうことも考えられる。

　裁判所は医療過誤訴訟等の領域で，因果関係や予見可能性について通常の不法行為の解釈から踏み出す裁判例を示してきた。これらは個人救済における例であり，企業については，たとえ恐慌下でも，司法は原則に拠るべきと考えられているのかもしれない（なお「不可抗力」というと，民法419条３項の債務者は抗弁となし得ないという規定から，説明義務違反や注意義務違反を争わずただ契約を履行せよというように連想が働きそうであるが，ここでの議論にはその含みはない）。そのような謙抑的な姿勢に共感を覚えるものの，以下のような変化を鑑みると，企業の経済活動の場合にも不介入がはたして最適の方針かは自明ではないように思われる。

（2）　リーマンショック下の発生損失の特異性

　金融イノベーションによるバブルとその崩壊は，当該イノベーションによる市場の発達という功利と切り離せない関係にある。1990年代後半に始まった信用デリバティブによる信用リスク市場構築の場合，信用デリバティブ取引が歯止めのないままに膨張したことがリーマンショックの重要な一因となっていると考えられる。

　信用リスク市場の構築によりリスク分散が一層進んだので，バブル崩壊に至る前に信用リスクが分散される（要するに崩壊すべきバブルではそもそもない）という楽観的意識が業界にはあったのかもしれない。実際，欧米の大手金融機関のほとんどは，高格付けの証券化商品を販売したが自らも多くを

保有していた。また金融機関間の競争は激しく，たとえ格付けインフレや対象資産過去情報不足等に懸念があっても，高い手数料をもたらす人気商品を販売しないという選択を簡単にはできるものでなかった。

以上が成り立たなくなったのは，信用リスク市場という制度そのもの[87]（たとえばSIV（長短金利差から利ざやを稼ぐ資産運用会社で，運用に関連して各種の債券を発行する）が破綻するとか，プロテクションの売り手が破綻する等）がリーマンショックを契機として危うくなったからであり，崩壊の進行を防ぐために政府の信用保証をはじめとする救済措置が発動されたが，それが間に合わず破綻する例も多数出た[88]。

要するに，リーマンショック下での損失は制度構造的なものであり，政府救済がなければ参加者全員が破綻したとも考えられる。実際には救済によって生残り組と破綻組とが分かれ，それが業者・顧客であった場合に顧客から業者に対する損害賠償請求という形がとられるわけである。

（3）　裁判所が積極的に説明義務を認める場合に予想される効果など

制度構造的な崩壊の中で，説明義務違反を比較的容易に認め，将来におけるその遂行を促すことにどのような意味あるいは効果があるだろうか。

前述の信用リスク市場制度そのものの崩壊という問題への対策と見るにはささやかに過ぎ，現在進行中の超国家規模での対応を補完する意味すら認め難いように思われる（換言すれば，個々の業者に説明義務を従前にまして良

---

87) 清水俊彦「デリバティブ損失問題の深相（21）武富士のCPDO（21）」NBL940号64頁，68頁（2010）は担保債券部分とCPDO部分との損失が競合した場合かつ前者について業者過失なし，後者にはありと前提した場合につき担保債券残存部分がCPDO損失をカバーする分について因果は認めよとするようである。CPDOの損失発生は普通にあり得ることだが，担保債券発行体であるSIVの破綻は信用リスク市場制度そのものの破綻と同視でき，SIV破綻がある場合，CPDOも全損すると単純に考えてよいように思われる。

88) 武富士メリル事件の関連では，破綻例（全損例を含む）に武富士購入のREDI債のキャッシュアウトがあり，救済された例としてメリルリンチ（米国。財務悪化のためバンクオブアメリカが買収）がある。原告被告はバブル崩壊から救済された者とされなかった者との対立でもあるわけである。

く履行させても次のバブル対策として十分とは思えない）。

効率よりは公平のほうが本来の民事法の守備範囲なのかもしれない。生き残り・破綻という明暗が偶然のうちに決まった者の間で，損失を来した契約関係があることを理由に，損失負担を分担させるのが狙いと見る向きもあるかもしれない[89]。また司法は企業向け取引でも説明義務を認めないわけではないことが知られれば，業界が全体として販売に慎重となり，顧客のための商品サービスを志す（そのため場合によっては自己の目先の利益となる取引を断念する）業者が生き残りやすくなるかもしれない。

V．終わりに

本稿では，主体・客体・説明に分けて，業者の説明義務を認める方向に働き得る内容を試論として述べた。

企業向け取引においては，リテール領域では威力を発揮する行政（金融ADRや監督指針がその例である）も広義の適合性原則違反も頼みにすることができない。

日本におけるリーマンショックによる投資損失問題は，諸事由により海外よりも軽微ですんだようだが，次回もそうとは限らない。国際化の進む今日，武富士メリル事件最高裁判決が相対的に業者の安心感を呼び，たとえばCPDO販売について業者・格付け機関の責任を認めるオーストラリア[90]やスワップ販売についてであるが時価情報開示を要求する判例もあるドイツと

---

89) ちなみに恐慌時に限るものではないが「プロに対する説明義務を認めるか否かは，個別具体的な事案に即して損害金の分担をどうすべきかという問題の単なる前提と考えるべきかもしれない」とする福島良治「プロ投資家にはどこまでデリバティブ取引を説明すべきか」金財2009年10月5日号17頁は，説明義務がいわば仮想理由に使われている不自然さを指摘するものかと思われる。また日比野俊介「実質的ディフィーザンス取引に関連して，販売した証券会社の説明義務違反を認めた事例」金法2025号59頁，62頁も「本件は，きわめて単純化するならば…REDI債が，その後のサブプライム問題…の結果として生じた損失（顕在化したリスク）を誰の責任に帰すべきかの問題ということができる」というように，問題の本質をサブプライム問題という特異な事由により生じた損失負担の問題としている。

いった国での販売は慎重に行う一方，日本の事業会社には強い販売攻勢をかけるとすれば（その結果，次のバブル崩壊時に日本の事業会社が未曾有の財務危機に陥るとすれば），今回の損害が比較的軽微であったことを素直に喜べまい。

　一方，企業向け取引における説明義務違反に係る訴訟は複雑化・大型化しやすく，上のオーストラリアの事件では，武富士メリル事件と難易度において大差のない事件について，恵まれた条件の下，３年間費やして1,500頁にわたる第一審判決が下された。日本ではそのような条件は望めないので，和解勧試[91] が活用されるべきであろう。

　本稿作成にあたっては，いつものように，永野良佑氏，角田美穂子氏のご意見・情報をいただいた。記述の誤り，意見の不適切は筆者の責任である。

90）Bathurt Regional Council v Local Government Financial Services Pty Ltd (No 5)［2012］FCA 1200.

91）この問題については別の機会に論じたい。

インサイダー取引規制と自己株式

前 田 雅 弘

I. はじめに

　自己株式の取得にインサイダー取引の危険がつきまとうことは，早くから指摘されてきたところであり，平成13年の商法改正前は，インサイダー取引の危険のあることが，自己株式取得を原則禁止する大きな理由の1つとされていた[1]。

　平成13年改正によって，商法は，会社が株主との合意で自己株式を取得すること，および取得した自己株式を会社が保有することを原則自由とする規制に転換し（平成17年改正前商法210条），この規制が現在の会社法に引き継がれているが（会社法155条3号・156条），この規制の転換は，もとより自己株式取得に伴う弊害がなくなったと考えられたからではなく，弊害はあるもののそれを防止することができると考えられたことによる。自己株式取得の弊害の1つであるインサイダー取引の危険についても，金融商品取引法（以下「金商法」という）上の規制によってこの危険が適切に除去されていることが，会社法上，自己株式の取得・保有を原則自由とすることの必要条件となる。また，平成13年改正後は，自己株式の処分ももはや例外的なことではなくなったため，自己株式の取得の場面だけでなく，自己株式の処分の場面においても，インサイダー取引の危険が除去されている必要がある。

　本稿では，自己株式の取得・保有を原則自由とする現在の会社法の規制の

1）龍田節「自己株式取得の規制類型」法学論叢90巻4〜6号（1972年）229頁。

もとで，そのような規制を支えるべき金商法上のインサイダー取引規制の内容を概観するとともに，若干の問題点について検討してみたい[2]。

II. インサイダー取引規制と自己株式取得

1. インサイダー取引規制が問題となる場面

自己株式の「取得」についてインサイダー取引規制が問題となる場面は，次の3つに分けて整理することができる。

① 第1に，会社が自己株式の取得についての決定をすれば，それ自体が新製品の企業化の決定などと同様，重要事実となるので，それが未公表の間，役員ら会社関係者が，自らのために当該会社の株式を売買することを禁止する必要がある。自己株式取得が重要事実となる場面である。

② 第2に，新製品の企業化の決定などの重要事実が存在する場合には，それが未公表の間，会社が自己株式を取得することを禁止すべきかが問題となる。重要事実がある場合に会社が自己株式を取得する場面である。

③ 第3に，前記①②が重なるとでもいうべき場面がある。すなわち自己株式取得についての決定がなされて重要事実が発生したのち，会社が具体的な買付けをすることにも規制を及ぼすべきかが問題となる。

以上の3つの場面について，順に検討してみたい。

2）かつて平成13年の商法改正前に，筆者は，自己株式の取得の場面でのインサイダー取引規制のあり方について考察したことがある。前田雅弘「自己株式取得とインサイダー取引規制」法学論叢140巻5＝6号（1997年）252頁。本稿は，会社法制における自己株式取得規制が変容したことに対応して，かつての考察をアップツーデートな内容にすることを試みるものである。

２．重要事実としての自己株式取得

（1） 規制の概要

　自己株式の取得についてインサイダー取引規制が設けられたのは，平成６年の証券取引法（以下「証取法」という）の改正によってである。すなわち，平成13年の商法改正に先立ち，すでに平成６年の商法改正により，自己株式取得禁止規制が緩和され，使用人に譲渡するための自己株式取得が例外的に許容されることとなり，また，定款の定めによらず定時株主総会決議に基づいて利益消却のための自己株式取得を行うことが許容されることとなった（平成６年改正商法210条ノ２・212条ノ２）。このとき，商法上の自己株式取得規制の緩和に伴って生じる弊害を防止するための方策の１つとして，証取法が改正され，これらの商法の規定に基づき自己株式の取得を行うことについての決定をしたことが，新たに重要事実に加えられた（平成６年改正証取法166条２項１号ハ）。この規制が平成13年商法改正で自己株式取得が原則自由となったあとも実質的に維持され，現在の金商法に引き継がれている。

　すなわち，上場会社の業務執行を決定する機関が会社法156条１項の規定による自己株式取得についての決定をしたこと（またはその決定の公表後に行わないことを決定したこと）は，重要事実となり（金商法166条２項１号ニ），役員ら会社関係者は，自らのために株式を売買することを禁止されることになる（同条１項）。

（2） 課徴金事例・告発事件

　平成17年４月に課徴金制度が導入されて以降，自己株式取得が重要事実となって証券取引等監視委員会による課徴金勧告がされた事例が２件ある。いずれも事案は比較的単純なものである。

　１つの事例では，取締役会で自己株式取得を行う方針を決定した段階で重要事実の発生があったとされ，方針決定を職務に関して知った使用人が違反行為者とされた[3]。

他の１つの事例では，取締役会決議よりも前の段階，すなわち社長が役員と自己株式取得を協議して決定した段階で重要事実の発生があったとされ，それを役員が配偶者に伝達をしたところ，配偶者が第一次情報受領者として違反行為者とされた[4]。

また，告発事件としては，会社による自己株式取得の決定の事実を知って株式を買い付けた従業員が有罪とされた事例がある[5]。

（3）　自己株式取得についての決定

自己株式取得についての決定が重要事実となる場合に，どの時点で重要事実が発生することとなるか。

第１に，他の重要事実の発生についてと同様，取締役会など業務執行を実質的に決定する機関が，自己株式取得のための議案を株主総会へ提出することを決定した場合，またはそれに向けて具体的な検討をするよう決定した場合には，その段階で自己株式の取得「を行うことについての決定をした」こととなり（金商法166条２項１号），重要事実が発生する。

この自己株式取得についての「決定」についても，「業務執行を決定する機関」とは何か，また，どこまで実現可能性・具体性が備われば「決定」と言えるか，困難な解釈問題が存在するが，これらの問題は他の重要事実の決定と変わるところはないので，本稿では，他の重要事実の決定と共通の，これら一般的な問題には立ち入らない。

第２に，株主総会決議に基づいて，取締役会が具体的な自己株式の買付けを決定することもまた（会社法157条），自己株式の取得「を行うことについての決定をした」こととなるので，このことが新たに重要事実となる。すな

3）証券取引等監視委員会事務局「金融商品取引法における課徴金事例集〜不公正取引編〜」（2014年）事例８。
4）証券取引等監視委員会事務局「金融商品取引法における課徴金事例集〜不公正取引編〜」（2011年）事例４。
5）証券取引等監視委員会事務局「告発事件の概要一覧表（平成27年３月末現在）」（2016年）事例54。

わち取得する株式の数，対価，申込期日などを取締役会が決定すれば，その決定の事実を知っている役員ら会社関係者は，これが公表されない限り，自らのために当該会社の株式の売買等を行うことができないこととなる。

ただし，具体的な取得についての決定の事実が公表されていなくても，授権決議についての公表があれば，会社自身は自己株式の買付けをすることが例外的に認められる（後記**4**）。

このように，株主総会での授権段階と，それに基づく取締役会等での具体的な決定段階と，会社法上の決定手続が2段階に分かれて規定されており，それぞれが投資者の投資判断に重要な影響を及ぼすと考えられることから，それに対応して重要事実の発生も，授権段階と取締役会での決定段階という，2段階で考えなければならないこととなる。重要事実発生の節目が制度的に常に2つ存在することが，他の重要事実と比較して，自己株式取得の決定にやや特徴的なことではないかと思われる。

なお会社法は，一定の場合に，156条1項の事項を取締役会決議で決定することを認めている。すなわち，子会社から自己株式を取得する場合（会社法163条），剰余金配当を取締役会決議で決定できる会社が自己株式取得も取締役会決議で決定する旨を定款で定めた場合（会社法459条1項1号），および市場取引・公開買付けの方法でする自己株式取得を取締役会決議で定めることができる旨を定款で定めた場合（会社法165条2項）である。これら3つの場合は，株主総会の授権なしに取締役会だけで具体的な決定まですることができる。これらの場合も，まずは取締役会で大枠を決めて，その後にその枠内で取締役会で具体的事項を決定するという手続をとるのであれば，株主総会で授権をする場合と同じく，重要事実の発生を2段階で捉えるべきことに違いはないが，初めから具体的な取得の決定をするのであれば，すなわち会社法156条の決議と157条の決議とを一体として行うのであれば，特に重要事実の発生を2段階で考える必要はないこととなろう。

（4） 新株予約権の取得の決定

　金商法が自己株式取得の決定を重要事実としたのは，会社が自己株式を取得しようとすることは，その株式の需要増加を示す情報であり，投資者の投資判断に重要な影響を及ぼすからである[6]。自己株式取得の決定を重要事実とすべきことは立法論としても異論のないところであろうが，金商法は，新株予約権については，その「発行」の決定だけを重要事実としており（金商法166条2項1号イ），「取得」の決定を重要事実とはしていない。

　自己新株予約権取得の決定も株式の需給に影響を与える情報であるし，また，新株予約権の発行の決定をして公表したあと，発行を中止する決定が重要事実に当たるにもかかわらず（金商法166条2項1号），いったん発行された新株予約権を取得して消却することについてまったく規制を及ぼさなくてよいか，立法論として検討を要する。

　もっとも，そもそも新株予約権の存在の基礎となる会社法において，新株予約権を株式とパラレルに扱っているのは「発行」の場面だけであり（会社法238条以下），新株予約権の取得または処分については，株式（会社法155条以下・199条以下参照）に対応する規制が設けられていない。新株予約権の取得の決定にインサイダー取引規制を及ぼすべきかどうかという問題は，新株予約権をどこまで株式とパラレルに扱うべきかという，金商法だけでなく会社法も併せて考えるべき大きな検討課題の一環であり，本稿ではこれ以上立ち入らない。

3. 重要事実がある場合の自己株式取得

（1） 規制の概要

　新製品の企業化の決定などの重要事実が存在する場合には，それが未公表の間，会社が自己株式を取得することに制限がかかる。

6）龍田節「自己株式に関する開示」証券取引法研究会編『金融システム改革と証券取引制度』（2000年，日本証券経済研究所）44頁。

金商法は，会社が公開買付けの方法で自己株式を取得しようとする場合には，未公表の重要事実があれば，公開買付届出書を提出する前に，それを公表しなければならないこととしている（金商法27条の22の3第1項）。

公開買付け以外の方法で自己株式取得をする場合について，金商法は，会社の業務等に関する重要事実を知った取締役・従業員などの会社関係者は，その重要事実が公表されたあとでなければ，当該会社の株式の売買等をすることができないこととしている（金商法166条1項1号）。金商法は，会社自身を会社関係者に含めていないが，会社による自己株式取得は，取締役・従業員らが，会社の計算で当該会社の株式を取得することにほかならないのであり，取締役や従業員らによる売買等が禁止されるということは，すなわち会社自身による自己株式取得も禁止されることを意味する[7]。

（2） 課徴金事例

平成17年4月に課徴金制度が導入されて以降，重要事実があるときに自己株式取得がされて課徴金勧告がされた事例は，3件である。

第1に，株式分割の決定が重要事実となり，それを知った役員が自己の計算だけでなく，会社の計算においても株式を取得した事案において，その役

---

7) 金商法は，インサイダー取引規制の適用について，取締役・従業員らによる株式取得が特に会社の計算による場合（すなわち自己株式取得となる場合）に特別な扱いをしていないが，立法論としては，会社の計算で行われる場合は別扱いにすべきではないかという問題提起がなされている（新株発行・自己株式処分に関する，金融商品取引法研究会編『インサイダー取引規制と自己株式』金融商品取引法研究会研究記録51号（2015年）22頁［神田秀樹発言］）。特にアメリカのインサイダー取引規制の規制根拠の1つとされる信認義務理論のような考え方からすれば，株式取得が会社の計算で行われた場合を，取締役・従業員らの計算で行われた場合と同列に扱うことに疑問が提示される（金融商品取引法研究会編・前掲24頁［藤田友敬発言］）。しかし，金商法のインサイダー取引規制の規制根拠に照らしてみれば，未公表の重要事実を知った取締役・従業員らが株式を取得した場合において，その株式取得が会社の計算で行われたか，それとも取締役・従業員らの計算かで行われたかによって，投資者の証券市場に対する信頼の損なわれ方に差が出てくるとは考えにくいように思われる（金融商品取引法研究会編・前掲25頁［川口恭弘発言］参照）。なお，アメリカ法においては，発行会社自身も取締役らと並んで「内部者」としての扱いを受け，イギリス法はわが国の金商法と同様，会社自身を禁止の名宛人にはしないが，禁止の対象とする取引に，取締役らが会社の計算でする取引も含む形をとる。前田・前掲注（2）265頁。

員と会社とが違反行為者とされた[8]。

第2に，配当予想値の上方修正が重要事実となり，それを知った役員が会社の計算で株式を取得した事案において，会社が違反行為者とされた[9]。

第3に，子会社の解散が重要事実となり，それを知った役員が会社の計算で株式を取得し，やはり会社が違反行為者とされた[10]。

いずれの事例についても，どの時点を重要事実の発生時期と見るかという問題はあるものの，事案は比較的単純なものである。

（3）　信託方式・投資一任方式による自己株式取得

新製品の企業化の決定などの重要事実が存在し，それが未公表であっても，現実に買付けを決定する者が重要事実を知らずに買付けを行うのであれば，その者による買付けは，重要事実を「知ったもの」がする売買等（金商法166条1項）には当たらないので，インサイダー取引規制に反することはない。

したがって，他部門で発生する重要事実が自己株式の買付け担当部門に伝達されない措置，すなわちチャイニーズ・ウォールが適正に構築されていれば，現実に買付けを決定する者が重要事実を知らずに買付けを行うことができ，その買付けは，理論的には，インサイダー取引規制に抵触することはないと言ってよい。

しかし，この情報隔離をより明確にするために，会社内部だけで情報隔離をするのでなく，信託方式・投資一任方式と呼ばれる方法，すなわち，自己株式取得を会社の外の信託銀行等に行わせ，情報隔離を外から見ても明確にしようという方法が考案されている[11]。

8）証券取引等監視委員会事務局「金融商品取引法における課徴金事例集～不公正取引編～」（2008年）事例5。

9）証券取引等監視委員会事務局・前掲注（8）事例16。

10）証券取引等監視委員会事務局・前掲注（8）事例21。

11）木目田裕ほか監修＝西村あさひ法律事務所編『インサイダー取引規制の実務〔第2版〕』（2014年，商事法務）363頁，矢野正紘「自己株式取得に係る『インサイダー取引規制に関するQ&A』の検討〔上〕」商事法務1871号（2009年）48頁。

この方式について，金融庁および証券取引等監視委員会により，Q&A が公表されている[12]。この Q&A では，上場会社が信託方式または投資一任方式によって自己株式取得を行うに当たり，次の（1）（2）の要件を満たせば，基本的にインサイダー取引規制に違反することはない旨の見解が明らかにされている。「（1）信託契約又は投資一任契約の締結・変更が，当該上場会社により重要事実を知ることなく行われたものであって，（2）①当該上場会社が契約締結後に注文にかかる指示を行わない形の契約である場合，又は，②当該上場会社が契約締結後に注文にかかる指示を行う場合であっても，指示を行う部署が重要事実から遮断され，かつ，当該部署が重要事実を知っている者から独立して指示を行っているなど，その時点において，重要事実に基づいて指示が行われていないと認められる場合」に該当することである。

第1に，前記（1）を必要としたことは正当である。インサイダー取引規制により禁止される「売買等」（金商法166条１項）には，他人に売買等の委託，指図をすることも含まれる[13]。したがって，いくら信託方式等をとるのであっても，役員等が重要事実を知って信託契約等を締結・変更するのであれば，その役員等についてインサイダー取引が成立することになるからである[14]。

第2に，前記 Q&A によれば，前記（1）とともに前記（2）の要件を満たす必要があるところ，前記（2）の①の要件は，信託契約等の締結後には注文に係る指示を行わない形になっている場合に該当することである。典型的には，信託契約等の締結段階であらかじめ買付数量・買付総額などの枠を定めておき，その枠内での個別具体的な買付けの決定を信託銀行等に行わせ，信託契約等の締結後には注文に係る指示は行わない形がとられている場合がこれに当たると考えられる。

---

12) 金融庁＝証券取引等監視委員会「インサイダー取引規制に関する Q&A」（2008年）。
13) 横畠裕介『インサイダー取引規制と罰則』（1989年，有斐閣）44頁。
14) 矢野正紘「自己株式取得に係る『インサイダー取引規制に関する Q&A』の検討〔中〕」商事法務1873号（2009年）125頁。

信託契約等が重要事実を知る前に締結されており，その後の買付けはもっ
ぱら信託銀行等が行うのであっても，なお重要事実を知った会社の役員等が
買付けの中止などを指示できることになっているのであれば，積極的に中止
の措置をとらなければ規制違反になるのではないか，疑義が生じる[15]。しか
し，前記（2）の①のように，重要事実を知った役員等が買付けの中止など
を指示できないこととなっていれば，あらかじめ締結された信託契約等に基
づいて信託銀行等が売買等をするだけのことであり，たとえ信託契約等の締
結後に会社の役員等が重要事実を知ったとしても，その役員等に裁量の余地
はないのであって，特に一般投資者に比べて有利な投資判断が行われること
にはならない。前記（2）の①の要件も正当であると考えてよい。

　第3に，前記（2）の②の要件は，信託契約等の締結後に買付けの指示を
行うのであっても，指示を行う部署と重要事実を知っている者との間で真に
情報隔離が行われている場合に該当することである。この場合には，信託方
式等を使わずに1つの会社内部で情報隔離を行った場合と同じように，やは
り重要事実を知った者が売買等をすることにはならず，禁止の対象にはなら
ないと考えられる。1つの会社内部でどうせこのような情報隔離を行わなけ
ればならないのであれば，もともと1つの会社内部で買付けを行う部署と重
要事実を知っている者との間に情報隔離を行えばいいのであり，あえて信託
方式等を使うことの実益は大きくはないように見えるが，真の情報隔離がで
きれば規制対象にしないという考え方には合理性がある。

　前記Q&Aに示された見解は，以上のように正当であると思われるが，前
記Q&A自身は，この見解が金商法のどの規定に基づくものかを示しておら
ず，金商法の規定との関係が問題となる。

　前記Q&Aの見解の根拠として，適用除外事由を定める金商法166条6項
12号の規定を挙げる説が主張されている[16]。金商法166条6項12号の規定は，

15）岩原紳作ほか『金融商品取引法セミナー（開示制度・不公正取引・業規制編）』（2011年，有斐
　閣）381頁［岩原発言］。
16）矢野・前掲注（14）127頁。

末尾の括弧書きで「内閣府令で定める場合に限る」という限定がつけられているものの，金融庁の伝統的な解釈によれば，この規定は，重要事実を知ったことと無関係に行われる売買等であることが明らかなものを広く適用除外にする規定であり（後記**（4）**），この金融庁の解釈を前提に，前記 Q&A の見解の根拠をこの適用除外規定に求めるのである。

しかし，前記 Q&A の見解は，この適用除外規定を根拠とするものではないと解釈するのがよいと思われる[17]。禁止の対象は，前述したように，会社関係者であって重要事実を「知ったもの」がする売買等であり（金商法166条１項），現実に売買等を決定する者が重要事実を知らない状態に置かれているのであれば，禁止の対象とはならないからである。前記 Q&A の示す方法をとれば，端的に，現実に売買等をする者が重要事実を知らない状況を確保することができ，それゆえに，金商法166条６項12号の適用除外規定を持ち出すまでもなく，そもそも同条１項の禁止行為に該当しないと解してよいのではなかろうか。

（4）　重要事実を知ったことと無関係に行われた売買等

それでは，重要事実を知って売買等をすれば，重要事実を利用する意図のないことが明らかであっても規制違反になるか。

前記 Q&A はさらに，自己株式取得に限らず役員等が自己の計算で売買等をする場合を広く含んだ回答としてであるが，規制違反にならない場合の例として，(i)重要事実が株価を引き上げる情報であることが一般的に明白であるときに，公表前に売付けを行った場合，および(ii)重要事実を知る前に買付け注文を行った場合の２つを挙げている[18]。

ここでも金商法のどの規定に基づいてこれらの場合が規制違反にならないのかは示されていない。まず前記(ii)の場合は，役員等が買付け注文を行った

17）岩原ほか・前掲注（15）383頁［藤本拓資発言］。

18）金融庁＝証券取引等監視委員会・前掲注（12）に，平成26年６月27日付で追加された「問３」。

のが重要事実を知る前であるから，買付け注文の後に重要事実を知ったとしても，前述したところ（前記（3））と同様，金商法166条1項のいう重要事実を「知ったもの」がする売買等には該当しないと考えられる。したがって同条6項12号の適用除外規定によるまでもなく，そもそも同条1項により規制から外れると解してよい。

これに対して，前記(i)の場合，すなわちグッド・ニュースがあるのに公表前に売付けをした場合については，このようにみすみす損失を受ける売買等をするのは，通常は重要事実を知らなかったからであると考えられる。仮に知らなかったのであれば，前記(ii)の場合と同じく，そもそも金商法166条1項により規制の対象外になるべきところ，前記Q&Aでは「『重要事実』を知っている上場会社の役職員が」とされており，重要事実を知っていたのであれば，同条1項ではこの売付けは禁止行為に該当する。そこで同条6項12号の適用除外規定の適用が問題となってくるが，この適用除外規定は甚だ難解な規定である。

同規定は，①知る前契約の履行，②知る前計画の実行，③その他「これに準ずる特別の事情に基づく売買等であることが明らかな売買等をする場合」（内閣府令で定める場合に限る）を適用除外としている。最後に括弧書きで限定がつけられてはいるが，この「内閣府令で定める場合に限る」という限定を，前記③の部分は受けないと読むのが，インサイダー取引規制導入時以来の金融庁の解釈のようである[19]。すなわち，前記③については内閣府令では何も限定が定められておらず，限定が定められていないということは，前記③は無限定に適用除外になりうるという読み方をするのである。相当に特異な条文の読み方ではないかと思われるが，ともかく金融庁によれば，前記③の部分は，括弧の限定を受けずに，広く重要事実を知ったことと無関係に行われる売買等であることが明らかなものを適用除外にしていると解釈する

---

19) 横畠・前掲注（13）159頁，三國谷勝範編著『インサイダー取引規制詳解』（1990年，資本市場研究会）125頁。

ことになる[20]。このような解釈を前提に，前記Q&Aの(i)は，前記③に基づく適用除外に当たると解釈するのであろう。グッド・ニュースを知りながら公表前に売付けをするという類型の売買は，当該グッド・ニュースを知ったことと無関係に行われたことが客観的に明らかであると言うことができるからである。前記(i)の場合を適用除外とする前記Q&Aの見解は，正当であると考えてよい。

　もっとも，金商法166条6項12号の適用除外規定について，金融庁の前記の解釈には相当の無理がある。すでに解釈論として，同規定の括弧の限定は③だけにかかると読むことが可能ではないかという解釈が示されている[21]。このような解釈ができれば，確かに前記①②は無限定になって，知る前契約・計画にかかる適用除外が広く認められる適切な結論を導くことができるが，しかし同規定を受けた「有価証券の取引等の規制に関する内閣府令」（以下「取引規制府令」という）59条の規定は，すべて前記①②の部分についての定めになっており，この解釈は，取引規制府令の現行規定とは相容れないこととなる。

　また，平成25年の金商法改正の基礎となったワーキング・グループ報告では，知る前契約・計画にかかる適用除外規定の見直しが提言され[22]，これを受けた取引規制府令の改正により[23]，知る前契約・計画については，適用除

---

20) 金融庁は現在ではもはやこのような解釈を維持しておらず，前記③の部分も括弧書きの限定を受け，内閣府令に定めはないので前記③に基づく適用除外は存在しないという解釈をとっている可能性がある旨の指摘がある（金融商品取引法研究会編・前掲注（7）27頁［松尾直彦発言]）。確かに金融庁の立案担当者による最近の解説には，金商法166条6項12号に基づく適用除外として前記①②だけが存在するかのように読める記述があるが（船越涼介「取引規制府令および金商法等ガイドライン一部改正の解説」商事法務2079号（2015年）32頁），この記述は，単に見直しの対象でない前記③には言及していないだけのようにも読め，前記③についての金融庁の解釈は必ずしも明らかでない。仮に前記③に基づく適用除外が存在しないのだとすると，前記Q&A(i)の場合を適用除外とする根拠を現行法に見出すのは困難となろう。

21) 岩原ほか・前掲注（15）388頁［松尾直彦発言]。

22) インサイダー取引規制に関するワーキング・グループ「近年の違反事案及び金融・企業実務を踏まえたインサイダー取引規制をめぐる制度整備について」（平成24年12月25日）Ⅲ4。

23) この取引規制府令の改正は，平成27年9月2日に公布され，同月16日に施行された。

外とされる類型が追加された（取引規制府令59条1項14号）。新たに追加された類型は，従前の類型に比べればより広く適用可能な形で定められたと言ってよいものの，なお適用除外を受けるための要件が厳重に定められたため[24]，事前に契約・計画の写しを証券会社に提出するなど，事前に周到な準備をしていなければ適用除外を受けることができない仕組みとなっている。

このように，金商法166条6項12号の定める適用除外のうち，前記①②の部分は改正によりやや適用範囲が広がったものの，前記①②に関する文字通りの「包括規定」は存在しないままであり，前記①②でカバーされない場合はなお前記③の適用除外に頼らざるを得ない。また，前記Q&A(i)のような場合は，もともと知る前契約・計画にかかる適用除外には当たらず，これを適用除外とする根拠は，適用除外規定のうちの前記③の部分に読み込まざるを得ないであろう。

知る前契約の履行，または知る前計画の実行のほか，前記Q&A(i)のような場合も含め，一般に重要事実を知ったことと真に無関係に行われる売買等であれば，規制からはずしてよいという実質については，異論はないと思われる。立法論としては，前記の金融庁のような解釈を無理なく行うことができるよう，金商法166条6項12号の規定の文言を改正し，前記③の部分を限定のない包括条項にするか，または，金商法の規定はそのままにし，取引規制府令において，「重要事実を知ったことと無関係に行われることが明らかな売買等」を文字通り包括的に適用除外と定めるのがよいのではなかろうか。規制の潜脱が行われてはならないことは言うまでもないが，具体的で詳細な基準は，課徴金制度を運用していく過程でガイドライン等の形で定められ，また具体的な事件の積み重ねにより明らかとなっていくことが期待できる。

4．会社による具体的な買付けについての適用除外

「重要事実としての自己株式取得」（前記2）と，「重要事実がある場合の

---

24) 適用除外要件の解説として，船越・前掲注(20)31頁参照。

自己株式取得」(前記**3**)とが，重なるとでもいうべき場面がある。すなわち，自己株式取得についての決定が重要事実となり，その重要事実の発生により，会社自身が自己株式を取得することに，どのような制限がかかるかという問題である。

この問題について，平成6年の証取法改正で次のような規制が採用され，現在の金商法に引き継がれている。

第1に，取締役会等が自己株式取得のための議案を株主総会へ提出することを決定した場合，またはそれに向けて具体的な検討をするよう決定した場合には，これが重要事実となり，これが未公表の間，会社は自己株式取得を禁じられる（金商166条1項・2項1号ニ）。この点は，役員ら会社関係者が自己の計算で取引をする場合（前記**2**）と変わりはない。株主総会決議なしに取締役会で自己株式取得の決定を行う場合についても同様である。

しかし第2に，いったん株主総会の授権決議についての公表がなされると，それに基づく具体的な自己株式の買付けの決定は未公表であっても，会社は自己株式を買い付けることができる（金商法166条6項4号の2）。会社による買付けについてだけ，このような適用除外が認められた理由として，一般には，具体的な取得予定日，取得予定数量，取得方法などを公表することは株価に大きな影響を及ぼしかねず，会社が自己株式を円滑に取得することを困難にするおそれがあることが挙げられてきた[25]。

しかしこの適用除外を認めた理由として，会社が自己株式を円滑に取得するのが困難になるというだけでは，説得力に欠けるように思われる。具体的な買付けの決定が，投資者の投資判断に及ぼす影響が軽微であるから適用除外にしたというのならまだしも，それどころか逆に，まさに株価に大きな影

---

25) 証券取引審議会公正取引特別部会「自己株式取得等の規制緩和に伴う証券取引制度の整備について」（平成6年2月7日）Ⅲ1（**3**）③，大森通伸「自己株式取得の規制緩和に伴う証券取引法の改正の概要」商事法務1361号（1994年）8頁，神田秀樹ほか編著『金融商品取引法コンメンタール4－不公正取引規制・課徴金・罰則』（2011年，商事法務）146頁［神作裕之］，木目田ほか監修＝西村あさひ法律事務所編・前掲注（11）360頁。

響を与えることが，適用除外の理由となっているからである。

　また，この適用除外の理由は，自己株式取得の決定によって決定の目的た
る取得行為が妨げられてはならないという当然の結果であると説く見解もあ
る[26]。取得を決定したことによってその取得が妨げられるのは確かに不合理
だと言えるが，説明の仕方としては，ここでも，会社は当該重要事実を知っ
て買付けの決定をするわけではない，と説明するのが最も説得力があるので
はなかろうか。すなわち，新製品の企業化の決定などの，自己株式取得につ
いての決定以外の重要事実が存在するときに会社が自己株式を買い付ける場
合（前記3）とは異なって，具体的な自己株式買付けの決定が重要事実とな
る場合は，当然のことながら，買付けの決定と同時に重要事実が発生する。
重要事実を知ったからこそ買付けの決定をするわけではなく，情報隔離を
行った場合（前記3（3）），または知る前契約の履行，もしくは知る前計画
の実行の場合（前記3（4））と同様に，重要事実を知ったことと無関係に
買付け決定がされ，買付けの決定が一般投資家と比べて有利に行われるわけ
ではないことが定型的に明確であって，このような買付けを認めても，証券
市場の公正性・健全性を害し，投資者の証券市場に対する信頼を損なうこと
にはならない，と考えるのがよいのではなかろうか[27]。

Ⅲ．インサイダー取引規制と自己株式処分

1．重要事実としての自己株式処分

　平成13年の証取法改正により，自己株式の処分の決定が重要事実に追加さ
れ（平成18年改正前証取法166条2項1号ホ），現在の金商法に引き継がれて
いる（金商法166条2項1号イ）。

26）黒沼悦郎「インサイダー取引規制と法令解釈」金融法務事情1866号（2009年）50頁。
27）前田・前掲注（2）267頁。

平成13年改正前にも自己株式の処分は行われていたが，当時の商法が自己株式の取得・保有を原則禁止していたことから，自己株式が処分されることも，処分される量も限られていた。しかし，平成13年の商法改正によって自己株式の取得・保有が原則自由化された結果，自己株式の処分も無視できなくなり，その決定を新たに重要事実に追加したのである。新株発行の決定が従前から重要事実になっていたことから考えても（平成18年改正前証取法166条2項1号イ），自己株式の処分の決定を重要事実とすべきことに疑いはない。

もっとも，新株予約権については，株式とパラレルな扱いがされるのは発行の場面だけであり（前記Ⅱ2（4）参照），ここでも自己新株予約権の処分の決定はなお重要事実とされておらず，立法論として検討課題が残されている。

2．重要事実がある場合の自己株式処分

（1）　自己株式処分と有償の譲渡

自己株式処分が「売買その他の有償の譲渡若しくは譲受け」（金商法166条1項柱書き）に該当するかどうかについて，議論がある。

問題となるのは，新株発行の場合との平仄である。新株発行については，立法論はともかく，解釈論としては，「有償の譲渡若しくは譲受け」には当たらないと解するのが通説である。もっとも，新株発行を規制対象から除くことに実質的根拠があるかというと，その根拠はいずれも説得力に欠けると言わざるを得ない。昭和63年の規制導入当時の立案担当者によれば，新株発行では当時の商法および証取法上の開示規制がかかるので，新株発行を規制対象から除いても問題はないと説かれていた[28]。しかし，会社法により通知・公告が求められ，また金商法上も募集・売出しに当たれば有価証券届出書による詳細な開示が求められることにはなるが，会社法・金商法に基づく

28）横畠・前掲注（13）45頁。

開示によって必ずしも重要事実が開示されるわけではなく，会社法・金商法の開示規制の存在ゆえに新株発行を規制対象から除いてよいという考え方には，もともと無理があった[29]。

そして，次に見るように，もし自己株式処分を規制対象にするという解釈をとるのであれば，新株発行を規制対象から除いていることは，立法論としては説明しにくいことになる。昭和63年改正当時とは異なり，現在では，会社法において，新株発行と自己株式処分についての規律は，「募集株式の発行等」として手続・開示の面で完全に揃えられたし（会社法199条以下），金商法上の開示についても，平成21年改正により，自己株式処分は，開示の面では「取得勧誘類似行為」として実質的に新株発行と同様に扱われるようになった（金商法2条3項，金融商品取引法第2条に規定する定義に関する内閣府令9条1号）。したがって現在では，インサイダー取引規制との関係で，もはや新株発行と自己株式処分とで別の扱いをすることを正当化するのは困難になっている。

そこで現行法の解釈として，自己株式処分をインサイダー取引の規制対象とすべきかどうかが問題となるが，これを肯定すべきであろう。

第1に，会社による自己株式の処分は，取締役・使用人らの担当者が会社のために会社の株式を有償で譲渡することに他ならないのであり，文言上，「売買その他の有償の譲渡若しくは譲受け」に該当する。

第2に，実質的に考えても，未公表の重要事実を知った取締役・使用人などの会社関係者が株式を処分するときに，自分個人の保有する株式を処分するのか，それとも自己株式を会社のために処分するのかで，投資者の市場に対する信頼の損なわれ方に差があるとは思われない。

第3に，確かに新株発行と自己株式処分との平仄を合わせることを重視すると，現行法の下では新株発行は規制対象外であるところ，自己株式処分もそれに合わせて規制対象外だと考えるべきことになる。しかし，現在の金商

---

29) 川口恭弘「新株発行等に関する規制－金商法の視点から」商事法務2041号（2014年）64頁。

法が新株発行を規制対象外としていることは，前記のように立法論として批判を免れないところであり，そのような合理性の疑わしい規定のほうに合わせ，自己株式処分について同じ扱いをするような解釈を導くことは適切とは思われない。

第4に，金商法上，開示規制に見られるように証券が新規発行か既発行かの区別は相対化してきているが，開示規制でも新規発行と既発行との区別を前提にした規制になっているのであり，自己株式処分について，新株発行とは異なる扱いをし，インサイダー取引規制の規制対象とする解釈をすることは，認められてよい[30]。

以上のところから，自己株式処分にはインサイダー取引規制が及ぶと解釈すべきであり，また，立法論としては新株発行にも規制を及ぼすのがよいと思われる。

（2）　自己株式処分と「知る者同士の取引」との関係

第三者割当ての自己株式処分では，「知る者同士の取引」，すなわちいわゆるクロクロ取引との関係が問題になる。

金商法上，未公表の重要事実を知っている者の間での相対取引は，規制の適用除外とされている（金商法166条6項7号）。クロクロ取引は，市場に対する投資者の信頼を害することはないと考えられ，このような適用除外規定が設けられているのである[31]。

第三者割当ての自己株式処分であれば，通常，会社から割当予定先に重要事実の伝達が行われるであろうから，クロクロ取引として適用除外となりうる旨の見解が示されている[32]。この見解に対しては，いくらクロクロ取引で

30）神田ほか編著・前掲注（25）124頁［神作裕之］。
31）平成25年の金商法改正で適用除外の範囲が広げられたが，この適用除外規定は，昭和63年改正当時から存在した。横畠・前掲注（13）158頁。
32）川口・前掲注（29）65頁。新株発行をインサイダー取引規制の対象とする立法がされた場合の問題として指摘されたものであるが，自己株式処分にも規制が及ぶという解釈をとるのであれば（前記（1）），現行法の下でもすでに生じうる問題である。

あっても，第三者が一般投資者の知らない重要事実を知って株式を引き受け，重要事実公表後の株価上昇で利得をするのは不都合ではないか，すなわち一方当事者が会社である場合は，クロクロ取引の適用除外を認めるのは問題ではないかという指摘がある[33]。

　重要事実を事前に引受人に伝達しておけば，クロクロ取引となって金商法上は確かに問題はないといっていいように思われるが[34]，問題になるのは，会社法における有利発行規制との関係ではなかろうか。未公表の重要事実が株価を引き上げる情報，いわゆるグッド・ニュースであれば，いくら未公表でその情報がまだ株価に反映されておらず，株価は低いままであっても，客観的には株式の価値は重要事実発生時点で上昇しているはずである。したがって，上昇前の低い価格を基礎に払込金額を決定し，その払込金額が重要事実を反映した公正な価格に比して特に有利な金額となるのであれば，会社法上，有利発行規制がかかる。会社法上自己株式処分の公告・通知をしても，金商法上の重要事実の公表をしたことにはならず，また，金商法上，有価証券届出書が提出されても，重要事実がそこで開示されるとは限らないのであって，結局のところ，重要事実が未公表のまま，株主総会の特別決議なしに有利発行がされる事態が生じうることになる。

　この場合に損害を受けるのは旧株主だけであり，一般投資者ではない。確かに，「第三者が一般投資者の知らない重要事実を知って株式を取得して利得する」こともまた，投資者の市場に対する信頼を害する行為ではないかが問題になりうるが，このような形での利益の獲得は，自己株式処分に限らず，一般にクロクロ取引であれば生じうる事態である。すなわち株主Aが第三者Bに対して，ともに未公表の重要事実（グッド・ニュース）を知ったうえ，あえて低い価格のまま株式を譲渡すればBは利得するが，金商法はこれを

33）吉本健一ほか「（シンポジウム）新株発行等・新株予約権発行の法規制をめぐる諸問題」私法77号（2015年）124頁［黒沼悦郎発言］。

34）会社が一方当事者であっても情報の非対称性はなくなっている。吉本ほか・前掲注（33）124頁［川口恭弘発言］。

許容している。相対で両者納得ずくであれば，いくらで譲渡しようがインサイダー取引規制上は問題としない，というのが金商法の立場であると考えられる。

　自己株式処分の場合，会社があえて低い価格のまま処分をすれば旧株主が害されるが，そのときの旧株主の救済は会社法によらざるを得ないのではなかろうか。株主総会決議なしに有利発行がなされると，現在の判例・通説の立場によれば，会社法上の公告・通知またはそれに代わる金商法上の開示がされていれば，自己株式処分の効力は争うことができず[35]，旧株主の救済はもっぱら取締役と通謀引受人の民事責任（会社法423条1項・212条1項1号）によることとなる。

35）最判昭和46年7月16日判時641号97頁。

投資者保護基金制度

神 田 秀 樹

Ⅰ. 制度の経過と概要

1. 制度の概要

　投資者保護基金は，金融商品取引法（以下「金商法」と略す）に基づいて設立された投資者保護を目的とする法人である（金商法79条の20以下参照）。

　金商法79条の21によれば，「投資者保護基金は，……一般顧客に対する支払その他の業務を行うことにより投資者の保護を図り，もって証券取引又は商品関連市場デリバティブ取引に対する信頼性を維持することを目的とする。」

　投資者保護基金（以下「基金」と略す場合がある）の会員である金融商品取引業者が破綻した場合において，会員が顧客から預かっていた有価証券および金銭の返還が困難な場合に，基金は，顧客に対し，金銭による補償を行う（金商法79条の56・79条の57参照）。現在，日本において金商法に基づき設立された投資者保護基金は，日本投資者保護基金だけである。

　日本投資者保護基金は，平成10年12月1日に設立された。それまでは，「財団法人寄託証券補償基金」が顧客に対する補償を行ってきたが，その業務は終了し，その資産・負債はすべて日本投資者保護基金に承継された。なお，いわゆる第2基金（証券投資者保護基金）が設立されたが，平成14年7月1日に日本投資者保護基金に統合された。

2．基金の会員

有価証券関連業を行う第一種金融商品取引業者（以下「証券会社」と呼ぶことがある）は，すべて投資者保護基金への加入が義務づけられている（金商法79条の27第1項，金商法施行令18条の7の2）。したがって，現在，日本で営業を行うすべての証券会社が日本投資者保護基金の会員になっている。

3．制度の趣旨

証券会社は，金商法上，分別管理義務を負い，顧客の有価証券および金銭を保管・管理するが，証券会社が破綻した場合において，何らかの理由により顧客の有価証券および金銭を返還できない場合に，投資者保護基金が顧客に対して金銭による補償を行う（補償の対象となる顧客と補償の対象となる取引等は限定されているが，後述する）（金商法79条の56・79条の57参照）。なお，この点に関連して，金商法上，業者は，顧客から預託された金銭については，原則として信託をすることが義務づけられているが（顧客分別金信託）（金商法43条の2第2項），信託金額の差替えは法令上1週間に1回以上と定められているため，最大で1週間分の計算上のタイムラグが生じうる（金商法業府令141条1項7号参照）。

このような日本の制度は，投資者保護基金による補償の対象を分別管理の不備に係る顧客の損害（一定の取引に関し顧客が業者に預託した金銭および有価証券の返還に係る債権）と限定しており（証券取引審議会総合部会「市場仲介者ワーキング・パーティー」報告書（平成9年5月）参照），その点で，アメリカの制度に近い（アメリカの制度については，松岡啓祐『証券会社の経営破綻と資本市場法制——投資者保護基金制度を中心として』（平成25年）に詳しい）。ヨーロッパ諸国では別の制度設計がされている国がある（たとえば，イギリスの制度）。もっとも，補償が適用される業者等の範囲は，アメリカの制度では日本と比べると広い。

4．補償の実績と基金の資産規模

　平成10年12月1日の設立以降，日本投資者保護基金が顧客に対する補償を行った実績は，次の2件である（日本投資者保護基金のウェブサイトによる）。

①　南証券　補償金総額約35億円（平成12年度）（この当時は，後述する1,000万円の上限額が存在しなかった。）

②　丸大証券　補償金総額約1億7千万円（平成24年度）

　なお，日本投資者保護基金の資産規模は，約569億円である（平成28年3月末現在）。

Ⅱ．補償の範囲（主体と取引）に関する問題

1．補償の対象となる顧客

　金商法79条の56第1項は，「基金は，認定金融商品取引業者の一般顧客の請求に基づいて，前条第1項の規定により公告した日において現に当該一般顧客が当該認定金融商品取引業者に対して有する債権（当該一般顧客の顧客資産に係るものに限る。）であって基金が政令で定めるところにより当該認定金融商品取引業者による円滑な弁済が困難であると認めるもの（以下「補償対象債権」という。）につき，内閣府令・財務省令で定めるところにより算出した金額の支払を行うものとする」と定めている。

　すなわち，補償の対象となる顧客は，「一般顧客」である。

　「一般顧客」は，金商法79条の20第1項で定義されている。「この章において「一般顧客」とは，金融商品取引業者（第28条第8項に規定する有価証券関連業（以下この章において「有価証券関連業」という。）又は商品関連市場デリバティブ取引取次ぎ等に係る業務（以下この章において「商品デリバティブ取引関連業務」という。）を行う金融商品取引業者に限る。以下この

章において同じ。）の本店その他の国内の営業所又は事務所（外国法人である金融商品取引業者にあつては，国内に有する営業所又は事務所）の顧客であつて当該金融商品取引業者と対象有価証券関連取引又は対象商品デリバティブ取引関連取引をする者（適格機関投資家及び国，地方公共団体その他の政令で定める者を除く。）をいう。」（なお，同条2項も参照。）

　要するに，基金の会員である証券会社の国内の営業所または事務所の顧客であって，会員である証券会社と対象となる有価証券関連取引を行う者である。ただし，適格機関投資家・国・地方公共団体等は補償対象から除かれ，また，他人の名義で顧客資産を有している顧客も補償対象から除かれる。

2．補償の対象となる取引

　補償対象となる「顧客資産」には，証券会社が一般顧客から預託を受けた金銭および有価証券のうち，店頭デリバティブ取引等を除いた有価証券関連取引に係るもののほか，商品関連デリバティブ取引関連取引に係る顧客資産が含まれる（金商法79条の20第3項）。

3．最判平成18年7月13日民集60巻6号2336頁〔南証券事件〕

　この事件において，最高裁は，証券会社が，証券業（当時）に係る取引の実体を有しないのに，同取引のように仮装して行った取引も基金の補償の対象に含まれると判示した。判旨は次の通りである。

　「基金は，会員である証券会社が顧客資産の返還に係る債務の円滑な履行をすることが困難であるとの認定をした場合に，認定証券会社の一般顧客の請求に基づいて，一般顧客が認定証券会社に対して有する顧客資産に係る債権であって認定証券会社による円滑な弁済が困難であると認められるもの（補償対象債権）につき一定の金額を支払う等の業務を行うことにより投資者の保護を図り，もって証券取引に対する信頼性を維持することを目的として設けられたものである。したがって，認定証券会社が一般顧客から預託を受けた金銭であっても，顧客資産，すなわち証券業に係る取引に関して預託

を受けた金銭に係る債権でなければ補償対象債権には当たらない（法79条の20第3項2号，79条の56）が，補償対象債権の支払によって投資者の保護，ひいては証券取引に対する信頼性の維持を図るという，基金が設けられた趣旨等にかんがみると，証券業に係る取引には，証券会社が，証券業に係る取引の実体を有しないのに，同取引のように仮装して行った取引も含まれると解するのが相当である。もっとも，上記趣旨等からして，当該証券会社と取引をする者が，取引の際，上記仮装の事実を知っていたか，あるいは，知らなかったことにつき重大な過失があるときには，当該取引は証券業に係る取引の該当性が否定されるものというべきである。

　これを本件についてみると，前記確定事実によれば，本件各社債取引者らは，A証券がした本件各社債の募集に応じて，A証券に対し，本件各社債の引受けの申込みをし，本件預託金を払い込んだものであり，本件各社債取引は，証券会社とその顧客との間における社債取引として行われたものであるということができる。

　そうすると，本件各社債取引がA証券によって証券業に係る取引のように仮装されたものであるとしても，本件各社債取引者らが，本件各社債取引の際，そのことを知っていたか，あるいは，知らなかったことにつき重大な過失があるという事情がない限り，本件各社債取引は証券業に係る取引に当たると解すべきである。」

　この判決については，学界において賛否両論がある（森下哲朗『金融商品取引法判例百選74事件』（平成25年）参照）（なお，アメリカの制度のもとで保護される顧客の範囲について，萬澤陽子「わが国における投資者保護基金制度―米国との比較から見えてくること」証券レビュー53巻12号122頁以下（平成25年）参照）。

4．補償金額

　一顧客当たり，1,000万円が上限とされている（金商法79条の57第3項，金商法施行令18条の12）。

5．課題

　現在の制度についての課題として，たとえば次のような点をあげることができるように思われる。

　第1に，まず一般論として，金融商品取引業者（証券会社）の業務が多様化している中で，補償対象となる一般顧客や顧客資産を見直す必要はないかどうかが問題となる。その場合，制度の目的として，投資者（一般顧客）の保護を強調するのか，それとも市場機能（システム）の保護を強調するのかにより，基本的な考え方が異なってくることになりそうである。

　第2に，現在の制度では，店頭デリバティブ取引やFX，第二種金融商品取引業者の扱う商品など，有価証券関連業以外の金融商品取引業に係る顧客資産は補償対象とされていない。しかし，AIJ事件やMRI事件その他を教訓とすると，見直す必要はないかどうかが問題となりうる。さらにいえば，無登録業者による詐欺被害のような場合をどのように考えるべきかという問題もある。

　第3に，他方において，現在の制度のもとでは，有価証券関連業を行う第一種金融商品取引業者であっても，補償対象取引ではない店頭デリバティブ取引等のみを行う場合や，補償対象顧客ではない適格機関投資家等のみを対象とした業だけを行う場合には，顧客は投資者保護基金による補償を受けることができないにもかかわらず，業者には基金への加入が義務づけられている。この点をどう考えるべきかということも問題となりうる。

Ⅲ．基金による補償の手続に関する問題

1．手続の流れ等

　基金による補償の手続の流れについての詳細はここでは省略し（とくに金商法79条の53以下を参照），以下，これまでに問題として指摘されている若

干の点を取り上げる。

2．信託受益権の一括行使

　投資者保護基金は，顧客分別金信託（金商法43条の２第２項）における受益者代理人として信託受益権を行使する権限を有するが（金商法79条の61），この場合には，すべての顧客について，一括して権利行使しなければならないこととされている（金商業等府令141条１項11号）。その結果，すべての顧客について返還すべき金額が確定するまでの間は，金額が確定している一部の顧客があったとしても，その顧客への返還を先に実施することができない。このような手続の遅れは，顧客保護の観点から望ましいとはいえない。

3．基金の権限

　投資者保護基金の業務の範囲は，金商法79条の49第１項に定められている。とくに，投資者保護基金は，いわゆる更生特例法に基づく行為を行うほか，一般顧客の債権の実現を保全するために必要な一切の裁判上または裁判外の行為を行う権限を有する（金商法79条の60第１項）。また，基金は，会員からの委託を受けて行う受益者代理人としての業務および会員に代わって顧客資産の返還を行う業務ができることとされている（金商法79条の61，基金命令４条の３）。

　この点に関連して，第１に，まず一般論として，金商法79条の60第１項や79条の61の規定のもとで，基金が具体的にどのような行為までをすることができるかが明確とはいえない。また第２に，79条の60第１項にいう「顧客資産に係る債権」とは「基金による支払が行われなかった（＝典型的には1,000万円を超過した）債権」をいうと解する学説がある（神田＝黒沼＝松尾編『金融商品取引法コンメンタール第３巻：自主規制機関』179頁以下〔黒沼〕）。この学説によれば，一般顧客が返還を受けることができていない金銭・有価証券については，基金は，補償を行った後でなければ，一般顧客の債権の保全のために裁判上・裁判外の行為はできないということになりそうである。

第3に，79条の61によれば，証券会社から基金への「委託」が必要であるが，破綻した業者の経営陣が離散したような場合など，委託を受けることができないという状況が生じる可能性がある。また，委託を受けたとしても，効果的に権限を行使するためには支障が生じることがあると言われている。

IV．証券会社の破綻処理制度一般との関係

1．実体ルール

アメリカ法は，そもそも，証券会社が破綻した場合に適用される実体法のルールについて，日本法と大きく異なる（諸外国の制度について，日本銀行金融研究所「『金融取引における預かり資産を巡る法律問題研究会』報告書──顧客保護の観点からの預かり資産を巡る法制度のあり方」金融研究32巻4号25頁以下（平成25年）参照）。

すなわち，アメリカでは，証券会社の倒産手続においては，証券会社に証券等を預託した顧客は，顧客資産（customer property）（連邦破産法741条4項）から純持分（net equity）（同法741条6項）の額に応じた分配を受ける（同法752条参照）。

顧客資産を分配する際には，銘柄にかかわらず，すべての顧客資産を金銭換算したうえで，各純持分の割合に応じて分配がされる（同法748条参照）。つまり，かりにもし，特定の銘柄に不足が生じている場合であっても，その損失を当該銘柄を保有する顧客のみが按分して負担するのではなく，銘柄にかかわらずすべての顧客で損失を按分して負担することとなる。このような分配方法のほうが，同じ証券会社について同様のリスクを負担する顧客を等しく取り扱う点ですぐれているといえないであろうか。

さらに，日本では，証券会社が破綻した場合，信用取引や先物・オプション取引の益金等，本来であれば顧客に帰属すべきものと考えられるものが，関係する契約によれば，顧客に優先的に返還されずに破産財団に組み込まれ

てしまい，一般債権となってしまうと解される場合がある。金商法79条の60第1項により投資者保護基金は一般顧客が破綻した証券会社に対して有する債権の実現を保全するために裁判上・裁判外の行為ができることとされてはいるが，そもそも，上記のような顧客の資産については，顧客が他の債権者に優先して返還を請求できることとすべきではないかということが課題である（ただし，いわゆるネッティング（いわゆる一括清算法による一括清算および破産法58条等による処理や相殺約定による処理）と担保物権とは代替的なカウンターパーティ・リスクの管理方法であると考えられ，あるキャッシュフローについて契約当事者がネッティングを選択すれば担保物権等とはならないものと考えられる。拙稿『金融商品取引法判例百選86事件』（平成25年）参照）。

2．その他

(ア) 加入者保護信託と投資者保護基金との関係

　加入者保護信託とは，社債，株式等の振替に関する法律（振替法）に基づいて設定された信託であり，振替制度において振替機関（日本銀行および証券保管振替機構）または口座管理機関（証券会社や金融機関等）が振替口座簿に誤記録等をしたことによって一般投資者である加入者が損害を被り，かつ，振替機関や口座管理機関がその損害賠償義務を果たすことなく破綻した場合において，振替機関と口座管理機関が資金を拠出した信託財産により加入者の損害を上限1,000万円まで補償する仕組みである。

　加入者保護信託は，振替株式等についての振替機関や口座管理機関による振替口座簿の誤記録等に係る損害について，投資者保護基金は，一般顧客から預託を受けた金銭・有価証券や顧客の計算に属する金銭・有価証券等（顧客資産）に関する証券会社（有価証券関連業を行う第一種金融商品取引業者）による分別管理の不備に係る損害について，それぞれ補償の対象としている。

　たとえば，口座管理機関である証券会社が，顧客である加入者の口座に記

録されている振替株式等を顧客に無断で当該証券会社の自己口座に振替を
行った上で，さらに他への振替を行い，第三者の善意取得が成立したような
場合には，顧客が被った損害は，無断の振替という口座管理機関による振替
口座簿の誤記録による損害であり，かつ，顧客資産についての証券会社の分
別管理義務違反による損害であることになる。この場合には，加入者保護信
託の補償の対象と投資者保護基金の補償の対象の両方に該当することにな
る。

このような場合については，まず加入者保護信託から支払が行われ，加入
者保護信託が支払うべき金額に対して信託財産が不足する場合には，その不
足分について投資者保護基金が支払を行うこととされている（金商法79条の
57第1項3号）。また，この場合の支払額の上限は，加入者保護信託の支払
額と投資者保護基金の支払額を合算して1,000万円となる（同条3項，金商
法施行令18条の12参照）。投資者保護基金が上記の支払を行う時期は，加入
者保護信託による支払等が決定された後になる。

なお，「株式等の取引に係る決済の合理化をするための社債等の振替に関
する法律等の一部を改正する法律」の附則により，投資者保護資金は，その
業務の遂行に支障の生じない範囲内で，内閣総理大臣および財務大臣の認可
を受けることを条件として，投資者保護資金の一部を加入者保護信託の信託
財産に充てるため拠出することができるとされている（同附則35条）。

　(イ)　より大きな課題

投資者保護基金制度を，たとえばイギリスのような制度（預金保険制度等
と統合する），あるいは，分別管理に係る損害以外の損害をも補償する制度
に改組すべきかという課題がある。

　(ウ)　証券会社の破綻処理手続との関係

いわゆる更生特例法の平成25年改正により，投資者保護基金の会員となっ
ている金融商品取引業者について，監督官庁に，それまで認められていた破
産手続開始申立ての権限に加えて，新たに，再生手続と更生手続に関する開
始申立ての権限が付与された。また，同改正により「金融システムの安定を

図るための金融機関等の資産及び負債の秩序ある処理に関する措置」を実施するために，預金保険機構に管財人になる権限が付与されたこと（預金保険法34条13号）と合わせて，同年の金商法改正により，投資者保護基金にも管財人になる権限が付与された（金商法79条の49第1項7号。なお同項8号・9号）。

　どのような場合に投資者保護基金が管財人になれるかについては，法律上は限定は付されていないように見受けられ，そうだとすれば，今後の課題としては，証券会社の破綻処理において，投資者保護基金が管財人になる場合とそうでない場合に分けて，それぞれ迅速な処理と投資者の保護ないし市場機能の保護が確保できるような破綻処理のあり方が検討される必要があるように思われる。なお，投資者保護基金が管財人にならない場合であっても，破綻した証券会社の未決済の取引を別の証券会社に移管する権限などが投資者保護基金に付与されるべきとの意見もある。

　また，証券会社の破綻処理を迅速に行うこととの関係で，投資者保護基金による仮払い制度などを検討することが考えられる（なお，現行法では，証券会社に対する返還資金融資制度は認められている（金商法79条の59））。

（以上）

証券会社の破綻と投資者保護基金
～金融商品取引法と預金保険法の交錯

山　田　剛　志

I．はじめに

　従前金融機関の破綻処理には，銀行に対してのみ，公的資金が使われ，その理由として，銀行は信用システムにコミットしているからだとか，預金者保護が重要であるというような説明がなされていた。銀行破綻の大きな原因は不良債権処理である。特にバブル崩壊など，金融緩和の後，急激な市場の変化に対して，不動産価格等の下落に伴い，多額の不良債権が発生し，銀行経営が行き詰まったものである。その際，金融システムを守るためにという理由で，主に預金保険機構などを通じて，破綻銀行に対して公的資金が投入され，欧米では非常に強い批判を浴びた。

　その後2007年以降いわゆるサブプライム問題に端を発した証券化商品の債務不履行が，リーマンブラザーズ証券やAIG保険会社の破綻を契機とするリーマンショックを引き起こし，市場に大きな影響を及ぼした。重要な点は，金融機関の破綻は国境を越え伝播する点であり，市場の国際化とクロスボーダー取引の活発化は，各国の一致した対応が不可欠な点である。それまで，各国金融当局市場，銀行以外の金融機関の破綻処理について，公的資金を投入する法制度が十分に整備されていなかった。そこで，各国は，不良債権型の銀行救済だけでなく，直接金融型の金融機関の破綻処理に際しても，公的資金を投入する法制度の整備に迫られた。

　具体的に各国は，協調して，秩序ある金融機関の破綻処理を法制化しよう

と試みている。すなわち，金融危機の中で，システム上重要な金融機関（SiFis）の破綻が，金融市場全体に混乱を引き起こし，金融市場の機能不全を通じ，実体経済にも大きな影響があることが明らかとなったため，証券会社や保険会社等に対しても公的資金による破綻処理を可能とする「秩序ある破綻処理」を実現するため，国際的な議論が行われている。

　その中で重要な役割を示した会議が，2011年10月の金融安定理事会（FSB）であり，そこで策定された「金融機関の実効的な破綻処理の枠組みの主要な特性（Key Attributes of Effective Resolutions Regimes for Financial Institutions）（以下「主要な特性」という）」が同年11月のG20カンヌサミットで合意された。

　各国でも，このような国際的合意と平行して，国内法としての金融機関の破綻処理整備を進めている。たとえば，アメリカでは，ドッドフランク法が，システム上重要な金融機関に対し，銀行持株会社，FRB監督ノンバンク，および銀行子会社の破綻処理の枠組みを定めている。EUにおいては，2012年に預金取扱金融機関・投資会社向けの破綻処理制度の指令（Directive on Recovery and Resolution of Credit Institutions and Investment Firms）が公表された。またドイツでは，預金者保護および投資補償法（Einlagensicherungs- und Anlegerentschädigungsgesetz：EAEG）に基づき，有価証券会社の補償基金（Entädigungseinrichtung der Wertpapierhandelsunternehmen）を通じて，対応に当たる。しかし各国の対応は，詳細部分において，特にどのような法律にその機能を担わせるかについて，それぞれ異なる扱いとなっている。

　わが国でも，金融審議会において議論され，平成25年1月に報告[1]が出された。その後平成25年金融商品取引法（以下金商法とする）改正（平成25年法律第45号）の中で，「金融機関の秩序ある処理の枠組み」のスキームの

1）「金融システム安定等に資する銀行規制等の在り方に関するワーキング・グループ」報告書」
http://www.fsa.go.jp/singi/singi_kinyu/tosin/20130128-1/01.pdf

中で，投資者保護基金に関する金商法改正の他[2]，預金保険法改正法（以下預金保険法とする）が含まれていた[3]。同法により，預金保険法には，あたらしく「金融システムの安定を図るための金融機関等の資産および負債の秩序ある処理に関する措置（以下「秩序ある破綻処理の枠組み」という」（第7章の2）がもうけられた。「秩序ある破綻処理の枠組み」による保護措置の対象となるのは，1）預金取扱金融機関（預金保険法126条の2第2項1号），2）保険会社（同2号）のほか，3）証券会社（同3号）も含まれることとなる。

本稿では，金商法改正および預金保険法改正を検討し，実際に証券会社の破綻処理に関し，「秩序ある破綻処理の枠組み」が採用されたが，金商法，預金保険法，金融機関更生特例法などを参照して，そのスキームの問題点を指摘する。その中で，投資者保護基金及び預金保険機構の業務，とりわけ顧客保護だけではなく，預金保険機構による証券会社等自体の破綻処理スキームに焦点を当てて問題点を指摘し，その解決方法を検討したい。さらに本稿において，金融機関の破綻処理を巡る法体系がどのように変化したか，特に証券会社の破綻処理と投資者保護基金に着目して検討し，秩序ある破綻処理の枠組みをわが国で採用したあとで，破綻処理法制の体系がどのように変化したのか，検討したい。

II．証券会社破綻時における投資者保護基金の業務

金商法および投資者保護基金定款によると，投資者保護基金は，会員である金融商品取引業者の経営破綻により，顧客資産の返還が困難であると認められる場合において，破綻金融商品取引業者に対する保証対象債権を有する

2）金商法79条の49に第1項7～9号が新設され，また79条の53第4，5項，および79条の55第2
　項が改正された。古澤他監修『逐条解説2013年金融商品取引法改正』（2014年5月，商事法務）
　92-94頁参照。
3）梅村元史「金融機関の秩序ある処理の枠組み（預金保険法の一部改正）」金融財政事情研究会
　編『金融商品取引法等の一部を改正する法律の概要』（2014年5月，きんざい）38-43頁参照。

一般顧客への支払いなどを通じて，投資者保護を図ることが目的である（投資者保護基金定款第２条）。

本稿では，これまでわが国で破綻した証券会社と投資者保護基金の役割について，まず検討する。わが国で金融危機が起こった1997年には，４つの証券会社が自主廃業，破産申立等を行い，翌1998年にも３つの証券会社が破たんして，寄託証券補償基金の補償業務の発動を受けている[4]。その際寄託証券補償基金から，１社を除き，約2,000万から287億円の資金が拠出されている。

規模の大きな資金拠出として，1997年には，三洋証券および山一証券が破綻した。法令違反である一任勘定の継続，その損失を飛ばしと呼ばれる簿外債務が原因とされる[5]。

その後平成10年に設立された現投資者保護基金に関連して，以下の２つの破綻にともなう補償が行われた。

① 南証券（本社群馬県）……前橋市の地場証券会社を旧代表者が1999年に買収した。旧経営陣は販売停止を命令した金融当局を無視し，南証券のグループ会社の社債を販売したが，顧客からの預かり金４億円や南証

4）投資者保護基金の資料及び新聞等による。なお山田剛志「証券会社の破綻処理と証券会社取締役の注意義務」『金融・商事判例』1483号（2016年２月１日号）２頁以下参照。

社名	小川証券	越後証券	三洋証券	丸荘証券	中村証券	山吉証券	共済証券
発動決定日	平成９年５月23日	平成９年10月９日	平成９年11月３日	平成９年12月23日	平成10年８月20日	平成10年11月４日	平成10年11月20日
破綻事由	受け渡し未済事故による財産状況の悪化	従業員の証券事故による財産状況の悪化	関連ノンバンクへの与信の毀損等による財産状況の悪化	外債投資の失敗による多額の損失	元社長の証券事故	財産状況の悪化	財産状況の悪化
旧経営者に対する責任追及等	訴訟ののち和解。	有り。	無し。	一部あり。	有り。	有り。	無し。

5）旧寄託証券補償基金による補償である。なお同基金が補償したのは，三洋証券を含めて７件合計約400億円の補償がなされた。そのため基金は枯渇の危機を迎えたが，証券会社が出資等したため，危機を免れた。なお丸荘証券の破綻処理に関して，顧客から基金を被告として補償を求める訴訟が提起されたが，原告敗訴。なお上記７件のうち，２件について旧経営者に私財提供を要請したが，１社は事実上拒否された。また破産管財人等が旧経営者に損害賠償請求を起こした訴訟が２件あるが，いずれも1,000万円程度で和解したという。

券自体の預金３億3,000万円がなくなっていることが判明。金融監督庁（当時）は同年３月６日，南証券の破産と財産の保全処分を東京地裁に申し立て，南証券全店を６か月の全面業務停止処分にした[6]。南証券に関する補償額としては，34億円に上っている。

② 丸大証券（本社東京都）……丸大証券は分別管理が必要な顧客資金３億1,000万円のうち，２億円分を運転資金などに流用，返還不能に陥った。残る１億1,000万円を顧客に配分したが，基金は残額１億7,000万円余を補償した[7]。丸大証券は証券取引等監視委員会の検査で不正が発覚。13日に金融庁から登録取り消し処分を受け，14日に東京地裁に破産申請した[8]。なお丸大証券の顧客に対して，投資者保護基金によると，平成27年６月時点で，635名１億7274万余の支払いを行い，事実上補償業務は終了したという[9]。

このように現投資者保護基金における補償事例はいずれも，旧経営者に法令違反の任務懈怠があった事由といえよう。その契機は，金融（監督）庁による破産申立，または登録取消が認定の契機となっている。

その後平成20年から平成24年までの間に，証券会社７社に対して金融商品取引法79条の54条に基づく補償の必要はない旨認定されている[10]。そのうち，

─────────────────

6）金融監督庁「南証券に対する破産申し立て等について」（平成12年３月６日）http://www.fsa.go.jp/p_fsa/news/newsj/f-20000306-1.html　2016年３月24日閲覧。
7）『日本経済新聞』2012年３月21日
8）関東財務局「丸大証券株式会社に対する行政処分について」（平成24年３月13日）http://www.fsa.go.jp/news/23/syouken/20120313-1.html　2016年３月24日閲覧。
9）http://jipf.or.jp/news/2015/20150622.html　2016年３月24日閲覧。
10）投資者保護基金資料及び新聞等による。

社名	USS証券	日本ファースト証券	日本エステート証券	リーマンブラザーズ証券	タイコム証券	アヴァロン証券	アイティーエム証券
認定日	平成20年２月29日	平成20年３月31日	平成20年６月20日	平成20年９月30日	平成22年１月６日	平成22年１月15日，同４月16日	平成24年９月25日
破綻理由（基本的に財産状況の悪化）	立て替え金の発生	保管義務違反	虚偽表示等法令違反	親会社の倒産手続き	債務超過	債務超過等	法令違反の疑い

金融庁による登録取消，業務停止命令等が，4社が認定を受ける契機となっている。

　以上のような証券会社の破綻時において，一般には，投資者保護基金は以下の業務を行う。

1．一般顧客に対する支払い（金商法79条の56第1項）

　まず第1に，投資者保護基金は，会員顧客の請求に基づいて，一定の要件の下認められる債権で円滑な弁済が困難なもの（補償対象債権）について，投資者保護基金が公告した期間内に届け出た一般顧客に対し，金商法79条の57に基づき控除された額について，一点限度を上限に算出された金額を支払う。なお支払金額は，補償対象債権にかかる顧客資産が金銭の場合はその金額，上場有価証券等である場合には公告日の最終価格，それ以外の場合には基金が合理的として算出した額を支払う（金銭支払主義）[11]。しかし認定金融商品取引業者等の役員，親法人等他人名義の資産を有する一般顧客等は支払いをしないとされている。この点債権毎ではなく，属人的な規定となっている。

2．返還資金融資（金商法79条の59第1項）

　第2に，基金は，分別管理されている顧客資産管理（金商法43条の2）に関し，保管している金融機関等が法令を遵守して保管されているはずであるが，資産の換金等に時間がかかり，迅速な返還業務ができないと種々の問題が起こる可能性があるため，基金は返還に必要な資金を融資することができる。ただし，基金が顧客資産の円滑な返還に支障を来すという認定をした「認定金融商品取引業者（金商法79条の55第2項）」は除く。

　本条に関連する融資を受けようとするものは，本件返還資金融資に関し，

11）小林貴揚「同条解説」神田＝黒沼＝松尾編『金商法コンメンタール3』（2012年，商事法務）172頁。

内閣総理大臣の適格性の認定を受けなければならない。

3．一般顧客の債権の実現を保全するための裁判上・裁判外の行為（金商法79条の60）

　第3に，基金は，顧客が通知金融商品取引業者に対して有する債権の実現に必要があると認めるときは，当該一般顧客を代理して，債権の実現に必要な一切の裁判上または裁判外の行為を行うことができる。「金融商品取引業」にかかる取引に関し一般顧客から預託を受けた金銭」の意義について，金融商品取引業等への損害賠償債権は基本的に「にかかる債権」については，分別管理をしていても毀損を防ぎ得ないと理解すべきだろう。ただし，本条は，支払限度を超えているため，基金により支払がされなかった一般顧客の債権を意味するので，1,000万円を超える部分のみ，基金が一般顧客を代理して，回収などの債権の実現に必要な行為をする，と規定されている。なお投資者保護基金は，包括的に裁判上の代理権が授与されるため，予め対象となる一般顧客に通知する必要があり，自ら裁判上の権利行使を希望する一般顧客は，通知することにより，基金の代理権を消滅させることができる。

　この場合，投資者保護基金は一般顧客のために公平かつ誠実に代理権を行使しなければならず，善良な管理者の注意をもって，代理権を行使する義務を負う。

4．顧客資産等迅速な返還に資するための業務（金商法79条の61）

　投資者保護基金は，会員である金融商品取引業者の委託を受けて，当該金融商品取引業者にかかる分別金信託の受益代理人として，顧客資産の迅速な返還に資するため，業務を行うことができる。すなわち，破綻をした会員の金融商品取引業が委託した分別資産を代理として受領し，返還業務の資として当てる業務である。

5. 金融機関等の更生手続きの特例等に関する法律に従った顧客表などの提出

投資者保護基金定款80条5項によると，投資者保護基金は，金融機関等の更生手続きの特例等に関する法律（以下更生特例法という）520条以下に規定する手続きに従い，破産法第115条第2項に規定する事項（破産債権者届）を記載した顧客表を作成しなければならない。さらに投資者保護基金は，顧客表作成後，債権届出期間の末日に作成した顧客表を裁判所に提出しなければならない。その顧客表の提出により，提出された顧客表に記載されている顧客債権については債権届出期間内に届出があったものとみなす。

6. 破産法等に基づき選任される管財人等の業務

破産法の規定により選任される破産管財人等，民事再生法の規定により選任される監督委員等，会社更生法の規定により選任される管財人等に関する業務を行う。業務の範囲については，申立人の立場と管財人等の立場を兼務する可能性があり，利益相反の観点から議論がある。従前このような兼務が許されてきたが，今後，別々の機関が担当することが望ましいと思われる。

7. 預金保険法126条の4第3項および126条第1項に関する特別監視代行者，機構代理の業務

通常の破綻ではなく，市場リスクを伴う「秩序ある破綻処理」に際しての投資者保護基金による手続きである。詳細は，今後預金保険機構と協議する，とのことである。

以上が通常の証券会社破綻処理における投資者保護基金の業務であるが，平成25年金商法等の改正より秩序ある破綻処理の枠組みが採用され，次の通り当該手きにおいては，一定の証券会社破綻処理に関し，預金保険機構を通じて公的資金が投入される。以下では秩序ある破綻処理を検討する。

Ⅲ．証券会社の破綻処理と預金保険法

1．平成25年金商法改正と預金保険法

　1990年代後半の金融危機においては，その原因は銀行の不良債権であり，Too big, to fail 原則（以下 TBTF と略す）に従い，公的資金を注入して，破綻処理を行ったが，その財政負担は非常に大きなものであった。

　その背景にあるのは，2008年からの大手金融機関の破綻に際して，欧米各国は，多額の公的資金を投入し，事態の収拾を図ったことである。しかしそれは，金融機関＝経営者を救済するものであると納税者からの批判を浴び，二度と金融機関の救済に公的資金を使用しないとされた。この際，欧米では報酬が非常に高い金融機関の経営者への批判も，合わせて行われた。リスクの高い自己勘定取引は，公的資金で救済されるとモラルハザードを引き起こしたとして，高額報酬への批判が起こり，その後たとえばボルカー・ルール等で規制された。公的資金投入の回避の観点で導入されたのは，後述するベイルイン債等である。

　一方わが国では，公的資金による救済制度導入直後は，非常に強い批判があったが，その後予防的な金融安定化法による公的資金投入が法定されてからは，あまり強い批判はない。なお，預金保険機構の危機勘定は，平成25年預金保険機構年報73頁によると，りそな HD 株式売却益で25年度だけでもむしろ633億円の利益が出ており，3,300億円の剰余金がある。

　そこでその反省に立ち，新たな原則が検討されていた中，2009年以降アメリカのリーマンブラザーズ証券の破綻に端を発する新たな金融危機が起きた。これは，銀行の破綻と異なり，リーマンブラザーズ証券を救済しなかったことがその原因の一つであるが，デリバティブ契約などが多く残されており，その処理などの影響で市場に危機が伝播した点が1990年代後半の不良債権型金融危機と異なる点である。

その後2009年イギリス銀行法が改正され，2010年にはドッド＝フランク法がアメリカで制定されるなど，規制が強化された。その流れを受けて，国際的な議論としては，問題の所在でも述べたとおり，2011年 FSB において，「金融機関の破綻処理の実効的な枠組みの主要な特性」（以下「主要な特性」とする）が策定され，同年のカンヌサミットでも合意された。2012年 6 月にEU の再建破綻処理指令案が公表された。さらに2012年の G20ロスカボサミットでも，各国内の破綻処理制度の枠組を上記「金融機関の破綻処理の実効的な枠組みの主要な特性」と整合させることが確認された。その後，平成25年金商法改正の 1 つとして，「秩序ある破綻処理の枠組み」の中で，証券会社を含む銀行以外の金融機関にも，公的資金が導入されるようになったが，わが国では，金商法ではなく，預金保険法の改正により対応している。以下具体的に，わが国の秩序ある破綻処理の枠組みを検討したい。

２．預金保険法126条の２以下に規定する「秩序ある処理の枠組み」

預金保険機構は，銀行等については，預金保険法102条により，「内閣総理大臣は，次の各号に掲げる金融機関について当該各号に定める措置が講ぜられなければ，我が国又は当該金融機関が業務を行っている地域の信用秩序の維持に極めて重大な支障が生ずるおそれがあると認めるときは，金融危機対応会議の議を経て，当該措置を講ずる必要がある旨の認定を行うことができる。」と規定する（金融危機対応認定）。

同時に，平成25年金商法等の一部を改正する法律により制定された第 7 章の 2 以下で，「主要な特性」および金融審議会の報告に基づく考え方に基づき，銀行以外の金融機関に対しても，「金融機関の秩序ある処理の枠組み」に基づき，破綻処理を行うこととした。

なお預金保険法第 7 章の 2 の業務にかかる費用については，預金保険機構の危機対応勘定にて処理することとなっている。

（1） 対象となる金融機関

「金融機関の秩序ある処理の枠組み」による保護措置の対象となるのは，1）預金取扱金融機関（預金保険法126条の2第2項1号），2）保険会社（同2号），3）証券会社（同3号），4）証券金融会社（同4号）となっている。

（2） 預金保険法126条の2による特定認定

内閣総理大臣は次の措置が講じられなければ，わが国の金融市場その他金融システムの著しい混乱が生じる恐れがあると認めるときは，金融危機対応会議の議を経て当該措置が必要である旨の認定（特定認定）を行うことができる

つまり，①特定一号措置（債務超過ではない金融機関）については，預金保険機構についての特別監視および流動性の供給または特定株式等の引受（資本増強）を行う。②特定2号措置（債務超過・またはその恐れがある金融機関等）については，預金保険機構による特別監視と資金援助を行う[12]。

（3） 特別監視

特定認定がなされた場合，直ちに当該認定対金融機関等（「特別監視金融機関等」という）は，業務の遂行，資産の処分等について，預金保険機構による特別管理がなされる（預金保険法126条の3第1項）。その際，内閣総理大臣は，特別監視金融機関等に対し必要があるときは，業務の遂行並びに財産の管理処分等について必要な措置を命じることができる（預金保険法126条の33項）。

特別監視を行うのは，預金保険機構であるが，金融機関等の特質に応じ，専門的知見を有するものに特別監視の一部または全部を委託することができる（預金保険法126条の3および126条の4）。特別監視金融機関等が証券会

12）金融庁「金融商品取引法の一部を改正する法律（平成25年法律第45号）にかかる説明資料」参照。http://www.fsa.go.jp/common/diet/183/setsumei.pdf 2016年3月24日閲覧。

社の場合には，特別監視代行者には投資者保護基金が選任されると思われる。このため金商法にも，預金保険機構代理等の業務が追加されている（金商法79条の49）

（4）　特定第１号認定措置

　預金保険機構は，債務超過ではない対象金融機関に対し，当該金融機関が存続することを念頭に，金融システムの著しい混乱を防ぐために，流動性の供給を行う（預金保険法126条の19）。また預金保険機構は，特定第１号認定措置金融機関に対し，当該金融機関等が債務の支払いを停止していないときに限り，資本増強をすることができる（預金保険法126条の22第１項）。

（5）　特定第２号認定措置

　特定第２号措置の対象となる金融機関等は，債務超過若しくは支払い停止またはその恐れがある金融機関等であり，金融システムの安定を図るために不可欠な債務等を特定救済金融機関等に迅速に引き継ぎ，その際に預金保険機構が特定資金援助を行うことにより，特定救済金融機関等に当該債務を履行させるスキームであり，預金保険法59条以下の資金援助と類似の方法である[13]。

　この際，特定第２号措置が行われた場合，重要な市場取引について特定の資金援助の基づき，金融機関の秩序ある処理は迅速に行われるが，顧客資産の返還債務は投資者保護基金制度により保護される。特定第２号管理を命じる処分が内閣総理大臣より出された場合，預金保険機構が自動的に業務および財産の管理をする権限を有する金融整理管財人類似の権限を有する（特定管理）。この場合も，特定管理を行うものは預金保険機構であるが，証券会社の破綻の場合には機構代理として，投資者保護基金が選任される可能性が

13）　村松教隆「預金保険法の一部改正の概要」『預金保険研究』（16号）（2014年１月）11頁以下参照 http://www.dic.go.jp/katsudo/chosa/yohokenkyu/201401-16/16.pdf。

ある。

　特定２号措置において，預金保険機構が特定救済金融機関等の代表権，業務執行権，財産処分権等を掌握して，重要な市場取引等について迅速に特定合併等を行いながら，処理を進め，原則として特定合併後は，特定救済金融機関等は裁判所による倒産手続を進めることが予定されている。仮に倒産手続きが開始された場合でも，預金保険機構は破産法上の破産管財人等の業務を行うことを可能となっている。逆に預金保険法に基づく金融機関の秩序ある処理の枠組みが進行している場合でも倒産手続き開始要件が充足されているときは，債権者が破産申し立てを行う場合がある。その場合倒産手続きが開始されてしまうと弁済が禁止されてしまうなど秩序ある破綻処理が種々の影響を受ける。そのため，内閣総理大臣は特別監視金融機関等に対し破産手続き開始の申し立てがなされたときは，その申し立てにかかる決定が出される前に裁判所に対し意見の陳述をすることができる（預金保険法126条の15）。

　そのほか，金融機関等の秩序ある処理においては，会社・倒産法制の特例が多く規定されている。たとえば，金融機関等の秩序ある破綻処理においては，金融システムの維持を図るため迅速な事業譲渡が求められるところ，会社法で要求されている株主総会の特別決議等に代わり裁判所の代替許可が認められている。さらに代替許可の対象は，減資，会社分割等が規定されている（預金保険法126条の13第１項〜３項）。

（6）　特定救済金融機関等に対する資金援助

　内閣総理大臣は特別監視金融機関等の債務等承継のため必要があると認めるときは，預金保険機構が特定承継金融機関等を子会社として設立する決定を行うことができる（預金保険法126条の34〜37）。特定承継金融機関等とは，特別監視金融機関等の特定合併等に際して，特別監視金融機関等の債務を引継業務の暫定的な維持継続を行うために設立されるものである。たとえば，業態ごとに設立される必要があり，証券会社が破綻した場合，特定承継金融

商品取引業者を活用することが考えられる。この場合特定承継金融機関等から特定再承継を行う場合，内閣総理大臣が一定の要件に該当する場合に限り，特定再承継を認定し，その場合特定資金援助を行う決定ができる（預金保険法126条の38）。このように，秩序ある破綻処理においても，公的資金が注入されるスキームが整備された。

　金融機関が危機的状況に陥るなどの状況が生じた場合，当該金融機関にかかる株式や無担保債権を元本削減，償却または転換等させること（Bail-in）が公的援助と同時に問題となる。つまりベイルインとは，システム上重要な金融機関の機能を維持しながら，納税者に安易に負担を求めず，その処理に際して生じた損失を株主や一部の債権者に負わせるべきという制度である[14]。

　ここでベイルインについて，2つの考え方がある。1つは，金融機関の破綻処理における「法的ベイルイン」であり，もう一つが「契約ベイルイン」である。「法的ベイルイン」は，主要な特性の中でFSBが提唱し，各国が法整備を進めているが，これは監督当局の判断で預金保険付預金や担保付債務以外の強制的切り捨てをすることにより，預金保険付預金や担保付債務を保護するという考え方である[15]。これは，公的資金を導入しないという欧米各国では導入されている。しかしわが国では，裁判所による倒産手続きを経ないで一定の債権者に損失を負担させる制度であり，今回の改正では導入されなかった。

　しかしアメリカでは，ドッド＝フランク法210条(a)(1)(M)において，FDICが無担保債券の元本削減を終了させる権限を有しているとされており，これが「法的ベイルイン」と理解されている。

　他方「契約ベイルイン」とは，一定の条件の下で元本削減の可能性があることが，発行時に契約されている債券である。わが国では，内閣総理大臣が

---

14) 梅村・前掲書（注3）61頁以下参照。なお梅村補佐からは，「国際金融規制改革を踏まえた金融機関の破綻処理の枠組み」というプレゼン資料を頂いた。

15) 伊豆久「ベイルイン債とは何か」『証券レポート1682号』（2014年2月）23頁以下参照。

金融機関の秩序ある処理の枠組みにかかる特定認定を行う際に，金融機関等が発行した一定の劣後債について，当該金融機関等の自己資本その他に相当するという取り扱いを決定する（預金保険法126条の2第4項）。証券会社においても，自己資本に相当する規制がなされている（金商法46条の6）。具体的には，預金保険法102条3項にいう金融危機対応措置における「第2号措置（資金援助）」及び「第3号措置（国有化）」（預金保険法施行規則29条の2の2，及び3），並びに「秩序ある破綻処理」における特定2号措置がその一定の条件になる（預金保険法施行規則35条の2）。現状では，欧州各国では種々の契約型ベイルイン債（COCO債）が発行されている。その際実質破綻時に損失を吸収する条項は，PON（Point of Non-viability）条項と呼ばれる。

　ここでベイルインの検討をするために，アメリカの銀行等の破産制度を概観する。アメリカでは，連邦預金保険公社が管財人（receiver）となって処理を行う。破産裁判制度もわが国と異なり，連邦預金保険公社が申し立て，自らが金融整理管財人に就任する。破綻処理の複数の方式の中で，最小のコストで行うという最小コスト原則が根拠法で定められている。銀行の破綻処理には，基本的に以下の方法がある。

　1）ペイオフ（保険金支払い方式）

　金融機関を清算し公社が指定の金融機関に口座を移転または直接支払いを行う方式。払い戻し専門銀行（Deposit Insurance National Bank : DINB）を作ることも稀にある。

　2）P&A（Purchase and Assumption 資産負債承継）

　日本の制度での資金援助方式に相当する。健全な金融機関に救済合併させる方式。なお，通常破綻と同時に承継する銀行を決め，入札が無かった場合基本的にはペイオフになるが，影響が大きい場合ブリッジバンク（日本の制度での承継銀行に相当）を設立することもある。インディマック銀行の処理では，インディマックフェデラルバンクというブリッジバンクが設立された。営業基盤を受け継がせるプレミアムを付けて売り出せるため処理コストを抑

えることが可能なため一番事例が多い。

3）オープンバンクアシスタンス（OBA Open Bank Assistance）

日本の制度での資本増強措置や特別危機管理銀行制度に相当。銀行を破綻させずに公的資金を注入して救済する方式。全預金が保証される。これが適用される場合は金融システムに重大な危機をもたらす大きすぎて潰せない（TBTF）等の状況により最小コスト原則の例外が適用される場合（システミックリスク・エクセプション）に限られている。コンチネンタル・イリノイ銀行や，2009年金融危機でのシティグループバンク・オブ・アメリカ等の事例がある。

アメリカでは，証券会社に関しては，1970年証券投資者保護法（SIPA：Securities Investor Protection Act）が制定され，SEC の監督の下，証券投資者保護公社（SPIC：Securities Investor Protection Corporation）が顧客保護に対応した[16]。証券投資者保護公社の役割は，顧客資産の迅速な返還であり，そのため自ら管財人となるか，他の管財人と共同して財産の回復を図り，顧客に資産の返還と補償を対応する。その原資は，原則として会員証券会社の会費であり，業者は強制加入が義務づけられる。

2010年制定のドッド＝フランク法は，証券投資者保護法も改正し，連邦政府からの借入枠の拡大，現金顧客の補償額の増額（10万ドルから25万ドルへ），先物契約の一部を補償対象に入れるなど，改正を行った。ドッド＝フランク法210条(a)項において，財務長官から管財人として指名される連邦預金保険公社（FDIC）は，管財人として法的に無担保債権の元本削減を行うことが可能となっている。その際，金融安定化に深刻な影響をもたらす大規模な破綻処理については，FDIC が直接担当し，さらに対象が証券会社の場合，証券投資者保護公社を管財人またはその代理人に指名することができるようになった[17]。

16）http://www.sec.gov/spotlight/dodd-frank.shtml
　なお松岡啓祐『証券会社の経営破綻と資本市場法制　〜投資者保護基金制度を中心に』（中央経済社，2013年）11頁以下参照。

預金者・投資家のセーフティーネットである預金保険機構の統合という観点からは，EUの預金保険機構の統合が重要である。欧州は2010年以降，主に南欧諸国を発端とする債務危機にたびたび見舞われた。この際，国ごとにばらばらな金融行政が信用不安を拡大させたとされる。そこで，問題を抱える銀行の国の政府は財政負担や自国経済への影響を懸念し，ユーロ圏は破綻処理を一元化し，危機時に迅速に問題銀行の破綻処理を決定・実行することとした。破綻処理の決定は欧州中央銀行（ECB）の代表と欧州委員会，問題銀行を抱える国の金融当局で構成する「欧州破綻処理委員会」の提案に基づいて，欧州委員会が決める[18]。

破綻処理への公的資金の投入を避けるため，処理費用を賄うユーロ圏共通の基金「欧州破綻処理基金」も，EUの銀行再建破綻処理指令（Bank Recovery and Resolution Directive：BRRD）により設けられた[19]。銀行再建破綻処理指令においては，各国がBRRDに基づく金融機関の破綻処理を担当する破綻処理当局を指定することが求められており，これは例外的な場合を除いて金融機関を一般的に監督する所轄当局とは別の機関とすることとされている。ベイルイン・ツールとは，経営難に陥った金融機関の再生・破綻処理にあたって，各国の破綻処理当局に金融機関の債務について元本削減や株式への転換を強制する権限を認めたメカニズムである。上記の通り，従来のような公的資金を使った救済においては最終的に納税者が負担を負うことになるため，各国で世論の大きな批判があったことから，納税者ではなく当該金融機関の株主や一般債権者の負担において，経営難に陥った金融機関

---

17) さらに種々の課題が指摘されている。たとえば管財人機能の強化の他，ブリッジ機能の強化，FDICとの統合問題などが指摘されている。

18) 'The Bank and Its Insolvency' Matthias Haentjens and Pierre de Gioia-Carabellese "European Banking and Finaicail Law" (Routledge, 2015) P.119 - 124.

19) Directive 2014/59/EU
http://europa.eu/rapid/press-release_IP-14-1181_en.htm?locale＝en
欧州委員会はFSBの提案に沿う形で2012年6月6日にBRRDの草案を提案した。欧州連合理事会及び欧州議会は同草案の内容について2013年12月12日に合意し，その後，欧州議会による2014年4月15日の承認手続を経て，2014年5月6日に欧州連合理事会がBRRDを採択した。

の再生・破綻処理を行うための制度を整備することが行われた。

　具体的にベイルイン・ツールを行使する場合のスキームとしては，以下の2つが想定されている[20]。

　1）当該金融機関の事業をそのまま継続させるスキーム

　本スキームでは，ベイルイン・ツールの行使を通じて，認可の条件をみたし市場の信任を回復できるレベルまで金融機関の資本の再構成を行い，その上で，事業再編計画（business reorganization plan）に沿った再生が実施される。

　2）金融システムの維持のために重要な業務のみを第三者又は承継機関（bridge institution）に移転し，残りの事業を継続せずに清算するスキーム

　このスキームでは，第三者や承継会社に金融機関の債務を移転するにあたり，当該債務の株式への転換や元本減額が行われる。金融機関の債権者は，そのような株式への転換又は元本減額を受け入れた上で第三者若しくは承継機関の株式若しくは債権を保有し続けるか，又は従来保有していた金融機関に対する権利について清算手続を通じて損失を処理することとなる。

　銀行再建破綻処理指令の内容は，金融行政の統合策である「銀行同盟」の実現，つまり銀行監督，破綻処理，預金保険の一元化であるが，すでに銀行監督はECBによる一元化が2014年11月に始まった。2016年には破綻処理も統合され，残るは預金保険の一元化のみである。しかし銀行の監督権限と破綻処理制度が一元化されたが，預金保険はまだ統合されておらず，経営難に陥った金融機関を救済する政府の安全装置もないという問題が指摘されている。

---

20) Cf. European Commission – Press release '*A single rulebook for the resolution of failing banks will apply in the EU as of 1 January 2015*' http://europa.eu/rapid/press-release_IP-14-2862_en.htm?locale＝en

（7）　早期解約条項の発動停止

多数のデリバティブ契約等を締結している金融機関等が秩序ある破綻処理を行う場合，自動的にすべての契約について，期限前終了（期限の利益喪失）となる特約条項が付されていることが多い。その場合，早期化解約条項が付されたデリバティブ契約等が一斉に解約取引されると取引相手方にも影響が及び，金融市場の不安定化につながる。さらに，デリバティブ契約等の早期の解約により金融機関等の資産価値が急激に毀損して金融機関の秩序ある処理の枠組み自体が危うくなる可能性がある。

預金保険法は，デリバティブ等の金融取引について，内閣総理大臣は金融機関の秩序ある処理を行う場合，金融危機対応会議の議を経て，金融システムの著しい混乱を回避するために必要な範囲で，一定期間早期解約条項の効力を呈する決定を行うことができるとしている（預金保険法137条の３第１項，２項）。この場合，デリバティブを強制的に終了させてネッティングした上清算するという一括清算法，デリバティブ契約などを解除させる破産法58条，民事再生法53条等の規定の効果は生じないとしている（預金保険法137条の３第５項６項）。なお早期解約条項が付されているデリバティブ契約等について，効力停止されている間に本来の履行期が到来すれば契約は予定通り履行される予定である。

本条項については，システム上重要な契約は移転させて継続させるのが原則なので，停止自体に議論がある。例えば，ISDA は，ISDA マスター契約の早期解約条項（自動的期限前終了特約）を含む解約条項も停止されることとなる。当該特約が適用されると，契約は自働解約され，ネッティングして清算となる。わが国では，２日が原則とされているが，より長くするべきという議論がある[21]。

上記の論点に関し，アメリカのドッド＝フランク法210条(c)項(10)号(B)(i)は，

---

21)「主要な特性」をふまえて，２日を原則として検討する，とされている）http://www.fsa.go.jp/news/25/20140305-1/01.pdf

デリバティブ合意などの適格金融契約の当事者は，FDIC が管財人に選任されたこと等を理由に，当該適格金融契約の終了，清算，ネッティングの権利を行使できない，と規定する。これは法律上当然に早期解約条項の一時停止（Temporary stay on Early Termination rights）の効力を発行させる規定である。リーマンブラザーズ証券の破産のときは連邦破産法の適用が行われ，デリバティブ契約に関するスティ（中途解約権の一時停止）は適用されなかったが，ドッド＝フランク法では，適格金融契約（QFCs）は上記の通り，ステイの対象となる。その期間は FDIC が管財人に指名されてから翌営業日の17時までとされている。適格金融契約の処理は，1）他の金融機関に移転する，2）取引を解除し時価評価して清算する，及び3）管財人が引き続き保有する，の中から選択される。

Ⅳ．まとめにかえて　～金融機関の破綻処理を巡る法体系

　みてきたように，FSB が「主要な特性」を2011年にとりまとめたが，2009年にはイギリス銀行法が改正され，アメリカではドッド＝フランク法が2010年に制定されており，英米の法制度が「主要な特性」に影響を与えている，と思われる。その後 G20各国で，その基準に沿った破綻処理の枠組みが整備され，不良債権処理型の TBTF 原則から，市場リスク型破綻処理システム整備が図られており，わが国は預金保険法改正を通じて相当程度進捗していると評価されている。さらにシステム上重要な金融機関（G-SIFIs）については，再建処理計画（RRPs）（これは遺言 Living Will とよばれる）を策定するように義務づけられた。このように，金融機関の破綻処理に関して，金融取引が国境を越えて，共通の破綻処理方法を導入している。

　主要な特性の示唆を受けたわが国でも「金融機関の秩序ある処理の枠組み」が主に預金保険法改正により導入された。これにより，市場リスクを生じさせるような金融機関の破綻に対し，預金保険法に基づき，1号措置，および2号措置が発動され，預金保険機構を中心に，顧客補償対応は投資者保護基

金など各業法等で規定されている保護基金が行う。金商法においても，その旨対応措置がなされており，投資者保護基金の業務規定などでも，預金保険機構の特別監視代行者として，「金融機関の秩序ある処理の枠組み」の実行に当たる，とされている。つまり，人的，組織的にも，優位にある預金保険機構が，公的資金を投入する「秩序ある破綻処理の枠組み」を実行するだけでなく，破綻処理において顧客対応等についても，一次的にその任を負い，機構代理等で，投資者保護基金等に委任する形をとることとなる。

　現行の法体系をみると，公的資金を導入される業態は，公的資金を導入する法律的基礎となる法令こそがその業法の中心となるべきである，という指摘があり，わが国では，少なくとも金融機関の破綻処理に関しては，公的資金の投入を可能とする預金保険法がその中心となろう。預金保険法が，金商法の上位法令ということは非常に違和感があると思われるが，金融機関の破綻処理の一般法であり，公的資金というセーフティーネットで保護されている市場で業を営む以上，公的資金を市場に供給する法令である預金保護法がその破綻法制の中心となるべきだろう。

　しかし，預金保険法の改正による「秩序ある破綻処理の枠組み」には，種々の問題が残されているといえる。現行制度でも，その業務の詳細および預金保険機構と投資者保護基金などの各基金との関係は，いまだ具体的には決定されておらず今後の課題といえる。

　さらに，秩序ある破綻処理手続きの中には，多くの特例措置があるため，会社法制，および倒産処理法制との関連については，いまだ議論が尽くされていない。特に破綻に関する損失を金融機関の優先株主や劣後債権者に負担させるためのベイルイン（預金保険法126条の第4項参照）に関する議論や，早期解約条項の発動停止（預金保険法137条の3）と一括清算法などとの関係に関する議論も，今後の課題といえる。

　本稿のような議論は，金融危機において金融機関が多く破綻し，その処理が佳境にあるときは，大いに進展するが，金融資本市場が落ち着くと，人々の関心が失われてしまう傾向がある。しかし金融機関の破綻処理が落ち着い

ている今こそ，公的資金を入れて，銀行だけでなく，証券会社，また保険会社の破綻処理について，それぞれの預金保険機構と投資者保護基金の関係など，法的諸問題を整理しておく必要があると思われる。

2016年7月4日校了。脱稿英国のEU離脱をめぐる国民投票を見聞した。EU離脱をめぐる金融機関の破綻処理については，別稿で論じる。

金融商品取引法制に関する諸問題（上）

平成28年11月15日

定価（本体2,000円＋税）

編　集　　金 融 商 品 取 引 法 研 究 会
発行者　　公益財団法人　日本証券経済研究所
　　　　　東京都中央区日本橋茅場町１‐５‐８
　　　　　東京証券会館内　〒103‐0025
　　　　　電話　03（3669）0737 代表
　　　　　URL：http://www.jsri.or.jp
印刷所　　昭 和 情 報 プ ロ セ ス 株 式 会 社
　　　　　東京都港区三田５‐14‐３　〒108‐0073

ISBN978‐4‐89032‐051‐6　C3032　￥2000E